**Klaus Blessing**

# WER VERKAUFTE DIE DDR?

## Wie leitende Genossen den Boden für die Wende bereiteten

Eine Dokumentation mit Beiträgen von
Manfred Domagk und Walter Siegert

ORIGINALAUSGABE
edition berolina

**eb edition berolina**

ISBN 978-3-95841-033-6
1. Auflage
Alexanderstraße 1
10178 Berlin
Tel. 01805/30 99 99
FAX 01805/35 35 42
(0,14 € / Min., Mobil max. 0,42 € / Min.)

© 2016 by BEBUG mbH / edition berolina, Berlin
Umschlaggestaltung: buchgut, Berlin
Umschlagabbildung:
Alexander Schalck-Golodkowski © ullstein bild – Teutopress
Gerhard Schürer © picture alliance / dpa
Günter Mittag © ullstein bild – Schlage
Druck und Bindung: GGP Media GmbH, Pößneck

www.buchredaktion.de

# Danksagung

*Ich danke allen, die mit kritischen und konstruktiven Hinweisen
zu diesem Buch beigetragen haben.*

*Besonders danke ich Dr. Manfred Domagk – Staatssekretär im Amt
für Preise des Ministerrates der DDR – und Dr. Walter Siegert –
Staatssekretär und zeitweilig Minister für Finanzen der DDR – für ihre
eigenständigen Beiträge.*

*Darüber hinaus danke ich Wolfgang Kühn für die auch bei diesem
Buch bewährte Zusammenarbeit.*

*Dank gilt meinem Verlag edition berolina und besonders den
Lektoren Uli Jeschke und Bettina Kurzek für die konstruktive und
freundliche Zusammenarbeit.*

*Und zum Schluss, doch nicht zuletzt gilt mein Dankeschön meiner
Tochter Katrin für die umfassende technische Hilfeleistung.*

# Inhalt

# Vorwort des Verlags

Seit mehr als einem Dutzend Jahren schreibt Klaus Blessing gegen die immer wieder aufgewärmte These an, die DDR sei 1989 wirtschaftlich am Ende gewesen. Er schwimmt mit seinen Publikationen gegen einen breiten Strom. Allerlei mehr oder weniger seriöse Autoren haben in Bezug auf die DDR 1989/90 stets die Antwort parat: Die Entwicklung sei perspektivlos gewesen. Daraus wird dann oft geschlussfolgert, die kapitalistische Art des Wirtschaftens hätte sich endgültig durchgesetzt. Nun könnte man sich zurücklehnen und meinen, von den Siegern sei nichts anderes zu erwarten, als dass sie ihren Triumph feiern – nicht nur über das DDR-Wirtschaftssystem, sondern auch über das aller anderen Länder, die einen sozialistischen Weg eingeschlagen haben. Diese These hat aber auch in linken Kreisen Verbreitung gefunden, was zu einer Sozialdemokratisierung und einem Bedeutungsverlust der linken Kräfte in ganz Europa geführt hat.

Im Grunde genommen geht es um die heute immer drängender werdende Frage nach einer politischen und damit auch wirtschaftlichen Alternative zum vermeintlichen Sieger der Geschichte, um all die akut anstehenden Probleme der menschlichen Existenz, wie zunehmende Kriege, zunehmende Verelendung des größeren Teils der rasant wachsenden Weltbevölkerung, den Klimawandel und die daraus erwachsenden verheerenden Konsequenzen für Milliarden von Menschen, überhaupt einer realistischen Lösung zuführen zu können. Dass Warenfetisch, Marktanarchie und ewig währendes Wachstum auf Kosten begrenzter Naturressourcen nicht die Lösung sein können, dämmert wohl schon Vielen; Konzepte, aus denen Handlungsantriebe erwachsen, sind eher rar. Auch lässt der Rechtsruck in Europa und die zunehmende Konfrontation zwischen der NATO und Russland die Sache nicht optimistischer erscheinen.

Blessing bleibt nie bei der Analyse des Gewesenen stehen, sondern versucht, immer Antworten zu geben, wie zum Beispiel in seinem lesenswerten und kontrovers diskutierten Buch *Die sozialistische Zukunft*. Und diese Diskussionen sind gut so, wenn sie vorwärtsweisend und schöpferisch zu Alternativen führen. Nur wenn wir auf den gehabten sozialistischen Versuch eine realistische Sicht werfen, die nach guter alter Manier historisch-materialistisch ist, gleichzeitig aber die Dialektik der Entwicklung beachtet, und nicht in Schwarz-Weiß-Malerei verfallen, können wir die Fehler analysieren und in den neuen Konzepten vermeiden.

In seinem neuesten Buch schließt Blessing eine Lücke in der bisherigen Argumentation. Wenn die DDR nicht überwiegend aus Fehlern bestand, wenn sie – wie mehrfach nachgewiesen – quasi schuldenfrei und eben nicht »pleite« war, warum ist sie dann so würdelos von der BRD übernommen worden. Blessing geht den historischen Umständen und dem Wirken einiger Verantwortlicher der DDR-Wirtschaft nach. Anhand von Protokollen, Gesprächen oder Einlassungen in Veröffentlichungen spürt er dem Handeln jener nach, die zuweilen in der einen oder anderen Art mit ihm zusammengearbeitet haben, denn auch er war ja Teil jener Verantwortungsträger in der DDR. Was beim Studium der Akten und Dokumente herauskam, war zum Teil erstaunlich, nämlich je weiter die politische Krise voranschritt, umso mehr wurde (mehr oder weniger offen) über eine Marktwirtschaft als einzige Alternative nachgedacht. Genährt von Falschinformationen der wirtschaftlichen »Führungseliten« der DDR nahmen die marktwirtschaftlichen Vorstellungen immer radikalere Formen an. Was war da los? Gab es keine anderen Antworten, auch nicht in den wissenschaftlichen Einrichtungen?

All das beleuchtet Klaus Blessing in diesem Buch, reichert es an mit dem einen oder anderen persönlichen Erlebnis mit jenen, die seine Kollegen oder Chefs waren, und kommt zu bemerkenswerten Ergebnissen, die nicht denunzieren sollen, aber auf offensichtliche Schwachstellen in Theorie und Praxis verweisen. Letztlich ist sein erklärtes und engagiertes Anliegen, alle antikapitalistischen Kräfte zum Mitdiskutieren zu ermuntern, um aus den Fehlentwicklungen der Vergangenheit tragfähige theoretische und praktische Konzepte für eine sozialistische Alternative zu erarbeiten. Machen Sie sich selbst ein Bild!

*Uli Jeschke*
Berlin, im Dezember 2015

## Vorbemerkungen des Autors:
## Warum noch mit der DDR befassen?

Es sind nunmehr über 25 Jahre vergangen, seit die DDR und die anderen europäischen sozialistischen Länder aufgehört haben zu existieren. Viele von ihnen wurden, auch unter Anwendung militärischer Gewalt, zerschlagen. In allen hat das Kapital Einzug gehalten. Die meisten wurden der EU und der NATO einverleibt.

Warum befassen wir uns nach einem Vierteljahrhundert tiefgreifender weltgeschichtlicher Veränderungen abermals mit Problemen des untergegangenen sozialistischen Staatswesens »DDR«? Dafür sprechen drei Notwendigkeiten:

**Erstens:** Es sollte nach dieser geschichtlichen Zeitspanne endlich die Zeit dafür reif sein, eine seriöse und ausgewogene Abschlussbilanz der DDR zu ziehen. Es gibt unzählige Publikationen zur DDR-Vergangenheit, überwiegend verleumderisch und dem Zeitgeist angepasst. Es gibt je nach Blickwinkel unterschiedlichste Interpretationen. Es überwiegen unsachliche Verunglimpfungen. In Vorbereitung des Jubiläums war sich die Bundesregierung nicht zu schade, offiziell eine Hochglanzbroschüre »25 Jahre Freiheit und Einheit« herauszubringen und darin zum wiederholten Male – als Präambel für eine »Erfolgsstory Aufbau Ost« – festzustellen: »Die zentrale Lenkungswirtschaft der DDR – im Volksmund ›Planwirtschaft‹ – war ein einziger Misserfolg. Es gelang weder, die Bevölkerung ausreichend mit Waren des täglichen Bedarfs zu versorgen, noch, innovative Produkte für den internationalen Markt herzustellen. Andererseits leistete sich die SED-Diktatur die Subventionierung mancher Grundnahrungsmittel und einen riesigen Staats- und Funktionärsapparat. Selbst für dringende Investitionen in Produktionsmittel fehlte das Geld.«[1]

Auch die »linke Opposition« und ihr verbundene wissenschaftliche Einrichtungen kolportieren derartige Aussagen. Gregor Gysi übernahm 2015 auf dem Bielefelder Parteitag weitgehend diese Einschätzung der Bundesregierung als erste und wichtigste Lehre für »seine« Partei. Er meinte: »Die Frage ist, was sollte unsere Partei auszeichnen? Erstens: Wir brauchen ein zutiefst kritisches Verhältnis zum Staatssozialismus, also auch zur DDR. Wir müssen die Einschränkungen von Freiheit, Demokratie und Rechtsstaatlichkeit deutlich herausarbeiten und so glaubhaft wie möglich garantieren, dass wir ein Höchstmaß an Freiheit, Demokratie und Rechtsstaatlichkeit anstreben. Wir müssen herausarbeiten, weshalb die Wirtschaft nicht funktionierte, den Mangel an Produktivität, Produkten und Dienstleistungen.«

Der »Zeitgeist« – gleich aus welcher Windrichtung – benötigt diese Entstellungen. Damit soll verhindert werden, dass sozialistisches Wirtschaften als Alternative wieder diskutabel wird. Das »Mittanzen« im herrschenden System soll damit begründet und zementiert werden.

Gemeinsam mit anderen Autoren habe ich mich in vielfachen Publikationen diesen entweder durch mangelnde Sachkenntnis oder durch bewusste Verleumdung geprägten Diffamierungen der DDR-Wirtschaft entgegengestellt. Eine Abschlussbilanz zu dieser Problematik ist überfällig. Es ist zwingend erforderlich, ein realistisches Wirtschaftsbild der DDR zu zeichnen. Nur auf dieser Grundlage ist es möglich, offensiv die Gebrechen und Verbrechen des kapitalistischen Wirtschaftssystems zu brandmarken und Auswege aufzuzeigen.

**Zweitens:** Die von Unwissenheit oder Böswilligkeit gekennzeichnete Diffamierung der DDR-Wirtschaft kulminiert nach wie vor in der Aussage: Die DDR war pleite, das haben die Herren Schürer, Schalck, Beil und andere doch aufgeschrieben. Dass sie das aufgeschrieben haben, trifft zu. Nur ist es nicht wahr, was sie geschrieben haben. Die Interpreten derartiger Aussage nehmen zwar den »Schürer-Bericht«[2] zur Kenntnis, in welchem geschrieben steht: »Die DDR hat 1989 49 Milliarden Valutamark Schulden in kapitalistischen Ländern.« Im Bericht wird daraus gefolgert: »Allein ein Stoppen der Verschuldung würde im Jahre 1990 eine Senkung des Lebensstandards um 25–30 % erfordern und die DDR unregierbar machen.« Wer diese Aussagen bedenkenlos oder zielgerichtet kolportiert, negiert jedoch geflissentlich den Bericht der Deutschen Bundesbank von 1999, in welchem geäußert wird: »Die realen Nettoschulden betrugen nur 19,9 Milliarden Valutamark.« Das entspricht ungefähr 600 Dollar pro Kopf der Bevölkerung! Es sind schließlich keine Peanuts, wenn die Realverschuldung um 60 Prozent niedriger liegt, als offiziell von Wirtschaftsfunktionären der DDR dargelegt.

Diese Verschuldungslüge ist nach wie vor der Kernpunkt der Auseinandersetzung mit der »Misswirtschaft« der DDR. In der sachlichen Substanz sind wir der unvoreingenommenen Leserschaft zu dieser brisanten Problematik eine Antwort schuldig. Denn: Wenn die DDR so geringe Schulden hatte, warum bestanden in der Tat große Zahlungsprobleme? Oder anders ausgedrückt: Wenn Schürer von 49 Milliarden Valutamark Schulden schreibt und es letztlich nur 19,9 Milliarden waren, wo waren die »restlichen« 30 Milliarden versteckt?

Diesbezüglich weisen meine bisherigen Publikationen eine Lücke auf. Ich belege zwar, dass die DDR nicht pleite und die Wirtschaft eben keine durchgängige »Misswirtschaft« war, Leser und Diskutanten fragen aber berechtigt: Wenn dem so war, warum ist sie dann so würdelos im Schlund der BRD versunken? Es muss doch Ursachen – auch ökonomische – geben, die das bewirkt haben!

Ja, die gibt es. Es liegen inzwischen genügend Dokumente vor, die objektiv zumindest eine weitgehende Beantwortung dieser Fragen zulassen. Wir sind es den ehrlich arbeitenden Menschen und vor allem auch Leitern der DDR schuldig, sie in dem Bewusstsein zu stärken, dass sie eben nicht in und für einen »Pleitestaat« gearbeitet haben, sondern diese »Pleite« politischen Zusammenhängen und in diesem Rahmen handelnden Personen geschuldet war.

Wer trägt für die Entwicklungen und Falschaussagen die Verantwortung? Mit welcher politischen Motivation wurden die Entscheidungen getroffen? Welche wirtschaftlichen und politischen Folgewirkungen hatten sie? Mussten wir uns wirklich so bedingungslos und würdelos der Bundesrepublik ausliefern? War es zwingend erforderlich, die marktwirtschaftliche Brutalität auf die DDR zu übertragen?

Es ist Hauptanliegen dieses Buches, diesen Fragen nachzugehen und sie so weit wie möglich zu beantworten. Ich werde dabei weder Verschwörungstheorien entwickeln noch mich in das Reich der Spekulationen begeben. Aber ich werde anhand eindeutiger – vielfach noch nicht veröffentlichter – Dokumente klare Nachweise führen, wo Hauptverantwortlichkeiten und politische Zielsetzungen lagen. Das macht den wesentlichen Teil des Buches aus.

Bei diesen Auseinandersetzungen kommt man natürlich um das Wirken der handelnden Personen – insbesondere Günter Mittag, Alexander Schalck-Golodkowski und Gerhard Schürer – nicht herum. Es geht aber nicht um eine nachträgliche »Abrechnung«, bezogen auf das Wirken nicht mehr lebender Personen. Mir geht es darum, aufzuzeigen, unter welchen historischen Bedingungen, politischen Interessenlagen und persönlichen Ambitionen Handlungen erfolgten oder unterlassen wurden, die letztlich zu verheerenden Folgen führten. Bei der Auseinandersetzung mit Leitungskadern der DDR und deren Bewertung stütze ich mich auf authentische Aussagen von diesen und von Zeitzeugen und ziehe daraus meine Schlüsse. Ich bitte die Leserschaft um Nachsicht ob der Vielzahl der Originalzitate. Aber ich kann und will den handelnden Politikern nicht Aussagen unterstellen, die von diesen nie gemacht wurden. Natürlich bleibt es dem Leser unbenommen, in Kenntnis der dokumentierten Fakten und Aussagen, seine eigenen Schlüsse zu ziehen. Ich füge abschließend eine persönliche Wertung dieser Vorgänge – eingebettet in den historischen Rahmen – von Walter Siegert bei. Dr. Walter Siegert hat über Jahrzehnte in verantwortlichen Positionen im Ministerium der Finanzen – als Revisor, Staatssekretär, Minister – bis in die Wendezeit hinein Prozesse und Personen begleitet. Seine Wertung leitet er aus unmittelbarer Erfahrung ab.

**Drittens:** Es gibt hochaktuellen Bedarf, sich mit den Problemen und Erfahrungen der Verschuldung oder Nichtverschuldung eines Staates und letztlich seinem Untergang auseinanderzusetzen. Das derzeitig besonders am griechischen Volk durch das internationale Finanzkapital und die EU statuierte Exempel gibt Anlass, über machbare und nicht machbare Alternativen zu diskutieren. Das ist mein wichtigstes Anliegen. Denn: Geschichte wiederholt sich zwar nicht, aber Aufarbeitung von Geschichte macht Sinn, wenn sie nicht eine reine Beschreibung von Abläufen bleibt, sondern daraus Schlussfolgerungen für Gegenwart und Zukunft gezogen werden.

Dabei geht es nicht um »Was-wäre-wenn-Betrachtungen« zur Vergangenheit. Aber wenn offenkundig Fehleinschätzungen und strategisches sowie taktisches Fehlverhalten maßgeblich zum Untergang der DDR beigetragen haben, sollten daraus zu ziehende Lehren für die heutigen Auseinandersetzungen mit dem internationalen Kapital als nützlich und notwendig erachtet werden. Aus den Fehlern positive Erkenntnisse für Gegenwart und Zukunft abzuleiten, ist der Sinn meiner Ausarbeitung. Dazu ist natürlich erste Voraussetzung, die Fehler beim Namen zu nennen. Das werde ich tun. Einiges dabei schmerzt, in der Sache und in der Person. Es macht aber keinen Sinn, um Schmerzen zu vermeiden, die Wahrheit zu unterschlagen. Für die gegenwärtigen Auseinandersetzungen zur Gestaltung einer besseren Zukunft ist es erforderlich, aus Fehlern der Vergangenheit zu lernen.

Tiefgründig habe ich mich mit der Problematik einer sozialistischen Zukunftsgestaltung in dem im gleichen Verlag erschienenen Buch *Die sozialistische Zukunft. Kein Ende der Geschichte! Eine Streitschrift* befasst. Im vorliegenden Buch geht es um die Erfahrungen, die *direkt* aus dem Untergang der DDR abgeleitet werden können. Beide Publikationen stellen insofern eine Einheit dar und verbinden Vergangenheit, Gegenwart und Zukunft.

## Eine »Abschlussbilanz DDR«?

Der Vertrag über die Währungsunion vom 18. Mai 1990 sah eine »Abschlussbilanz« für die DDR im Sinne einer »Bestandsaufnahme des volkseigenen Vermögens« (Artikel 10, Absatz 1) vor. In den Einigungsvertrag vom 31. August 1990 wurde diese Aufgabe übernommen. Realisiert wurde sie nie. Sie hätte eine seriöse Bestandsaufnahme erfordert, die den politischen Zielen der Bundesregierung entgegenstand. Die DDR musste zum Schrotthaufen erklärt werden, um sie billigst verschleudern zu können.

Der Deutsche Bundestag stellte am 16. März 1993 (Drucksache 12/4579) fest: »Die zum Umfang und Wert des Vermögens der DDR per 2./3. Oktober 1990 erfragten Zahlen stehen überwiegend nicht zur Verfügung, weil eine Staatsbilanz zu Vermögen der DDR per 2./3. Oktober 1990 nicht aufgestellt worden ist. Die Bundesregierung sieht keinen Sinn darin, eine solche Bilanz nachträglich aufzustellen. Die Verschuldung der ehemaligen DDR ist aus heutiger Sicht offenkundig.«

Im April 1999 wurde diese Aussage nochmals erhärtet. Auf die Anfrage: »Wie beurteilt die Bundesregierung die Notwendigkeit, in einem öffentlichen Forum die Aufarbeitung des Verbleibs des DDR-Vermögens fortzusetzen?«, lautet die Antwort: »Die Bundesregierung hält es geradezu für schädlich, die sensiblen Ermittlungen öffentlich bekanntzumachen und zu diskutieren.«[3]

Statt seriöser Bilanzen wurden damit der Spekulation und Diffamierung Tür und Tor geöffnet. Es war und ist statt korrekter Bestandsaufnahme politisch wesentlich wirkungsvoller, das DDR-Vermögen rundweg als Schrott und die Wirtschaft als Misswirtschaft zu diskreditieren.

### Negative oder positive »Abschlussbilanz«?

Erste Versuche von DDR-Ökonomen, ihre Sicht auf die Wirtschaft der DDR in Form von »Abschlussbilanzen« darzulegen, gab es bereits 1991.[4] Darin erfolgt jedoch eine eingleisige, vor allem die Mängel der Wirtschaft darstellende »Abrechnung« mit der gerade untergegangenen DDR – mit einseitigen Schuldzuweisungen und abstrahiert von den konkreten historischen Umständen.

Die Kernaussagen dieser *Negativbilanz* lauten:

- Die DDR hat mehr verbraucht als erarbeitet.
- Es bestand Kaufkraftüberhang, der sich in erhöhten Sparguthaben niederschlug.

- Der Rückstand in der Arbeitsproduktivität gegenüber führenden Industrieländern war erheblich und nahm zu.
- Die Entwicklung der Akkumulationsrate war rückläufig, besonders im produktiven Bereich.
- Die Entwicklung der Zulieferindustrie stagnierte.
- Die Subventionen für Waren des Grundbedarfs, Dienstleistungen, Tarife und Mieten uferten aus.
- Es herrschte verdeckte Inflation.
- Die internationale Arbeitsteilung war unterentwickelt, der Außenhandelsumsatz zu gering, die Struktur der Exporte zu stark auf Zweige der Grundstoffindustrie konzentriert.
- Die Verschuldung der DDR im NSW stieg ständig, die Terms of Trade (Austauschverhältnis Export/Import) verschlechterten sich, die Exportrentabilität sank ständig.
- Der Kapitalstock verfiel, der Verschleißgrad der Ausrüstungen stieg, die Überalterung der Grundmittel nahm zu.
- Die Infrastruktur verfiel.
- Der Wohnungsbau ging zu Lasten der Instandhaltung.
- Der Anteil der Investitionen für den Umweltschutz war zu gering, durch die Umstellung der Energieerzeugung von Heizöl auf Braunkohle stieg die Umweltbelastung.
- Die »Gigantomanie« in der Landwirtschaft war mit entscheidenden Nachteilen verbunden.

Diese Aussagen sind völlig einseitige Auflistungen tatsächlicher oder vermeintlicher Mängel der DDR-Wirtschaft. Sie abstrahieren von den wirtschaftlichen und politischen Zwängen und den historischen Bedingungen, unter denen sich die DDR-Wirtschaft entwickeln musste. Sie führen einseitige Schuldzuweisungen an Personen durch, insbesondere an Honecker und Mittag, und meinen, dass mit anderen Leitungsmethoden und Personen die Probleme hätten gelöst werden können.

Dabei wird jedoch übersehen: Volkswirtschaften entwickeln sich nicht allein und vordergründig nach Leitungsmethoden und Vorstellungen von Personen, sondern aufgrund der konkreten historischen Bedingungen, in die das Handeln der Personen eingebunden ist. Diese waren für die DDR-Wirtschaft denkbar kompliziert: Die separate Währungsreform und die Spaltung Deutschlands, letzteres führte für den Osten zum Abschneiden von der Schwerindustrie im Westen; von Anfang an wurde die DDR mit Wirtschaftsembargo überzogen; Reparationen Ost bei Marshallplan West; Aufbau einer rohstoff- und energieintensiven

Wirtschaftsstruktur auf Geheiß der UdSSR, die den natürlichen Bedingungen widersprach; Aufbau der »Wismut« als Uranlieferant für die UdSSR; lange Zeit offene Grenzen mit Millionen Abwanderern; »innerdeutscher« Handel mit Erpressungspotential und Währungsspekulationen. Das Mindeste, was zu erwarten ist, ist eine Berücksichtigung dieser politischen und ökonomischen Umstände, unter denen sich die Entwicklung der DDR vollziehen musste, um dann zu entsprechenden Schlussfolgerungen zu kommen.

Gemeinsam mit Wolfgang Kühn habe ich in den bereits erwähnten Publikationen mehrfach auf die überwiegend *positiven* Ergebnisse der DDR-Wirtschaft verwiesen. Angesichts der heutigen vom Kapital beherrschten weltweiten Verbrechen an Mensch und Natur treten für viele Zeitgenossen die Vorzüge sozialistischen Wirtschaftens und der entsprechenden Gesellschaftsordnung immer deutlicher zutage.

- In Anbetracht der weltweiten Beteiligung der BRD an Kriegseinsätzen kann nicht hoch genug eingeschätzt werden, dass die Volksarmee der DDR an keinerlei Kriegseinsätzen teilgenommen hat. 40 Jahre konnte die BRD zur Durchsetzung ihrer imperialen Interessen keinen Krieg anzetteln oder sich an einem Krieg beteiligen.
- Die antikapitalistische Umwälzung der Eigentumsverhältnisse ermöglichte in der DDR eine Grundorientierung auf soziale Gerechtigkeit und soziale Gleichheit.
- In der DDR wurde – zum bisher ersten und einzigen Mal in der deutschen Geschichte – das Recht auf Arbeit, Bildung und Ausbildung verwirklicht. Das Recht auf Arbeit war Verfassungsgebot, es gab keine Arbeitslosen.
- Über Jahrzehnte hatte die DDR nach internationalen Maßstäben eine gleichbleibend sehr geringe Kriminalitätsrate.
- Durch das einheitliche sozialistische Bildungssystem standen die Bildungsstätten jedermann offen. Studenten an Universitäten, Hoch- und Fachschulen waren von Studiengebühren befreit.
- Die Förderung der Frauen war gesellschaftliche und staatliche Aufgabe. 92 Prozent der Frauen im arbeitsfähigen Alter waren berufstätig.
- Auf der Grundlage eines einheitlichen staatlich sozialen Versicherungssystems wurden bei Krankheit und Unfällen materielle Sicherheit, unentgeltliche ärztliche Hilfe, Arzneimittel und andere medizinische Leistungen gewährt.
- Das Recht auf Wohnraum war garantiert. Ein Grundprinzip blieb die Beibehaltung der Mieten auf dem Niveau der Stopppreise von 1944.

Es gab keine Obdachlosen. Für DDR-Bürger war es undenkbar, dass Leute auf den Straßen »wohnen« müssten.
- Das Konsumtionsniveau war hoch. In der Ernährung und dem Verbrauch von Alltagsgütern lag die DDR vielfach über dem Niveau der BRD, bei technischen Konsumgütern in Quantität und Qualität darunter. Aufgrund der Subventionen für alle Waren und Leistungen des Grundbedarfs sowie für Mieten entstand eine »zweite Lohntüte« in Höhe von monatlich circa 800 Mark je Arbeitnehmerhaushalt.

Der 2014 verstorbene DDR-Ökonom Harry Nick stellte fest: »Es hätte auch daran erinnert werden müssen: Wie lebte es sich in einem Land ohne Arbeitslosigkeit, ohne Obdachlosigkeit, ohne Armut und ohne die sehr Reichen, ohne soziale Ängste; in einem Lande, in welchem Minister wie Generaldirektoren großer Konzerne höchstens das Vierfache und nicht wie manche Bosse im heutigen Deutschland das vielhundertfache Einkommen des Durchschnittsverdieners erhalten? Wie lebt es sich in einem Lande ohne Bildungsprivilegien? Wie lebt es sich, wenn alle Gesundheitsleistungen kostenlos sind? Wie lebt es sich in einem Lande ohne organisierte Kriminalität, Drogenkriminalität, in welchem die Kriminalitätsrate (Verurteilte je 100.000 Einwohner) nur ein Sechstel im Vergleich zum benachbarten kapitalistischen Staat beträgt? Gab es in der DDR nicht in der Tat mehr menschliche Wärme, mehr Empathie, Hilfsbereitschaft unter den Menschen, mehr Kinderfreundlichkeit?«[5]
Margot Honecker – Volksbildungsministerin der DDR – betont: »In diesem Staat hatte jeder seinen Platz. Alle Kinder konnten unentgeltlich die Schule besuchen, sie erhielten eine berufliche Ausbildung oder studierten, jedem war nach der Ausbildung ein Arbeitsplatz garantiert. Arbeit war mehr als nur Mittel zum Gelderwerb. Männer und Frauen erhielten den gleichen Lohn für gleiche Arbeit und Leistung. Die Gleichberechtigung der Frau stand nicht nur auf dem Papier. Fürsorge für die Jüngsten und die Alten war Gesetz. Die medizinische Versorgung war kostenlos, Kultur und Freizeitangebote bezahlbar. Soziale Sicherheit war eine Selbstverständlichkeit. Wir kannten keine Bettler oder Obdachlosen. Es gab ein solidarisches Miteinander, die Menschen fühlten sich nicht nur für sich selbst verantwortlich, sie wirkten in verschiedenen demokratischen Gremien an der Basis für gemeinschaftliche Interessen. Die DDR war kein Paradies, es gab Mängel, die den Alltag erschwerten, Mängel in der Versorgung, Mängel im politischen Alltag. Es gab Entscheidungen auf verschiedenen Ebenen, in die Menschen, die es betraf, nicht immer einbezogen worden waren.«[6]

### *Vermögensbilanzen – Raub des Volkseigentums*

Medialer Widerstand gegen die Verunglimpfung der DDR-Wirtschaft regte sich erst ziemlich spät. Im Jahr 2000 unternahm der ehemalige Stellvertretende Vorsitzende und Wirtschaftsstratege der Staatlichen Plankommission Siegfried Wenzel den »Versuch einer Abschlussbilanz«.[7] Als Bilanzanalyse im engeren Sinne bilanzierte Wenzel das Vermögen der Volkswirtschaft der DDR und kam zu folgender Aussage:

| | | |
|---|---|---|
| Der Grundmittelbestand allein in den produktiven Bereichen der Volkswirtschaft betrug im Jahr 1988 1,2 Billionen Mark der DDR. | | |
| Davon: | in der Industrie | 767,0 Mill. M |
| | im produktiven Handwerk | 5,0 Mrd. M |
| | in der Bauwirtschaft | 28,0 Mrd. M |
| | in der Land- und Forstwirtschaft | 170,5 Mrd. M |
| | in Verkehr, Post und Fernmeldewesen | 159,0 Mrd. M |
| | im Binnenhandel | 44,5 Mrd. M |
| | sonst. produzierende Zweige | 27,7 Mrd. M |
| | **Summe** | **1200,0 Mrd. M** |

Aus: Siegfried Wenzel: *Was war die DDR wert?* Berlin 2000.

Weiter führte Wenzel aus: »Legt man den Umtauschsatz der Währungsunion für die Bestandsgrößen 2:1 zugrunde, kommt man auf eine Größe von 600 Mrd. DM. Diese Größe bezieht sich auf die ›Grundmittel‹, enthält also nicht den Grund und Boden, dessen Hauptanteil volkseigen war und deshalb nur einen symbolischen Preis hatte. (…) Rechnet man den Wert der Grundmittel und den von Grund und Boden zusammen, ergibt das 1 Billion D-Mark.«

Wenzel listete weitere, im Treuhandvermögen nicht enthaltene, Vermögenswerte auf:

- 1,6 Millionen Hektar Agrarflächen und 1,7 Millionen Hektar Wald: Wert 20 Milliarden DM
- Volkseigene Grundstücke und Gebäude von Verwaltungseinrichtungen: Wert 180 Milliarden DM
- Vermögen der Nationalen Volksarmee: Wert 200 Milliarden DM
- Auslandsvermögen der DDR: Wert 1 Milliarde DM

»Alles in allem handelt es sich bei diesen nicht oder nicht vollständig erfassten Vermögenskomplexen um einen Wert von etwa einer dreiviertel Billion D-Mark, der zum Territorium der neuen Länder gehört, der von den Menschen hier erarbeitet worden ist.«[8]

Damit ergibt sich nach Wenzel ein Vermögenswert der DDR von insgesamt circa 1,7 Billionen DM. Diese Einschätzung deckt sich annähernd mit der in meinem Buch *Die Schulden des Westens* vorgenommenen Vermögensbilanz der DDR, die ich aus unterschiedlichen Quellen zusammengetragen habe.

| Das Volksvermögen der DDR 1989 | |
| --- | --- |
| Treuhandvermögen | 600 bis 700 Mrd. DM |
| Materiell | |
| 9.000 Kombinate und Betriebe | |
| 20.000 Gewerbe- und Handelsbetriebe | |
| davon 4.300 Gaststätten, Hotels, FDGB-Ferienheime | |
| 4 Millionen Hektar Land- u. Forstfläche | |
| 25 Milliarden Quadratmeter Immobilien | |
| Verwaltungs-, Finanz- und Sondervermögen (Bahn, Post) | 300 bis 400 Mrd. |
| Wohnungsfonds | 300 bis 450 Mrd. DM |
| Grund und Boden | 400 bis 450 Mrd. DM |
| Gesamtes Volksvermögen der DDR | 1.600 bis 2.000 Mrd. DM |

Aus: Klaus Blessing: *Die Schulden des Westens.* Berlin 2010, S. 16.

Wenzel wies darüber hinaus auf eine für viele DDR-Bürger besonders schmerzliche Problematik hin: »Eine besondere Problematik stellt darüber hinaus die Abwertung beträchtlicher Spareinlagen dar. Hinsichtlich der etwa 160 Milliarden Mark Spargelder der Bevölkerung der DDR bezog sich das Umtauschverhältnis 1:1 nur auf die pro Kopf umtauschbaren Limite in Höhe von 2.000/4.000/6.000 Mark je nach Lebensalter. Nach überschlägigen Berechnungen waren das etwa 60 Milliarden Mark. Einhundert Milliarden Mark wurden im Verhältnis 2:1 umgetauscht (obwohl die nachgewiesene Kaufkraftparität ca. 1:1 bestand). Dieses schwer erarbeitete und im Verhältnis zu dieser Größe der Altbundesbürger viel kleinere ersparte Vermögen wurde mit der Währungsunion halbiert, um 50 % entwertet.«[9]

Es ist zu fragen: Wo sind dieses Volksvermögen und die Ersparnisse geblieben? Die Antwort ist eindeutig: Sie wanderten in die Taschen der reichen Oberschicht der Bundesbürger. Die geraubte Beute ging zu 85 Prozent an westdeutsche Käufer, zu 9 Prozent ins Ausland und lediglich zu 6 Prozent an Ostdeutsche. Es führte zu einer geradezu explosionsartigen Vermehrung des Vermögens der Oberschicht der BRD zwischen 1988 und 1993.

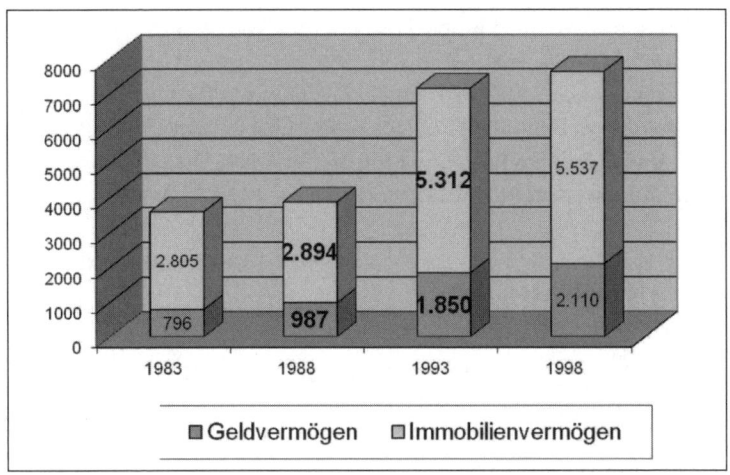

*Sprunghafte Vermögenserhöhung privater Haushalte der BRD zwischen 1988 und 1993 in Mrd. DM*

Datenquelle: Studie der J. W. Goethe-Universität Frankfurt am Main

Es ist interessant, dass – wahrscheinlich als Folge unserer mehrfach veröffentlichten Darstellung – diese Aussage von der Frankfurter Universität inzwischen »zurückgezogen« wurde. Jedoch: Einen rasanten Anstieg der Vermögen privater Haushalte in Westdeutschland nach dem Beitritt der DDR bestätigt aktuell das Mitglied der Leibniz-Sozietät, der Volkswirtschaftler Ulrich Busch. Die Reinvermögen je privatem Haushalt in Westdeutschland stiegen von 124.800 DM im Jahr 1990 auf 168.100 DM im Jahr 1997. Busch zitiert außerdem eine Studie der Hans-Böckler-Stiftung von 2009, nach der zwischen 2002 und 2007 die durchschnittlichen Nettovermögen in Westdeutschland um 11,6 Prozent gestiegen, aber in Ostdeutschland um 9,7 Prozent gesunken sind. Dazu beigetragen haben Wertverluste vieler Immobilien im Osten, zudem schrumpften hier mit der andauernden Arbeitslosigkeit die Ersparnisse.[10]

Die Ausplünderung der DDR durch die BRD hat allerdings tiefere und weitreichendere Wurzeln. Sie begann mit der Gründung beider deutscher Staaten und nahm mit dem Anschluss an die BRD keinesfalls ihr Ende.

Durch einseitige Reparationszahlungen, Abwerbung und Abwanderung in Zeiten der offenen Grenze, innerdeutschen Handel, 1989/90 geraubtes Volksvermögen entzog der Westen dem Osten eine Wirtschaftskraft, die insgesamt einem Wertvolumen von über 2 Billionen DM entsprach. Dieser Ausbeutungsprozess wurde nach der Wiedervereinigung insbesondere durch Abwanderung von über 3 Millionen Arbeitskräften fortgesetzt.

Ich habe diese Wirkungen in *Die Schulden des Westens* quantifiziert und komme zu Billionen-Größen: annähernd 4 Billionen Verluste in der DDR und 3 Billionen Gewinne für die BRD von DDR-Gründung bis Jahrtausendwende. Auch das gehört zu einer »Abschlussbilanz«.

| | Verluste Ost | Gewinne West | Gesamt |
|---|---|---|---|
| **Bis zum Anschluss 1949–1990** | | | |
| Reparationsleistungen | 1.300 | | 1.300 |
| Marshallplan | | 280 | 280 |
| Abwanderung/Abwerbung | 660 | 1.020 | 1.680 |
| Innerdeutscher Handel | 110 | | 110 |
| **Nach Anschluss 1991–2000** | | | |
| Raub des Volksvermögens | 1.900 | | 1.900 |
| Zusätzliches Wirtschaftswachstum | | 1.850 | |
| **Gesamtauswirkungen 1949–2000** | **3.970** | **3.150** | **7.120** |

Das »Hauptvermögen« der DDR ist bei diesen rein ökonomischen Betrachtungen noch nicht berücksichtigt – nämlich die ausgebildeten und arbeitsamen Menschen der DDR. Zunächst stellten 16 Millionen DDR-Bürger 16 Millionen Konsumenten für die Wirtschaft des Westens dar, die zu diesem Zeitpunkt deutliche Krisenerscheinungen aufwies. Der Einzelhandelsumsatz dieser DDR-Bürger betrug 1989 130,9 Milliarden Mark. Durch völlige Verblendung und Euphorie strömte der Gewinn aus diesem und weiterem ungesättigten Bedarf nach »Westwaren« weitgehend in die Kassen westdeutscher Konzerne und Handelsketten.

Die politische Wertung dieses Vermögensraubes habe ich im oben genannten Buch getroffen: Dieser Raub des Eigentums eines ganzen Volkes war und ist politisch sowie moralisch ungeheuerlich.

Erinnern wir uns kurz: Teile der DDR-Bevölkerung waren mit ihrer Führung nicht einverstanden, gingen unter der Losung »Wir sind das Volk!« auf die Straße. Die Führung beugte sich und trat ohne Widerstand und Blutvergießen ab. Die Kolonialmacht auf der anderen Seite der Grenze witterte ihre Jahrhundertchance. Die Demonstrationen wurden in »Wir sind ein Volk!« umfunktioniert, Deutschland wurde staatlich vereint.

Zum Dank wurde den ostdeutschen »Brüdern und Schwestern« innerhalb kürzester Zeit ihr Eigentum gestohlen – das gesellschaftliche ohnehin, und große Teile ihres privaten auch. Die Leistungen von vierzig Jahren Aufbauarbeit unter schwierigsten Bedingungen verschwanden in den Taschen westlicher Banker, Aktionäre, Wirtschaftskapitäne, Vertreter der Eliten und windiger Geschäftsleute. Geschenkt wurde »die Freiheit«. Das beschenkte Volk ließ es widerstandslos, teils euphorisch mit sich geschehen und wachte erst Jahre später aus dem Trancezustand auf. Die Beutegeier hatten inzwischen politische, ökonomische und juristische Tatsachen geschaffen: Betriebe, Grundstücke, Wälder, Seen, große Teile der Ersparnisse – alles in westliche Kapitalistentaschen transferiert.

Das enteignete Volk sieht sich nun verhöhnt: War sowieso alles marode, habt jahrzehntelang einer Diktatur gedient, seid dankbar für unsere Solidarität mit euch und freut euch über die gewonnene Freiheit.

## Volkswirtschaftliche Entwicklung – in der DDR schneller als in der BRD

Eine »Abschlussbilanz« im weitesten Sinne beinhaltet aber mehr. So gehören – besonders angesichts der permanenten Verleumdungen – die makroökonomischen volkswirtschaftlichen Ergebnisse dazu. Hierbei konzentriere ich mich auf Kernaussagen, die schon anderweitig publiziert wurden. Diese sind eindeutig und belegt, wobei besonders die Publikationen von Gerhard Heske über die Umrechnung von Ergebnissen der DDR-Wirtschaft auf »bundesdeutsche« Verhältnisse bedeutsam sind.[11] (Nachweise siehe Anlage 1)

Die DDR-Wirtschaft entwickelte sich schneller als die der BRD. Im Jahr 1989 war das Bruttoinlandsprodukt (BIP) je Einwohner gegenüber 1950 in der BRD auf das 4,3-fache, das der DDR (umgerechnet) auf das 6,2-fache gestiegen. Das in der DDR als Maßstab wirtschaftlicher Tätigkeit verwendete produzierte Nationaleinkommen (NEK) stieg auf das 10-fache.

Der Rückstand in der gesellschaftlichen Arbeitsproduktivität gegenüber der BRD wurde dadurch verringert. Zum Zeitpunkt des Anschlusses der DDR an die BRD hatte die DDR einen (vergleichbar in Euro und BIP umgerechnet) Anteil an der westdeutschen Arbeitsproduktivität von 55 Prozent, also einen Produktivitätsrückstand von noch 45 Prozent. Es war gelungen, aufzuholen, ein Angleichen oder gar Überholen erwies sich als Illusion und politisch falsche Orientierung.

Im Ergebnis der wirtschaftlichen Entwicklung erreichte die DDR 1989 im internationalen Vergleich ein Produktivitätsniveau von 12.700 Euro pro Kopf der Bevölkerung (die BRD 22.500 Euro pro Kopf). Damit reihte sich die DDR an 14. Stelle unter den führenden kapitalistischen Ländern ein. Sie lag annähernd gleich auf mit Großbritannien und Italien und deutlich vor Spanien, Griechenland, Portugal. Diese wirtschaftliche Entwicklung der DDR wurde trotz der genannten intensiven Störmaßnahmen und einseitiger Belastungen der DDR-Wirtschaft erreicht.

### Die DDR – verschuldet oder nicht?

Die entscheidenden Verleumdungen der DDR beziehen sich auf die Verschuldungsproblematik. Bis heute spielt die Argumentation von der Pleite der DDR-Wirtschaft die entscheidende Rolle. Das ist objektiv falsch.

Die innere Staatsverschuldung der DDR war 1989 wesentlich geringer als die der BRD. Der damalige Bundesfinanzminister Waigel sprach im Deutschen Bundestag von einer DDR-Verschuldung von nur 13 Prozent des Bruttosozialprodukts. Das entspricht der Auffassung von DDR-Ökonomen und ergibt (umgerechnet) maximal 1.800 Euro pro Kopf der Bevölkerung. Die BRD war bereits damals mit (umgerechnet) 8.100 Euro pro Kopf der Bevölkerung verschuldet. Heute beträgt die Staatsverschuldung über 80 Prozent und 25.000 Euro pro Kopf.

Als der DDR-Bürger zum Altar zwecks Zwangsheirat mit dem BRD-Partner geführt wurde, brachte er als »Mitgift« wesentlich weniger Schulden mit als der reiche und arrogante Lebenspartner aus dem Westen. Als er verheiratet vom Altar zurückkehrte, war er zusätzlich mit 6.300 Euro Schulden belastet. Die Haushaltspolitik seines reichen und dominanten Partners bescherte ihm bis heute weitere 17.000 Euro Verschuldung.

Die DDR hatte zum Zeitpunkt ihrer Angliederung so gut wie keine Auslandsschulden. Realen Schulden in kapitalistischen Ländern (NSW) von 19,9 Milliarden Valutamark (VM, erfasst 1989) standen Guthaben in sozialistischen Ländern (SW) – umgerechnet auf gleiche VM – von 23,3 Milliarden (erfasst 1990) gegenüber.[12] »Warum fragt eigentlich niemand, was nach der Wiedervereinigung aus den DDR-Schulden geworden ist? (19,9 Mrd. VM) Die wurden nämlich aus dem eigenen Vermögen der DDR bezahlt. Das Geld kam zum Teil aus der Staatsbank, zum Teil aus Auslandsguthaben – sowohl in sozialistischen wie auch in nichtsozialistischen Ländern«, stellte Edgar Most fest.[13]

Der DDR war es nicht möglich, sich wesentlich höher zu verschulden, da ein Eingriff des Internationalen Währungsfonds (IWF) und der Weltbank verheerende, das soziale und politische Gefüge zerstörende Folgen gehabt hätte. Alle Kritiker der wirtschaftlichen DDR-Entwicklung sollten sich vor Augen führen, dass viele zweifelsfrei vorhandenen Mängel eben gerade darauf zurückzuführen waren, dass die DDR im Vergleich zu den »führenden« Industrienationen so gut wie keine Schulden hatte. Wer keine Schulden macht, kann auch nur weniger ausgeben.

Die Deutsche Bundesbank stellte fest: »Die 1989 aus der Netto-Verschuldung gegenüber kapitalistischen Ländern resultierende Zinsbelastung betrug 2,2 Mrd. DM, die 13 % des Exportes ausmachten. Die DDR verfügte 1989 über Reserven in kapitalistischer Währung, mit denen dem Umfange nach Importe für die DDR für 1 ½ Jahre hätten finanziert werden können.«

Der Staatssekretär und zeitweilige Finanzminister der DDR, Walter Siegert, trifft zur »Verschuldungsproblematik« folgende Aussage:

»Wirkliche Defizite entstanden im Staatshaushalt erst im Krisenjahr 1990: Im ersten Halbjahr flossen die geplanten Einnahmen aus der volkseigenen Wirtschaft nicht mehr entsprechend dem Plan (Produktionsausfälle durch Massenflucht Richtung BRD). Zugleich wuchsen die Ausgaben durch die offene Grenze, die Schaffung neuer Übergänge zur BRD, den massenhaften Abkauf gestützter Waren durch BRD-Bürger im Grenzbereich und in Berlin und so weiter. Der Staatshaushalt musste zeitweise Kassenkredite bei der Staatsbank aufnehmen, die jedoch bis zum Währungsschnitt am 30.06.1990 zum Teil getilgt werden konnten.

Bis zuletzt hat die DDR auch die Tilgung und Verzinsung ihrer Auslandsschulden im Westen korrekt bedient. Das wird in allen einschlägigen Berichten bestätigt! Die Staatspleite der DDR hat nicht stattgefunden. Die DDR hat bis zuletzt ihre Rechnungen bezahlt – im Inland und im Ausland.

Angemerkt sei noch, dass die BRD eine Forderung der DDR an die UdSSR von 10 Milliarden Transferablen Rubel (Tr. R.) ›geerbt‹ hat. Sie entstand, weil die UdSSR nicht geliefert oder mehr Güter bezogen hatte (Versorgungsengpässe) und so ein positiver Saldo (Schuld) gegenüber der DDR gewachsen war, der ›am Ende des RGW‹ übrig blieb! Diese 10 Milliarden Tr. R. Altschulden UdSSR/DDR ergaben eine Forderung in Höhe von 23 Milliarden DM an die UdSSR (1 Tr. R. = 4,67 Mark der DDR = 2,30 DM). Nachdem die BRD vergeblich versucht hatte, diese Schuld in Moskau Anfang der 1990er-Jahre ›einzutreiben‹ (was dann wegen der noch in der DDR befindlichen Truppen und der Freundschaft Kohl/Jelzin unterblieb), bestand die Forderung weiterhin. Erst Bundeskanzler Gerhard Schröder hat 1998 auf diese Forderung ›verzichtet‹ – so besagen interne Informationen.«

Meine Kritiker bezichtigen mich der »Schönfärberei der DDR-Wirtschaft«. Das ist mitnichten mein Anliegen. Ich habe an unterschiedlichen Positionen in der DDR-Wirtschaft durchaus deren eklatante Mängel kennengelernt, mich bereits damals – nicht immer zum eigenen Vorteil – mit ihnen auseinandergesetzt und auch darüber publiziert. Ich habe aber zur DDR-Wirtschaft einen grundsätzlichen anderen Standpunkt als die Kritiker derselben. Mein Standpunkt lautet: Die sozialistische DDR-Wirtschaft hat unter schwierigsten Bedingungen hervorragende Ergebnisse erreicht. Dass dabei Mängel auftraten und Fehler gemacht wurden, ist nicht zu leugnen. Der Standpunkt der Kritiker ist eine auf den Kopf gestellte Betrachtungsweise: Die DDR-Wirtschaft war grundsätzlich falsch, einige Erfolge können ihr jedoch nicht abgesprochen werden. Ich stelle diese Betrachtung vom Kopf auf die Füße und schließe mich der Auffassung vieler Generaldirektoren und Wirtschaftspraktiker aus der DDR an: Das Wirtschaftswunder hat im Osten Deutschlands stattgefunden.[14]

Damit bleibt die Kardinalfrage: Warum ging ein Staat, der praktisch keine Schulden, der eine normale ökonomische Entwicklung mit Problemen wie jeder andere Staat auch und mit einem ansprechenden Lebensniveau hatte, »pleite« und fiel bedingungslos und würdelos in den Schoß des westdeutschen Kapitals? Das erklärte Anliegen dieser Publikation ist es, Licht in diese Frage zu bringen und daraus Schlussfolgerungen zu ziehen.

## Alt-Nazis unter Adenauer bereiten die Annexion der DDR »wissenschaftlich« vor

Eine erste Antwort auf diese Kardinalfrage finden wir in Maßnahmen unmittelbar nach der Gründung der DDR. Politiker und Journalisten aus West und Ost behaupten, »dass es einfach keine Vorstellungen gab, wie eine Plan- in eine Marktwirtschaft gewandelt werden könnte« (Klaus Behling), dass »die Reise ins Abenteuer der Wiedervereinigung einem Blindflug in dichtem Nebel glich, und das in einem Flugzeug, das über keine Navigationsinstrumente verfügte« (Uwe Müller). Folglich meinen viele Politiker, dass man Nachsicht mit den unzureichenden Ergebnissen der Wiedervereinigung haben müsse und dass es nur natürlich wäre, wenn Fehler gemacht wurden. Dieser Gedankenansatz ist grundfalsch. Die »Wiedervereinigung« war kein Blindflug ohne Navigation, sondern ein Präzisionsflug mit funktionsfähigem Kompass. Dieser Kompass wurde frühzeitig entwickelt. Seit Gründung der DDR bestand das politische Ziel der Bundesregierung darin, diese sich sozialistisch entwickelnde DDR wieder in den Herrschaftsbereich der kapitalistischen BRD zurückzuholen.

Bereits im Jahr 1952 wurde durch Beschluss der Adenauer-Regierung der »Forschungsbeirat für Fragen der Wiedervereinigung Deutschlands« gebildet. Aufgabe des Forschungsbeirats war es, »die bei der Wiedervereinigung Deutschlands notwendigen Sofortmaßnahmen« wissenschaftlich zu belegen. Zum Vorsitzenden des Beirats wurde Dr. Friedrich Ernst berufen. Dieser verfügte über eine beachtliche Karriere im Nazireich. 1935 war er von Adolf Hitler zum Reichskommissar für das deutsche Kreditwesen ernannt worden. Von 1939 bis 1941 oblag ihm als Reichskommissar die Verwaltung des »feindlichen Vermögens«, das heißt des Vermögens der von Hitlerdeutschland überfallenen und okkupierten europäischen Staaten. Er war maßgeblich an der Ausarbeitung von Richtlinien für die Ausplünderung der überfallenen Sowjetunion beteiligt. Mitglieder des Forschungsbeirats waren weitere Nazi-Größen: der aus Leipzig geflohene Nazi-Ökonom Karl C. Thalheim sowie Immanuel Fauser und Matthias Kramer – Mitglieder des SS-Reichskommissariats für die »Festigung deutschen Volkstums« – und Bernhard Skrodzki – »Überlebensplaner« der »Reichsgruppe Industrie« 1944/45. Das Bundeskabinett unter Konrad Adenauer segnete die Tätigkeit dieses von Alt-Nazis geprägten Forschungsbeirats durch Beschluss am 17. August 1954 ab.

Die Arbeitsweise und die Ergebnisse dieser »Institution« hat der Autor Karl Heinz Roth in einem akribisch recherchierten Werk publiziert.[15] Er stützt sich dabei auf Dokumente aus dem Bundesarchiv, von denen er mehrere veröffentlicht. Alle von ihm getroffenen Aussagen sind durch Originalquellen belegt.

Wer diese Dokumente oder deren Auswertung liest, ist schockiert. Buchstäblich alles, was in der »Wendezeit« vom westdeutschen Kapital und der ihm hörigen Politik umgesetzt wurde, war von gestandenen, in der Annexion fremder Gebiete erfahrenen Nazi-Größen vor Jahrzehnten im Auftrag Konrad Adenauers erdacht und niedergeschrieben: Währungsunion, Umstellung der Löhne und Gehälter eins zu eins, Treuhand, Zerschlagung der Volkseigenen Betriebe, Liquidierung ostdeutscher Konkurrenz, Ausweitung nach Osten, Annullierung der Bodenreform, Abwicklung der »Altkader«. Ich dokumentiere Auszüge aus Roths Publikation zum Beweis (siehe Anlage 3).

Über die politische Wirkung der Forschungsergebnisse in der Wendezeit trifft der Autor folgende Einschätzung: »Dabei musste vor allem die Lüge in die Welt gesetzt werden, die DDR-Ökonomie sei schon vor dem Anschluss zusammengebrochen, und außerdem sei man völlig konzeptionslos an den Einigungsprozess herangegangen. Dazu brauchte man aber keine wirtschaftswissenschaftliche Begleitforschung, sondern leistungsfähige Public Relations. Die wirtschaftswissenschaftliche DDR-Forschung war überflüssig geworden und stellte einen potentiellen Störfaktor dar. Wichtiger war es, die Bevölkerung des ruinierten Landes mit arbeitsmarktpolitischen Überbrückungsmaßnahmen ruhigzustellen und sie dem Verdikt auszusetzen, mit einer ›totalitären‹ Diktatur paktiert zu haben, die mindestens so barbarisch gewesen war wie das ›Dritte Reich‹.«[16]

»Die Akteure des Kanzleramts und in ihrem Schlepptau auch die Spitzen der Oppositionsparteien mobilisierten das gesamte unter ihrer Kontrolle stehende politische Institutionengeflecht, insbesondere die Partei-Stiftungen, um der DDR-Bevölkerung die Flausen eines wie auch immer gearteten ›Dritten Wegs‹ auszutreiben. Zusätzlich stampften sie eine kollaborationsbereite politische Funktionärsschicht aus dem Boden. Die Übergangsregierung Modrow wurde dagegen mit ihren Kreditwünschen öffentlich gedemütigt.

Insgesamt verfolgten die Bonner Anschluss-Planer mit diesem Vorgehen eine Doppeltaktik. Ihre Erfolgsperspektive war entscheidend davon abhängig, inwieweit es gelang, die Flüchtlings- und Abwanderungsbewegungen durch einen ununterbrochenen ›Druck der Straße‹ zu komplettieren, der entsprechende ›Sachzwänge‹ zu einem beschleunigten Vorgehen im politischen ›Einigungsprozess‹ erzeugte. Zusätzlich musste die durch die eigenen Sanktionsmaßnahmen forcierte ökonomische Krisenentwicklung zum unmittelbar bevorstehenden Staatsbankrott aufgebauscht werden, um die währungs- und wirtschaftspolitische Übernahme trotz ihrer voraussehbaren katastrophalen Folgen als unausweichliche Lösungsvariante erscheinen zu lassen. In beiden Fällen durfte aber das Aktionszentrum im Bundeskanzleramt nicht als treibender Motor identifiziert werden können, weil sonst das Endziel der Destabilisierungsmaßnahmen sichtbar geworden wäre. Den um Kohl gescharten Beratergremien ist dieses Doppelspiel hervorragend gelungen, zumal sie alsbald fast die gesamte Medienöffentlichkeit hinter sich hatten.«[17]

## Walter Ulbricht – der Erfinder des
## »Überholen ohne einzuholen«

Im linken Spektrum macht sich in den letzten Jahren eine gewisse Ulbricht-Euphorie breit mit der Grundaussage: Walter Ulbricht war einer der bedeutendsten deutschen Politiker der Nachkriegszeit mit weitreichenden, klugen und eigenständigen – teils vom System der UdSSR abweichenden – gesellschaftspolitischen Visionen. Besonders werden seine Verdienste um ein Neues Ökonomisches System (NÖS) mit starker Eigenverantwortung der Betriebe hervorgehoben. Erst sein Sturz und die Machtübernahme durch Honecker mit der gesellschaftlichen Prämisse der Einheit von Wirtschafts- und Sozialpolitik hätten eine unrealistische, den Möglichkeiten und Bedingungen der DDR nicht entsprechende Politik eingeleitet.

Mir steht es nicht zu, über Walter Ulbricht als Staatsmann und Kommunist ein Urteil abzugeben. Ich kann auch nicht seinen Führungsstil beurteilen, da ich keinerlei Kenntnisse darüber habe. Beides wurde anderweitig umfassend getan.[18] Seine Verdienste um den Aufbau der DDR aus den Trümmern des Nazireiches sind unbestreitbar. Mir geht es allein um die Wertung seiner gesellschaftspolitischen Aussage, um seine Vision des »Überholens ohne einzuholen«. Ich sehe darin – wie manch andere auch – einen wesentlichen strategischen Ausgangspunkt späterer Fehlentwicklungen in der DDR.

Die DDR hatte den durch Marshallplan und Zuwanderung von Millionen Menschen aufgepäppelten bundesdeutschen »Wohlstandsstaat« vor Augen. Diesen wollte sie »überholen, ohne (ihn) einzuholen«.

Walter Ulbricht verkündete auf dem V. Parteitag der SED 1958 die Hauptaufgabe. Wörtlich: »Die Volkswirtschaft der Deutschen Demokratischen Republik ist innerhalb weniger Jahre so zu entwickeln, dass die Überlegenheit der sozialistischen Gesellschaftsordnung der DDR gegenüber der Herrschaft der imperialistischen Kräfte im Bonner Staat eindeutig bewiesen wird und infolgedessen der Pro-Kopf-Verbrauch unserer werktätigen Bevölkerung mit allen wichtigen Lebensmitteln und Konsumgütern den Pro-Kopf-Verbrauch der Gesamtbevölkerung in Westdeutschland erreicht und übertrifft.« Damit wurde das ohnehin in großen Teilen der Bevölkerung ausgeprägte Schielen nach westlichem Konsumniveau zur Staatsdoktrin erhoben.

Auf der Tagung des Rates für gegenseitige Wirtschaftshilfe (RGW) im März 1961 wollte er diese Zielstellung für den gesamten RGW-Bereich durchsetzen. Er erklärte, »dass bis 1980 das sozialistische Lager die wichtigsten kapitalistischen Länder hinsichtlich des Niveaus der Arbeitsproduktivität in allen entscheidenden Wirtschaftszweigen überholen werde«.

Diese Ziele waren unrealistisch und konnten nie erfüllt werden. Führende kapitalistische Staaten verfügen über nationale und internationale Ausbeutungsmethoden von Mensch und Natur, die sozialistischen a priori nicht zur Verfügung stehen. Ein solcher Wettlauf kann nicht gewonnen werden. Ihn nochmals zu beginnen, würde erneut zur Niederlage führen.

Ich gehe noch weiter: Diese Orientierung war falsch! Denn dieser Produktivitätszielstellung lag eine Konsumtionsideologie zugrunde, die nicht den Sozialismus prägen sollte. Ausgerechnet jungen Menschen schrieb Ulbricht 1961 in ein Buch für die Jugendweihe als Traumziel sozialistischer Zukunft:

»Unser Tisch soll mit dem Besten gedeckt werden, was die Natur zu bieten hat: hochwertige Fleisch- und Milchprodukte, Edelgemüse und beste Obstsorten, früheste Erdbeeren und Tomaten zu einer Zeit, da sie auf unseren Feldern noch nicht reifen, Weintrauben im Winter, nicht nur in der Zeit der großen Schwemme. Als Sozialisten sind wir uns darüber klar, dass im sozialistischen Lager bis 1965 ein Überfluss an Lebensmitteln erreicht werden soll. Was da auf den Handel zukommt, diese immer mächtiger anschwellende Woge von Lebens- und Genussmitteln aus aller Herren Länder, von Kleidern und Schuhen, von wundervollen neuwertigen Stoffen, von Küchen- und Waschmaschinen, großen und kleinen Autos, von Kunstgewerbe und Schmuck, von Fotoapparaten und Sportgeräten! (...) Neben dem reichhaltigen Angebot der Einkaufszentren in den Städten und in den überall vorhandenen Geschäften für den täglichen Bedarf wird es ein Netz von Versandhäusern geben. Mit Hilfe von Katalogen können dann die Einwohner entlegener Gebiete jeden Artikel bestellen und innerhalb weniger Tage auch erhalten. Unter kommunistischen Verhältnissen wird auch die Wohnung in jeder Größe und Form zur Verfügung stehen. (...) Die ganze oder fast die ganze Welt wird uns offen stehen, und die Entfernungen werden keine Rolle spielen. Freunde der Touristik werden für ihre Wanderfahrten einen großen Teil des Globus zur Verfügung haben. Mehrmonatige Weltreisen werden zu einem festen Bestandteil des Bildungsganges der Jugend gehören. Und auch die ältere Generation wird die noch unbefriedigte Bekanntschaft mit fremden Ländern nachholen. Die sozialistische Gesellschaft wird in einigen Jahrzehnten nicht nur wohlhabend, sondern reich sein und ein Leben garantieren, in dem kein vernünftiger

Wunsch unerfüllt bleibt. In 20 Jahren, also gegen 1985, wird das monatliche Durchschnittseinkommen 3.000 bis 5.000 Mark sein.«[19] (Bei der Verkündung dieser edlen Ziele im Jahr 1961 lag das durchschnittliche Bruttoeinkommen pro Monat und Kopf bei 578 Mark.)

Offensichtlich allen Ernstes (oder auch nicht?) gab sich Ulbricht der Illusion hin, diese »Lebensziele« mit einem Neuen Ökonomischen System erreichen zu können. Das richtige Anliegen des NÖS, »ökonomisch zu rechnen«, konnte sich jedoch nie durchsetzen. Die Ursache lag bereits in der Inkonsequenz des Ansatzes. Auszüge aus der Richtlinie zum NÖS vom 14. Juni 1963: »Die Staatliche Plankommission ist das zentrale Organ des Ministerrates für die Planung der Volkswirtschaft. Sie arbeitet auf der Grundlage der Beschlüsse des ZK der SED … Dabei ist von der neuen Rolle der VVB als ökonomisches Führungsorgan des Industriezweiges auszugehen. Das Bilanzsystem stellt eine Bilanzpyramide dar … Bei richtiger Anwendung der ökonomischen Hebel repräsentiert der Gewinn in zusammengefasster Form die wesentlichen Seiten der ökonomischen Leistung der VVB und Betriebe … Die VVB trägt entsprechend den in den zentralen staatlichen Plänen festgelegten volkswirtschaftlichen Zielsetzungen die volle Verantwortung für den gesamten Reproduktionsprozess … einschließlich der planmäßigen Erwirtschaftung und Verwendung des Gewinnes.«

Diese Ansätze waren inkonsequent: Die Richtlinien vom ZK waren weiter dominierend, die durchgängige Bilanzierung war entscheidende Steuergröße, eine eigene Verwendung des Gewinns war nie gegeben. Wir sollten uns davor hüten, die Rolle des NÖS überzubetonen. Ich werfe sogar die Frage auf, ob es überhaupt für einen sozialistischen Staat in die richtige Richtung weist.

Richtig ist, dass auch im Sozialismus ökonomisch zu rechnen ist – statt Tonnenideologie und Mengenwachstum. Wenn wir aber den betrieblichen Gewinn als Hauptsteuerinstrument der sozialistischen Wirtschaft und die volle Eigenständigkeit der Betriebe zum Leitinstrument sozialistischen Wirtschaftens deklarieren, können wir gleich bei der kapitalistischen Marktwirtschaft bleiben.

Die häufig kolportierte Aussage, dass in der Zeit des NÖS (1960er-Jahre) eine besonders positive Entwicklung des Nationaleinkommens eingetreten sei und unter Honecker (ab 1971) der Absturz erfolgte, hält einer empirischen Prüfung nicht stand.

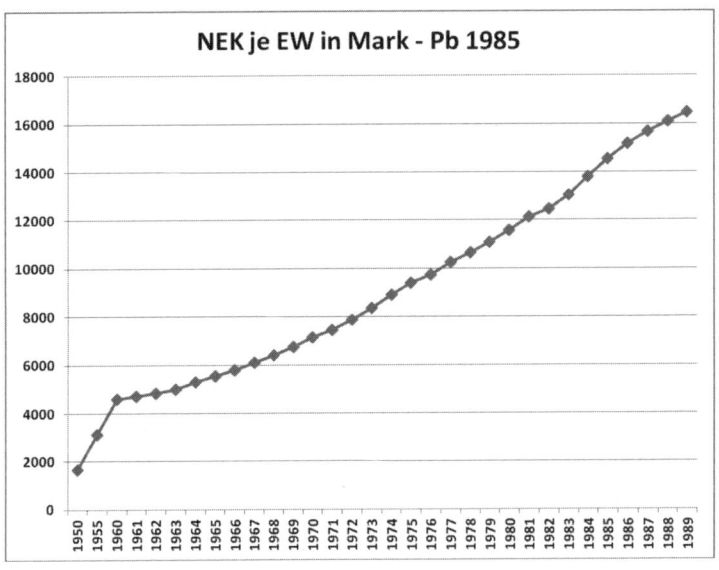

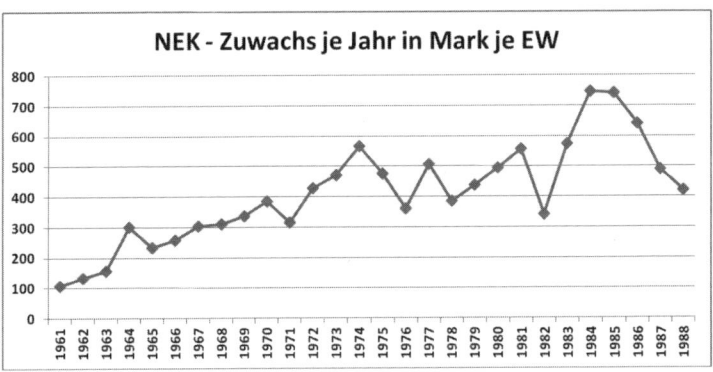

Datenquelle: Statistisches Jahrbuch der DDR 1990

Das ist aber nicht das Entscheidende. Ausschlaggebend war, dass unter Ulbricht der DDR – wie einigen anderen sozialistischen Ländern auch – eine Gesellschaftsphilosophie des »Überholens ohne einzuholen« oktroyiert wurde, die völlig unrealistisch war. Ich teile die Auffassung der Autoren der ersten »Abschlussbilanz DDR«, wenn sie feststellen: »Mit dem ›Neuen Ökonomischen System‹ wurde erneut eine völlig unrealistische Losung vom ›Überholen ohne einzuholen‹ aufgestellt, die auf ebenso fatalem wie bezeichnendem Missverständnis Ulbrichts von naturwissenschaftlichen und ökonomischen Prozessen beruht. Prominente Wissenschaftler des ehemaligen Forschungsrates wollten begreiflich machen, dass es in Naturwissenschaft und Technik durchaus möglich und üblich ist, auf unterschiedlichen Wegen zu Lösungen zu kommen, ja es geradezu erforderlich ist, kreative Wege zu gehen, um nicht ständig ›der Welt hinterherzuforschen‹ und zu eigenen neuen Lösungen zu gelangen. Das auf gesamtvolkswirtschaftliche Prozesse zu übertragen und zur Tageslosung zu machen, musste zu barem Unsinn führen.«[20]

In noch stärkerem Maße trifft diese Aussage auf die Ende der 1960er-Jahre exerzierte Anwendung von Heuristik und Kybernetik auf die Wirtschaft der DDR zu. Ich erinnere mich – damals Planungsleiter in einem der größten metallurgischen Kombinate der DDR in Eisenhüttenstadt –, wie Leitungskader dazu getrimmt wurden, kybernetische Regelkreise zur Selbstregulierung der Wirtschaft zu begreifen. In Berlin wurde dazu extra eine AMLO – Akademie für Marxistisch-Leninistische Organisationswissenschaft – geschaffen und in der Berliner Wuhlheide eine Ausstellung organisiert, die die Leitungskader der Wirtschaft zu durchlaufen hatten. Auch ich. Zelebriert wurde die gleiche irrige Illusion Ulbrichts, naturwissenschaftlich berechtigte Methoden auf die gesamte Gesellschaft zu übertragen.

Diese illusionären Vorstellungen sollten das Markenzeichen des Sozialismus sein? Von der lebensfremden Fiktion des »Überholens ohne einzuholen« hat sich die sozialistische Orientierung zumindest in der DDR nie lösen können. Im Gegenteil: Sie breitete sich aus wie ein Krebsgeschwür. Ich erinnere mich eines Besuchs als neu installierter Abteilungsleiter unter Günter Mittag auf einer Messe in Westberlin im Jahr 1986. Der mich begleitende einflussreiche Abteilungsleiter Planung und Finanzen meinte vor dem KaDeWe: »Siehst du, Klaus, wenn wir dieses Warenangebot auch erreicht haben, haben wir den Sozialismus.«

Damals war ich noch nicht so weit, dem etwas zu entgegnen. Aber heute sage ich mit Entschiedenheit: Nein, maximale Konsumtion kann nicht das Markenzeichen des Sozialismus sein. Natürlich gehört zum Sozialismus auch materieller Wohlstand, aber nicht als alleiniges Merkmal. Sozialismus braucht andere Kriterien als Konsumtion westlicher Prägung. Das den Menschen nicht rechtzeitig und überzeugend »rübergebracht« zu haben, ist Ausgangspunkt der späteren Probleme. Die Menschen der DDR wurden von Anfang an geradezu dazu angehalten, sich am westdeutschen Konsumniveau zu orientieren, wovon sie durch Westfernsehen, Rundfunk und Besucher aus »dem reichen Westen« regen Gebrauch machten. Als sie erkannten, dass dieses Ziel unreal war, aber die Führung nicht bereit oder in der Lage war, das zuzugeben, fühlten sich die Menschen zunehmend veralbert. Sie hinterfragten nicht, und es wurde ihnen viel zu wenig bewusst (gemacht), woher die Konsumschwemme kam – von der Ausbeutung der ganzen Welt. Sie dachten nicht darüber nach, wem sie nützt – dem Profit des Kapitals. Und sie verinnerlichten viel zu wenig, welche eigentlichen Vorzüge eine sozialistische Gesellschaft hat – Frieden, Sicherheit, Gerechtigkeit, Solidarität. Sie sahen nicht und konnten aus eigenem Erleben nicht sehen, welche Schattenseiten dieser »Wohlstand« selbst in den Zentren des Kapitals hervorbrachte: Slums, Obdachlosigkeit, Arbeitslosigkeit, Kriminalität, Drogen, Aggression nach innen und außen.

## Günter Mittag – der Totengräber der DDR?

Wer sich mit der Entwicklung der DDR-Wirtschaft befasst, kommt um die Person Günter Mittag nicht herum. Günter Mittag (1926–1994) war von 1962 bis 1989 – mit dreijähriger Unterbrechung von 1973 bis 1976 – der Sekretär für Wirtschaft im Zentralkomitee (ZK) der SED. Er diente in dieser Funktion den Generalsekretären Walter Ulbricht und Erich Honecker und machte sich für diese als Ökonom »unverzichtbar«.

### Woher kam die »Allmacht« Günter Mittags?

Gerhard Schürer (1921–2010), der von 1965 bis 1989 Vorsitzender der Staatlichen Plankommission war, und sein langjähriger Stellvertreter Siegfried Wenzel (1929–2015) begründeten aus der jahrzehntelangen Erfahrung der gemeinsamen Arbeit heraus Mittags herausragende Rolle mit objektiven systembedingten Gegebenheiten und subjektiven Verhaltensweisen. In einem Interview in der Nachwendezeit erklärten sie:[21]

Gerhard Schürer: »Man muss wissen, dass schon von der Lehre her die Arbeiterpartei in einer solchen sozialistischen Gesellschaft das Höchste ist, denn nach der Lehre ist der Staatsapparat das Machtinstrument der jeweils herrschenden Klasse, was später sogar in der Verfassung verankert war. Diese Rolle des Politbüros, des Parteitages, der Sekretäre des Zentralkomitees war unbestritten in ihrer gesamten Einflussnahme auf die gesamte Situation in diesem Land.«[22]

Siegfried Wenzel: »Und wenn Sie die Frage stellen, wieso konnte Mittag eine solche Macht ausüben, ganz einfach: Weil er sich schon bei Ulbricht eine solche direkte Beziehung zu diesem ersten Mann geschaffen hat. Wir haben immer gesagt, Ulbricht hat eine Idee, die ist schon verrückt, aber Mittag macht sie 120-prozentig verrückt. Das war unser Problem. Deshalb versank Mittag beim Übergang zu Honecker eine Zeitlang, er wurde zurückgestellt. Honecker wusste genau, dass es eine Gruppe von Leuten gab, auch aus dem alten Politbüro, die gesagt hat, das ist eigentlich der Mephisto, der den Faust sogar noch weiter in die falsche Richtung getrieben hat. Und Mittag hat es verstanden, nach dieser Übergangsperiode, wo er stellvertretender Ministerpräsident und nicht mehr Wirtschaftssekretär war – er wurde von der Wirtschaft praktisch entmachtet –, über die Rolle wieder, auch mit seinem Intellekt, mit seinem Machtbewusstsein, sich bei Honecker in eine solche Lage zu bringen, dass Honecker gesagt hat, ja, auf den setze ich, der setzt meine Ideen um, so wie ich das gerne haben will.«[23]

Parteipolitisch, verfassungsrechtlich und charakterlich waren somit die Voraussetzungen für ein uneingeschränktes Wirken Günter Mittags in den Bereichen der Wirtschaft geschaffen. Sein autoritärer, machtbesessener Führungsstil führte dazu, dass praktisch keine Wirtschaftsentscheidung ohne ihn zu treffen war. Wirtschaftsleiter aller Führungsebenen schätzten sich glücklich und wussten sich im »sicheren Hafen«, wenn Entscheidungsvorschläge mit dem berühmten Signum *Einverstanden – Mittag* zurückkamen.

Die begehrteste Unterschrift in der DDR-Wirtschaft: *Einverstanden – Mittag*

In einem aufsehenerregenden Interview im *Spiegel* 1991[24] und in seinem im gleichen Jahr erschienenen Buch[25] sowie einem Gespräch im Jahr 1993[26] bestritt Mittag diese wirtschaftliche Führungsrolle. Er schob die Verantwortung für das Scheitern der Wirtschaftspolitik in der DDR vorrangig einer »Betonfraktion« im Politbüro zu, namentlich Willi Stoph (Vorsitzender des Ministerrates), Werner Krolikowski (Erster Stellvertreter des Vorsitzenden des Ministerrates) und Erich Mielke (Minister für Staatssicherheit), sowie in einem bestimmten Maße dem Generalsekretär Erich Honecker.

Im *Spiegel*-Interview erfahren wir:
»*Spiegel: Herr Mittag, Sie waren bis Ende 1989 einer der mächtigsten Männer der DDR. Sie haben die Wirtschaft gelenkt, Sie haben die Führungskräfte bestimmt, Sie haben den Kurs vorgegeben. In Ihren Erinnerungen sieht das ganz anders aus: Keiner hörte auf Sie, Ihre Reformvor-*

*schläge wurden abgetan, das letzte Wort behielt sich Erich Honecker vor.*
*Waren Sie Boss oder Marionette?*

Mittag: Weder noch. Meine Stellung im Politbüro war niemals unangefochten, sie war niemals so, dass ich nach eigenem Gutdünken hätte schalten und walten können. Es gab grundsätzlich immer nur eine eingeschränkte Ressortverantwortlichkeit.

*Spiegel: Und wer hat die Politik bestimmt?*

Mittag: Es gab einen grundlegenden, schwelenden Dissens im Politbüro: Er betraf die prinzipielle Gegnerschaft gegen die Kooperation mit dem Westen, speziell zur BRD, als › Westdrall‹ apostrophiert, durch eine Gruppe in der Führung um Stoph, Krolikowski und Mielke.

*Spiegel: Sie beklagen sich darüber, als Sündenbock herhalten zu müssen.*

Mittag: Die Totengräber der DDR waren diejenigen, die das übertriebene Sicherheitsdenken auf dem Gebiet der Staatssicherheit und der NVA von der Sowjetunion übernommen und kultiviert haben. Das waren jene, die totale Abschottung der DDR zum Primat erhoben haben und den › Westdrall‹ ideologisch und konspirativ bekämpft haben. Das waren jene, die lange Zeit gegen kostendeckende Preise aufgetreten sind. Das waren jene, die ihre Berichte an Moskau machten und mir in den Rücken gefallen sind. (...)

*Spiegel: Wer hatte das Sagen im Politbüro? Wo lag das Zentrum der Macht?*

Mittag: Das ist nicht so einfach zu beantworten. Solange er an der Macht ist, hat der Generalsekretär das letzte Wort. Aber auch Generalsekretäre konnten gestürzt werden: Das Politbüro war nicht das monolithische Gremium, als das es sich dargestellt hat. Es war ein Fehler des vergangenen Systems, dass die Interessenkonflikte nicht, wenigstens nicht mit einer gewissen Öffentlichkeit ausgetragen wurden. Ein Engagement zur Klärung bestimmter Probleme war schon lange nicht mehr vorhanden, biologisch nicht und auch sonst nicht.«[27]

In seinem **Buch *Um jeden Preis*** vertrat Mittag folgende Positionen: »Honecker hatte stets stark ausgeprägte eigene Auffassungen zu allen politischen Fragen, so auch und gerade hinsichtlich der Wirtschaftspolitik. Es waren zumeist verfestigte Ansichten, und er war nicht bereit, sie zu ändern. In diesen Grundfragen behielt er sich das letzte Wort vor.

Erich Honecker hatte wenige Grundsätze, die sein Denken in ökonomischen Fragen bestimmten. Höhere Arbeitsproduktivität ja, aber ohne spürbare Anforderungen an den einzelnen im Sinne von Mehrarbeit. Schulterklopfen anstelle von Disziplin. Im Zweifelsfalle lieber Geld für gesellschaftliche Bereiche als für die Produktion. Er verstand nicht die Wechselwirkung von Akkumulation und Konsumtion.

Gleichzeitig verkannte er aber auch den veränderten Stellenwert der Konsumtion. Seine Auffassung war, neue Erzeugnisse seien zwar wünschenswert, aber letztlich wäre doch entscheidend, dass die Menschen ein Dach über dem Kopf und satt zu essen hätten. Das hing mit seinen persönlichen Lebenserfahrungen in der Vergangenheit zusammen. Dass die Bedürfnisse eine ganz andere Qualität angenommen hatten und dass, bedingt durch den Generationswechsel, die Menschen nicht aus einer ihnen weitgehend unbekannten Vergangenheit, sondern nach der ihnen vorgeführten Gegenwart in der BRD ihr Bedürfnisniveau bestimmten, hat sich in seinem Denken nicht verinnerlicht.«[28]

### Die Meinung von Wirtschaftsleitern

Wenn Staats- und Wirtschaftsfunktionäre der DDR – Minister, Staatssekretäre, Generaldirektoren, Wirtschaftswissenschaftler, Leiter und Mitarbeiter im ZK – zur Rolle Günter Mittags bei der Gestaltung der DDR-Wirtschaftspolitik befragt werden, wird sich die übergroße Mehrheit nachfolgenden Auffassungen anschließen:[29]

**Wolfgang Rauchfuß,** Stellvertretender Vorsitzender des Ministerrates, Mitglied des ZK: »Mittag baute ein Regime auf, mit dem er in jedes Ministerium und in jedes Kombinat hineinregierte oder hineinregieren ließ. Er hat selbst gar nicht so viel gemacht, er war nicht halb so schlau, wie er aussah. Er wollte, was ihm sicher nicht gelungen ist, die Politik machen, die Entwicklungsrichtung der Wirtschaft bestimmen und, wenn's schiefgeht, die Verantwortung auf den Ministerrat schieben. Schlimm an der ganzen Sache, das habe ich noch nie so deutlich gesagt, war, dass Stoph, der die Möglichkeit hatte dagegenzuhalten – es konnte sich keiner leisten, Stoph abzusetzen –, das nicht getan hat.«

**Günther Wyschofsky,** Minister für Chemische Industrie, Mitglied des ZK: »Bei Mittag gab es keinen Machtkampf, der wurde herrlich hin und her gebogen, in allen Perioden war Mittag immer wieder da und als unverzichtbar beurteilt. Er hatte alle Machtfäden, er hatte Strauß in der Hand, er hatte alles plötzlich in der Hand. Die Politik von Mittag war eigentlich das größte Chaos für die Arbeiterschaft und die Intelligenz der DDR. Das ist nur nicht zum Ausbruch gekommen, konnte auch nicht zum Ausbruch kommen, weil er einen Machtapparat, Unterdrückungsapparat hatte; Parteisekretäre wurden abgelöst, Minister wurden rausgeschmissen, das war die einzige Demokratie, die es bei Mittag gab. Das war die schlimmste Persönlichkeit dieser Art.«

**Günter Mittag** sieht sein Verhalten gegenüber den Ministern anders: »Ich wollte ihnen Luft schaffen, die eigene Arbeit zu organisieren. Das entsprach auch den in der Verfassung festgelegten Grundsätzen der persönlichen Verantwortung. Es gab nur die Möglichkeit, durch eine mehr inhaltlich strategisch orientierte Arbeit dafür die Voraussetzungen zu schaffen. Eine vertrauensvolle Zusammenarbeit mit den Ministern war dafür die wichtigste Grundlage.«

Wie Mittags »vertrauensvolle Zusammenarbeit mit den Ministern« aussah, haben mir zwei von ihnen unmittelbar berichtet: Der eine hatte seinen 50. Geburtstag und das »Glück« an diesem Tag an der Beratung der Wirtschaftskommission unter der Leitung von Günter Mittag teilzunehmen. Dieser eröffnete dann auch mit der Bemerkung: »Genosse … , du hast heute deinen 50. Geburtstag.«

»Ja, Genosse Mittag.« Er und jeder andere im Raum erwartete nun wenigstens eine formale Gratulation. Jedoch nichts dergleichen. Mittag: »Na. Da bist du ja noch jung und kannst noch viel lernen! – Haha.«

Der andere Minister erlebte Folgendes: Er war zum Planrapport bei Mittag bestellt, natürlich in Anwesenheit aller anderen Führungsgrößen der DDR-Wirtschaft. Der Minister berichtete über die Planerfüllung in seinem Bereich, wurde aber bald von Gerhard Schürer mit Zahlen und der Aussage konfrontiert: »In deinem Bereich gibt es eine schlimme Disproportion zwischen der Lohn- und Produktivitätsentwicklung.« Der Minister – bestens vorbereitet – erklärte: »Genosse Schürer, deine Genossen müssen in den Vorbereitungsmaterialien einen Fehler begangen haben. Sie haben schlicht und einfach die Zahlen verdreht. Meine Zahlen stimmen.« Der Leiter der Veranstaltung tobte: Wie der Minister an den Zahlen des Vorsitzenden der Plankommission zweifeln könne und so weiter und so fort. Betrübt und abgekanzelt kehrte der Minister an seinen Arbeitsplatz zurück. Kurz darauf klingelte das Telefon, der Regierungsapparat. »Hier Gerhard Schürer, Genosse …, du hattest recht, deine Zahlen stimmen, ich entschuldige mich bei dir. Mittag habe ich auch schon Bescheid gesagt.«

»Und, was meint der?«

»Wir lassen dich ein bisschen schmoren und korrigieren gar nichts.«

Ebenso »vertrauensvoll« war die Zusammenarbeit mit Generaldirektoren. So berichtet **Christa Bertag,** Generaldirektorin des Kosmetik-Kombinats Berlin: »Die Mittag-Seminare in Leipzig waren für mich die Inkarnation der Macht. Dort trat Herr Mittag auf, keiner wusste so richtig, was er sagt. Manchmal hatte man schon aus dieser oder jener ZK-Abteilung gehört, passt auf, ihr seid dran. Dort saßen gestandene Leute, Generaldirektoren, nicht so junge Spunde wie ich, wie die Lämmer und warteten nur darauf, dass sie dort nicht genannt wurden. Es wäre dort wirklich das Forum gewesen, wenn man sich solidarisiert hätte, wo man hätte aufstehen und sagen können, Schluss jetzt, also so nicht mehr. Ich war einmal so weit, das war im Frühjahr 1989, drei Mann haben mich festgehalten, weil ich rasend war. Sie haben gesagt, bist du denn verrückt geworden, du stehst hier auf, bist Märtyrer und morgen bist du weg, und es hat sich nichts geändert. Ich sagte, ja, weil ihr Pfeifenköpfe hier nicht mitmacht. Es war schlimm. Und ich habe andere Dinge erlebt von Herrn Mittag, die waren erniedrigend bis zum Gehtnichtmehr. Wenn wir als Generaldirektoren ins ZK gerufen worden sind zu irgendwelchen Beratungen, standen dort 15 Generaldirektoren der chemischen Industrie, zusammengetrieben wie die Lämmer in einer Bucht, einigen wurde schlecht, die gingen schon. Das war unmöglich, furchtbar. Das war das Schlimmste eigentlich.«

**Mittags** Darstellung der Leipziger Seminare in seinem Interview in *Der Plan als Befehl und Fiktion* ist eine andere: »Der Sinn der Leipziger Seminare ist zu Beginn einmal gewesen, über den Erfahrungsaustausch Wissen zu vermitteln. Und später, als dann die ökonomischen Hebel des ökonomischen Systems außer Kraft gesetzt wurden, hatte das eine noch größere Bedeutung. Als es dann darum ging, in der Planerfüllung bestimmte Löcher auszugleichen, wurde das mehr zweigweise gemacht, auch als Erfahrungsaustausch, aber auch mit dem Zweck, durch die Zusammenführung Lösungen untereinander zu finden. Da waren dann auch Gruppen der Plankommission anwesend, um diese Dinge materiell-technisch zu machen. In Leipzig wurden viele gute Beispiele genannt, das lässt sich nachlesen, aber einige Minister und Generaldirektoren musste man auch anzählen.« Frage: Warum? »Wenn der ökonomische Hebel nicht wirkt, kann nur das Wort wirken. Und administrativ zehn Mann abzusetzen, das gab es nicht. Aber es bleibt ja nichts. Sie kennen das aus der Gegenwart: Wer seine Aufgaben nicht erfüllt, wird entlassen oder aber der Betrieb geht pleite, und das musste man bei einigen ganz deutlich sagen. Aber ich muss sagen, die Mehrzahl hat sich natürlich bemüht. Dass nach der Wende einige aufgetreten sind – das sind auch heute nicht die Besten. Da findet sich immer ein Schaum, um aus diesen Dingen etwas zu machen.«

Mit den Leipziger Seminaren habe ich meine eigenen Erfahrungen. Es begann mit meiner Einführung als neu bestallter Abteilungsleiter Mittags. Das war im Winter 1986, kurz vor der Leipziger Messe und Mittags Seminar. Meine Inthronisation vor versammelter Mannschaft der Generaldirektoren in der Leipziger Kongresshalle vollzog mein neuer Chef mit den freundlichen Worten: »Tautenhahn wird Minister für

Fahrzeugbau, Blessing Abteilungsleiter für Maschinenbau. Steh mal auf, dahinten!« – Ich saß pflichtgemäß erstmals im Präsidium dieser Veranstaltung, natürlich in der letzten Reihe. Trotz dieser »ehrenhaften« Einführung habe ich die Tage der Leipziger Messe genutzt, um »meine« neuen Kombinate – immerhin 52 an der Zahl – kennenzulernen: die Erzeugnisstruktur und vor allem die Leitungskader.

**Carl-Heinz Janson** war einer der langjährigsten Abteilungsleiter im ZK unter Günter Mittag. Er war für die Organisation der Leipziger Seminare verantwortlich. Ganz kurz nach der »Wende« brachte er ein Buch unter dem provokanten Titel *Totengräber der DDR. Wie Günter Mittag den SED-Staat ruinierte*[30] heraus. Aus der Erfahrung seiner jahrzehntelangen »Zusammenarbeit« mit Günter Mittag heraus charakterisiert er diesen. Ich stimme dieser Charakteristik weitgehend zu, obwohl meine vierjährige »Zusammenarbeit« mit Mittag vergleichsweise kurz war.

**Janson**: »Mittag konnte ein guter Schauspieler sein, seine Hauptrolle war die des großen Managers, der mit Milliarden operierte und seinen Mitarbeitern Beine machte. Eindeutigkeit und Konsequenz waren bei ihm ausgeprägt bis zur Starrsinnigkeit. Eine einmal getroffene Entscheidung setzte er gegen alle Widerstände durch und nahm sie nie zurück, auch wenn sie sich als falsch erwies.

Sturheit paarte sich bei Anforderungen an andere mit Härte bis zur Erbarmungslosigkeit. Ihn interessierte nur, ob das Ergebnis in der vorgegebenen Zeit erzielt war. Er war skrupellos. Wenn andere sich mit Problemen quälten, schlief er ruhig.

Solche Eigenschaften finden sich auch bei anderen Größen. Bei Mittag ging sie einher mit oft ausgesprochen rüden Umgangsformen, die der Sache und den Menschen um ihn schadeten. Mittag erwies sich, bei näherem Kennenlernen als ein Bürokrat reinsten Wassers. Alles musste auf Papier belegt sein, für Entscheidungen wurden Unmengen davon beschrieben. Nicht der eigene Augenschein, sondern Berichte und Gegenberichte zählten. Das Wuchern des Berichtswesens, die Überdimensionierung der Statistiken waren die logische Folge. Er forderte zwar von anderen, an Ort und Stelle zu entscheiden, aber er selbst entschied nur am Schreibtisch. Er glaubte an die Allmacht der Beschlüsse. Für ihn galt die Entscheidung als das Wichtigste; wenn der Beschluss vorlag, dann war das Problem für ihn meist erledigt, mochten sich andere um das Weitere kümmern. Er war machtbesessen und duldete keinen, der ihm gefährlich werden konnte.

Im strategischen Durchdringen und konzeptionellen Ausarbeiten der Wirtschaftspolitik zeigte Mittag Schwächen. Ihn zog es mehr zum

Operativen, und diesem Sog konnte sich kaum jemand entziehen. Als zentralistischer Bürokrat war er stur und erbarmungslos, äußerst misstrauisch und despotisch, taktisch gewieft und schlau – er verkörperte den Pragmatiker der Macht, dem der Zuwachs von persönlichem Einfluss stets mehr bedeutete als die Sache.«

Das mit dem »zentralistischen Bürokraten« kann ich aus eigenem Erleben bestätigen. Ich war als Staatssekretär mit zwei Generaldirektoren zum Rapport bei Mittag bestellt. Keiner wusste so recht, um was es eigentlich gehen sollte. Ich bat meine Mitarbeiter: »Gebt mir mal die aktuellen Importlisten mit, NSW-Importablösung ist immer ein Thema.« Damit hatte ich ins Schwarze getroffen. Assistiert vom Leiter seiner Stabsabteilung Planung und Finanzen, wurde ich ins Kreuzverhör über die Importe der Metallurgie genommen. Warum so viel Kupfer-Importe und woher? Wer verbraucht das ganze Importsilber? Warum müsst ihr Stahlbleche aus kapitalistischen Ländern importieren? Und so weiter und so fort. Da ich alle Importbilanzen bei mir hatte, gab es präzise und mit Zahlen belegte Antworten. Der »Meister« war zufrieden, und bald wurde das »Examen« beendet. Ich hörte ihn murmeln: »Der Staatssekretär weiß aber gut Bescheid.« Seine Zuträger nickten beifällig. Meine zwei Generaldirektoren mussten überhaupt nichts sagen. Alle zufrieden, verließen wir nach kurzer Zeit den Rapport. Was sollte dieser Zirkus? Nichts anderes, als beim mächtigsten Wirtschaftsboss der DDR Zahlen herunterzubeten! Wer das nicht konnte, wurde erbarmungslos der Unkenntnis bezichtigt.

**Janson:** »Er verbreitete um sich eine Atmosphäre der Beflissenheit und Angst, in der wenig Raum blieb für kreative Auseinandersetzungen, entschied ohne Hemmungen über Vorgänge, die er nicht kompetent beurteilen konnte; manipulierte skrupellos Fakten, wenn sie nicht in sein Bild passten. So kannten ihn die, die in seiner Umgebung arbeiteten.«

Mir erklärte Günter Mittag einmal kurz und bündig: »Bei mir geht es zwar manchmal etwas rau zu, aber es dient immer der Sache.«

**Janson:** »Er galt als ein Meister der Taktik. Wenn etwa andere Mitglieder der Parteiführung ihm nicht genehme Berichte anfertigten, dann ließ er sofort umfangreiche Gegenpapiere produzieren. Dabei verließen er und die Verfasser solcher Materialien oft die Ebene der Sachfragen und führten die Angriffe auf der prinzipiellen Ebene der Beschlüsse. So wurden berechtigte kritische Hinweise abgeblockt. Mit dem Argument, die Beschlüsse seien nicht richtig verstanden oder durchgeführt worden, konnten unbequeme Kritiker meist paralysiert und die Verantwortung auf andere geschoben werden.«

Die Prinzipienreiterei auf der »Ebene der Beschlüsse« war typisch für seinen unerbittlichen Leitungsstil. Ihm unangenehme Debatten – wenn es denn überhaupt zu solchen kam – wurden vorrangig mit der Attacke abgewehrt: »Du hast wohl den Marxismus-Leninismus nicht gut genug studiert!« Oder: »Du kennst wohl die Parteibeschlüsse nicht!« Damit war Ende der Debatte, denn wer konnte sich schon dagegen wehren.

**Janson**: »Günter Mittag ist intelligent, auch wenn mehrere seiner ehemaligen Kollegen das bezweifelt haben. Er verstand es, aus einem Wust von Details schnell das Wesentliche und die Zusammenhänge herauszufinden. Eine gute Auffassungsgabe verband er mit der Fähigkeit, schnell zu lesen, was ihn meist sofort zum Kern vorstoßen ließ und ihm half, umfangreiches analytisches Material durchzusehen. Bekannt war seine Fähigkeit, blitzartig zu reagieren. Man hatte kaum den falschen Zungenschlag getan, da traf einen der Konter. Davor fürchteten sich viele, sie wurden unsicher in ihren Darlegungen und gaben ihm damit erst recht Anlass zu Bemerkungen. Er besaß den Mut zur Entscheidung. Wo andere lange abwogen, zögerten und Rückversicherung suchten, hatte er bereits seine Schlussfolgerung gezogen. Selbst Leiter, die ihn aus tiefstem Herzen ablehnten, erkannten dies an, weil in der Wirtschaft die Schnelligkeit einer Entscheidung hohen Stellenwert besitzt.

Im Politbüro zeigte sich ihm in Wirtschaftsdingen kaum einer gewachsen. Er hatte dort so gut wie keinen Anhänger außer Honecker, im Gegenteil: Die meisten sahen seine verderbliche Rolle, hassten ihn insgeheim, aber sie ließen ihn gewähren. Warum gingen sie nicht gegen ihn in die Offensive? Sicher, einige waren von ihm abhängig, andere konnten ihm nicht das Wasser reichen. Aber warum unterstützten sie nicht Neumann, wenn er gegen Mittag auftrat? Warum hat Stoph sich alles gefallen lassen, obwohl Honecker und Mittag ihn hätten anhören müssen? Keiner traute sich an Mittag heran, einige, wie Schabowski, wehrten sich nur, wenn er in ihr Revier einbrach.«

Es gibt wenige Stimmen, die ein differenzierteres Bild von Günter Mittag zeichnen. Dazu zählt **Wolfgang Biermann**, 1975 bis 1989 Generaldirektor des VEB Carl Zeiss Jena. Er gehörte zu den Befragten für das Buch *Der Plan als Befehl und Fiktion* und gab bereitwillig Auskunft:

*Interviewer: Sie selber haben gesagt, wenn gar nichts mehr lief, dann bin ich zu Mittag gegangen, und dann hat Mittag gesagt, der kriegt jetzt sechs Millionen für irgendetwas.*

**Biermann**: »Das ist richtig, aber ich bin nie zu Mittag gegangen und habe gesagt, mach' meinen Plan niedriger. Ich bin nicht zu Mittag gegangen, um zu jammern oder um mich zu beschweren. Sie sagen, er hat eingegriffen. Ich muss allerdings sagen, es gibt über Dr. Mittag viele Meinungen, negative und positive. Zum Schluss wird immer ein Schuldiger gesucht. Mittag für alles verantwortlich zu machen, stelle ich in Frage. Honecker hatte nie das Bedürfnis, sich mit Innenpolitik und Wirtschaftspolitik zu beschäftigen, das lag ihm nicht. Er war der Außenpolitiker mit hohem internationalem Ansehen, er wurde von jedem Staatchef empfangen bis auf den amerikanischen Präsidenten. Also, wer sollte nun Wirtschaftspolitik in der DDR machen? Nun können Sie sagen, der Staat hätte das machen müssen. Was wollen Sie von einem Ministerrat verlangen? Und jetzt müssen Sie auch die Personen sehen, das Verhältnis Stoph-Mittag, das Verhältnis Krolikowski-Mittag usw. Ich sage Ihnen, das war immer Kreisklasse gegen Bundesliga, ich sage das ganz offen. Mittag war auf der politischen Leitungsebene immer der bessere Mann. Und er hatte seinen Apparat im ZK, er hatte in seinen Fachabteilungen hochqualifizierte Leute. Da saßen in den Abteilungen Elektrotechnik, Maschinenbau und Elektronik Diplomingenieure, die er sich aus den Fachkombinaten geholt hatte. Also die hatten eine andere Potenz von der fachlichen Qualifikation her. Und Mittag hatte natürlich auch ein Bedürfnis, wenn einmal etwas schiefgegangen war, sich einzuschalten und zu klären. Ob er das nun aus der Erfahrung heraus gemacht hat, da will ich keine Wertung vornehmen. Ich habe die Rolle der Minister – Weizenkörner zwischen Mühlsteinen – erwähnt, und Mittag war eine starke Persönlichkeit. Was sollte er machen? Er holte eben die Generaldirektoren zu sich, aber nie ohne Ministerrat. Die Form wurde schon eingehalten. (…) Und Mittag war ein sehr dynamischer Mann, auch ein Freund von schnellen Entscheidungen. Ob die nun alle richtig waren, ist eine andere Frage. Ich rede von dem Verhältnis zu Zeiss. Die Entscheidungen, die Mittag für Zeiss gefällt hat, waren für diesen Strukturbereich richtig. Und sie haben auch zu Erfolgen geführt. Es gehören zu jeder Sache zwei: der, der es vorbereitet und entscheidet, und der, der es umsetzen muss.«[31]

Warum hatte Biermann diese Sonderstellung? Einerseits brauchte Mittag Biermann zur Durchsetzung seiner ehrgeizigen Ziele in der Mikroelektronik. Dabei pflegte Wolfgang Biermann gegenüber seinen »Untergebenen« einen ähnlich rüden Leitungsstil wie Mittag. Andererseits wusste jeder, auch Mittag, dass Biermann gegebenenfalls auch den Direktdraht zum Generalsekretär nutzen konnte.

### Die Meinung von Entscheidungsträgern

Auch **Alexander Schalck-Golodkowski** stellte sich den Fragen der Interviewer für das Buch *Der Plan als Befehl und Fiktion*:

> *Interviewer: Und Mittag wäre doch dann der Mann gewesen, mit dem Sie Veränderungen in der Wirtschaftspolitik primär hätten besprechen müssen? Also sehend, dass die Außenhandelsbilanz und die Zahlungsbilanz immer defizitärer wurde.*

**Schalck:** »Ich habe mit Mittag viel gesprochen – Mittag war ein großes Talent, der ein Gespür hatte, was man in größeren Veranstaltungen oder in kleineren durchführt. Und Mittag beherrschte die Klaviatur der Macht auch sehr gut. Er hat sich zwar die Öffentlichkeit über die Parteistrukturen den absoluten Einfluss in der Wirtschaft gesichert, aber wenn das ein bisschen dünnhäutig wurde oder den Geruch kriegte, dass irgendwelche Gefahren lauerten, hat er das ganz klar dem Ministerrat zugeschoben. Er hat gesagt, dafür ist Stoph zuständig. Aber wehe, er wurde nicht als erster informiert, und wehe, es wurde an ihm vorbeiregiert! Gerhard Schürer hat das mal erlebt, an einem Beispiel, das werde ich nie vergessen, weil ich die Keile gekriegt habe: Die Arbeitsgruppe Zahlungsbilanz ist ja bekannt; sie tagte und ich hatte irgendwie an dem Tag viel Mut und sagte, also wenn wir keine ungarischen Verhältnisse haben wollen, müssen wir jetzt auf Biegen und Brechen Veränderungen herbeiführen. Beil unterstützte mich. Wir hatten in dem Kreis keine Opposition, weil dort nur Profis saßen, die wussten, wie das passiert. Was wir nicht wussten, war, dass Gerhard Schürer Protokoll führen ließ. Und ein Exemplar schickte er Stoph. Stoph nahm es, unterstrich meine Bemerkung, schrieb an den Genossen Honecker, übermittelte das Protokoll und machte auf die Bemerkung von Schalck aufmerksam. Das war vielleicht 1986. Jedenfalls kriegte ich einen Anruf von Mittag, den ich mir richtig gemerkt habe: ›Alex, wenn du noch einmal sowas machst, ist das dein Ende. Der Generalsekretär hat mir die Frage gestellt, was denkt sich denn der Alex, dass er solche Reden hält.‹ Und den Krach kriegte dann Gerhard Schürer, und zwar mit uns, weil wir gesagt haben, pass mal auf Gerhard – Beil wurde zu Recht ganz verrückt –, wenn du uns verlädst und wir hier nicht mehr offen reden können und du anschließend unsere Informationen weiterschickst, halten wir hier alle die Fresse.«[32]

**Gerhard Schürer** schrieb in seinem Buch *Gewagt und verloren*:
> »Auf seine Schultern lud er Verantwortung, die den Einzelnen erdrückt hätte, aber selbst das reichte ihm nicht. Er mischte sich darüber

hinaus noch in andere Bereiche ein, wie in die Außenpolitik, die Kunst und Kultur, die Arbeit der Bezirksleitungen, die Landwirtschaft.

Seinem Wesen nach war Mittag ein intrigierendes Organisationsgenie, und ich musste oft an Goethes Mephisto oder noch besser an das boshafte Treiben des Jago in Shakespeares *Othello* denken, wenn er im politischen und wirtschaftlichen Alltag der DDR seine Fäden zog. Oft waren Mittags Ideen richtig, aber sein extremes Denken ließ diese sehr oft zum Unsinn verkommen.

Er konnte aber auch Leute schikanieren, beleidigen, heruntermachen. Den bestehenden und übertriebenen Zentralismus trieb er auf die Spitze, weil er buchstäblich alles wissen wollte und jeden verurteilte, der die Zahlen und Fakten nicht gleich parat hatte, nach denen er fragte. Oft schrie er Menschen unflätig an und beschimpfte sie. Nach einer Kritik Erich Honeckers änderte sich sein Verhalten anderen gegenüber schlagartig. Statt die Leute zu beschimpfen, stellte er sich auf die ironische, tief verletzende, hintergründige Kritik um, die schlimmer sein konnte als ein herzhafter Krach.«

**Egon Krenz** äußerte sich folgendermaßen über Mittag:

»Er war engster Vertrauter Honeckers, durch eine feste Freundschaft mit ihm verbunden, Mann seines uneingeschränkten, ja blinden Vertrauens; er stützte ihn bei jeder Gelegenheit und negierte alle Hinweise, ihn mehr zu kontrollieren. Mittag war bereits viele Jahre eine wesentliche Stütze von Walter Ulbricht gewesen, den er falsch beraten hatte, was er unter Honecker fortsetzte. Mittag galt als Honeckers Musterschüler im Politbüro, er vertrat ihn peinlich genau und führte alles buchstabengetreu aus. Er wich nie von seiner Seite. Das blinde Vertrauen Honeckers förderte seine Eitelkeit. Seine Tagesform hing ab von Gunstbeweisen. Kritik von unten unterdrückte er mit Hilfe von Arbeitsgruppen. Er war ein Taktierer, der sich mit dem Wind drehte. Honecker und Mittag bildeten eine Fraktion, die, vornehmlich bei gemeinsamen Waldspaziergängen und Jagdausflügen, Absprachen und Vorentscheidungen trafen, denen das Politbüro folgen musste.«[33]

**Alfred »Ali« Neumann**, Mitglied des Politbüros, erzählte über den »Machtmenschen« Mittag:

»Als er Erster Stellvertreter des Ministerrates war, hat er es einmal bei mir auf einer Präsidiumssitzung versucht. In der Mitte saß Ministerpräsident Horst Sindermann, rechts neben ihm saß Mittag, ich links von ihm. Mittag leitete die Sitzung, weil es um Fragen der Planung ging. Ich machte eine Bemerkung von prinzipieller politischer Bedeutung. Er konterte vom hohen Ross des Marxismus-Leninismus.

Du wurdest also zurechtgewiesen? Er wollte demonstrieren, dass er die Nummer 1 war und über mir stand. Am Ende der Sitzung wartete ich, bis das Präsidiumszimmer leer war und nur wir beide zurückblieben. Ich nahm ihn mit dem Finger am Kragen und sagte: ›Mein lieber Mittag, ich hab schon gewusst, was Marx und Lenin gesagt haben, da hast du noch *Heil Hitler* gerufen. Wenn du noch einmal so was machst, kriegst du eins auf die Klappe.‹

Er sah mich entgeistert an, er hatte mich verstanden. Spätestens seit 1962 wusste ich, dass Mittag ein Bandit ist. So früh? Ich registrierte, dass der Mann eigene Ziele verfolgte.«[34]

### Wie ich Mittags Abteilungsleiter wurde

Eines Morgens im Frühjahr 1986 wurde ich um acht Uhr zu Günter Mittag bestellt. Mir schwante, dass nun ein Schritt vollzogen werden würde, den bereits »die Spatzen vom Dach pfiffen«. Es war durchgesickert, dass ich Minister für Allgemeinen Landmaschinen- und Fahrzeugbau werden sollte. Günther Kleiber war für andere Aufgaben abgelöst worden. Die leitenden Mitarbeiter des Ministeriums sprachen mich bei passenden und unpassenden Gelegenheiten bereits darauf an: »Wann kommst du denn nun?« Ich konnte nur antworten: »Ich weiß genauso viel oder so wenig wie ihr.«

Nun also sollte offenbar der längst fällige Schritt vollzogen werden. Aber irgendetwas war faul an der Sache. Ein langjähriger Kenner der Gepflogenheiten sagte mir: »Da stimmt etwas nicht. Wenn du Minister werden sollst, vergattert dich Stoph und nicht Mittag.«

So begab ich mich erwartungsvoll zehn Minuten vor dem anberaumten Termin in das Büro von Günter Mittag. Nach wenigen Minuten erschien selbiger und murmelte: »Warte noch einen Moment, es kann gleich losgehen.« Kurz darauf wurde ich in sein Arbeitszimmer gebeten, wo mir Mittag ohne Umschweife eröffnete: »Du wirst Leiter meiner Abteilung Maschinenbau und Metallurgie. Der Tautenhahn [mein Vorgänger in dieser Abteilung, Anm. d. Verf.] wird Minister für Allgemeinen Maschinen- und Fahrzeugbau.« Er fügte sogar noch etwas hinzu: »Du hast bisher eine gute Arbeit geleistet. Kümmere dich um die Mikroelektronik!« Das war's. Ich war perplex. Mir war klar, dass eine Arbeit im zentralen Parteiapparat alles andere war, als das, was meiner Entwicklung und meinen Intentionen entsprach – und das noch unter der Knute von G. M. Was konnte ich tun? Ich hatte zwei Varianten: Entweder zu

sagen: »Genosse Mittag, mit dieser Aufgabe fühle ich mich überfordert.«
Oder: »Genosse Mittag, ich danke für das Vertrauen und werde all meine Kraft einsetzen, um die Aufgabe zu erfüllen.« Glücklicherweise klingelte in diesem Moment Mittags Direkttelefon. Ich hatte etwas Zeit, zu
mir zu kommen. Natürlich entschied ich mich für die zweite Variante.
Mit der ersten hätte ich nicht nur mir geschadet, sondern auch meinen
Gesprächspartner bloßgestellt. Er hätte einen Kader ausgesucht, der sich
der Aufgabe nicht gewachsen fühlt. Peinlich, peinlich! Außerdem glaubte ich, wenn dich Mittag in seinen Apparat als Leiter der wohl wichtigsten Industrieabteilung beruft, wird er durchaus konstruktiv mit dir arbeiten wollen. Das war ein Trugschluss, wie sich bald zeigte.

Mir blieb noch die Frage: »Wem und wann darf ich die Entscheidung
mitteilen?« Antwort: »Warte mal noch zwei Stunden, ich muss erst noch
Stoph informieren.« Daraus wurde sichtbar, dass die Entscheidung im
kleinsten Kreis kurzfristig getroffen worden war. Die genauen Abläufe
sind mir bis heute nicht bekannt. Es wird gemunkelt, der Generalsekretär selbst hätte – aus welchen Motiven auch immer – entschieden, Gerhard Tautenhahn zum Minister zu berufen. Rein machtpolitisch war
meine Ernennung höher als die eines Ministers angesiedelt, denn der
Leiter der Abteilung Maschinenbau und Metallurgie im ZK der SED
hatte durchaus politisch und ökonomisch Einfluss auf fünf Ministerien
und deren Chefs.

Meine Illusionen über eine konstruktive Zusammenarbeit mit G. M.
zerschlugen sich sehr schnell. Als ich durch Mittag bei den Mitarbeitern
der Abteilung eingeführt wurde, verkündete ich noch programmatisch,
dass ich natürlich nicht als Metallurge, sondern als Ökonom besonders
für den Maschinenbau die Abteilung übernehme und entsprechend
handeln werde. Das gefiel dem großen Meister sehr. Was ihm jedoch
bald weniger gefiel, war der Umstand, dass ich diesen Vorsatz auch um-
setzte. Ich hatte mir einflussreiche Verbündete gesucht und eine Hand-
voll gefunden, um einige Maßnahmen zur Stärkung des Maschinenbaues einzuleiten. Das musste einer gepetzt haben. Wenige Monate nach
meinem Dienstantritt wurde ich in Mittags Büro zitiert. Seine kurze
Ansprache: »Ich habe gehört, du hast einige Maßnahmen und Entscheidungen zur Unterstützung des Maschinenbaues eingeleitet. Ich will dir
sagen: Ich habe dich nicht eingestellt, damit du machst. Machen tue ich.
Du hast mich zu informieren!«

Somit waren die Fronten geklärt. Doch dieser Stil war mit mir eben
nicht zu machen. Denn »informieren« hieß für ihn vorrangig »anschwärzen«, ihm Informationen geben, wo etwas nicht funktionierte,

wo Leiter sich »falsch« verhalten oder die Parteibeschlüsse nicht linientreu umgesetzt hatten. Jeder war fein heraus, wenn er ihn »darüber« informiert hatte. Man brauchte bei kritischen Situationen nur sagen können: »Genosse Mittag, darüber habe ich dir aber eine Information geschrieben.« Schon war man selbst aus dem Feuer der Kritik heraus. Und so schrieben und schrieben manche, zum reinen Selbsterhalt.

Wie gesagt, das konnte und wollte ich nicht. Ich glaubte an die Redlichkeit der meisten staatlichen Leiter und ihr unermüdliches Wirken »zum Wohle der sozialistischen Sache«. Ich kam selbst aus diesen Kreisen. Warum sollte ich nunmehr meine Kampfgefährten anschwärzen.

Einmal hat mich regelrecht der Teufel geritten. Ich besuchte als frisch installierter Abteilungsleiter des ZK auf der Leipziger Messe viele »meiner« Kombinate, nicht nur um neue Erzeugnisse, sondern vor allem auch die leitenden Menschen besser kennenzulernen. Am Präsentationsstand des Pkw-Kombinats wurde ich vom Generaldirektor und dem Parteiorganisator des ZK mit einem kleinen Kreis in einen gesonderten Raum geführt. Dort standen sie, die Muster der beiden neuen Pkw »Wartburg« und »Trabant« mit VW-Viertaktmotor. Der Trabant machte einen kräftigen, ansehnlichen Eindruck. Vom Wartburg allerdings war ich geschockt. Ich bin kein Autokenner, aber das sah jeder: diese langgezogene Schnauze – später erfuhr ich vom Spitznamen »Hängebauchschwein«. Ich nahm den Generaldirektor zur Seite mit der Ansage: »Wenn ihr keine bessere Lösung findet, gibt es einen Riesenskandal.« Antwort: »Da können wir nicht mehr viel machen, die neuen Karosserie-Werkzeuge sind schon in Spanien bestellt.« Ich gab ihm wenige Wochen Zeit, um das Problem in Ordnung zu bringen. Ich schwieg gegenüber meinem Vorgesetzten. Ich lebte auf einem Pulverfass und wartete, wann die Bombe platzte. Sie platzte nicht, ich weiß bis heute nicht warum. Nach kurzer Zeit meldete mir der Generaldirektor: Das Problem sei gelöst, und er enthüllte das ganze Geheimnis. Es war kein technisches, sondern ein politisches Problem. »Trabant« wurde in Zwickau, Bezirk Karl-Marx-Stadt, »Wartburg« in Eisenach, Bezirk Erfurt, gebaut. Das »Hängebauchschwein« hing, weil man den neuen Motor in den Prototyp längs eingebaut hatte, im Trabant lag er quer. Ursache: Ein gleicher Einbau hätte Möglichkeiten der Unifizierung erschlossen. Das war nicht im Interesse der zuständigen Bezirksleitungen, zumindest nicht der in Erfurt mit dem besonders »rustikalen« Ersten Sekretär Gerhard Müller an der Spitze. »Die Arbeiter von Eisenach können doch nicht Zulieferer für die Karl-Marx-Städter werden«, war sein wirtschaftspolitisch »überzeugendes« Argument. Nachdem ich das auch noch wusste, wunderte es mich umso mehr, dass nichts passierte. Wir stellten die neuen Autotypen eines Tages streng geheim auf dem Innenhof des ZK vor zur Besichtigung durch die Parteigrößen. Alle waren zufrieden. Die Frau Margot des Generalsekretärs bekam übers Wochenende einen neuen Wartburg zur Probefahrt. Sie war dann der Meinung: »Der neue Wartburg schaltet sich schlecht.« Mein zuständiger Sektorenleiter meinte burschikos: »Die Olle kann eben nicht Autofahren!« Das war alles.

## Ist Mittags wirtschaftspolitisches Konzept gescheitert?

Trotz aller berechtigten und notwendigen Kritik an Mittags brutalem und Menschen verachtendem Leitungsstil ist er vor allem an den wirtschaftlichen Ergebnissen seiner Arbeit zu messen. Hier schließe ich mich keineswegs der generellen Verurteilung an. Unter Mittags rüder Führung wurden wirtschaftliche Leistungen vollbracht, die das Leben und Überleben der DDR über viele Jahre und Jahrzehnte gesichert haben.

Als die Heizölablösung Anfang der achtziger Jahre eine überlebensnotwendige Aufgabe war, wurde sie mit Mittags Methoden innerhalb kürzester Zeit gelöst. Heizöl wurde durch Braunkohle abgelöst, allerdings bis in den letzten Winkel des Landes. Der Verkehr wurde in Größenordnungen von der Straße auf die Schiene verlagert. Eine Aufgabe, die angesichts des Lkw-Horrors auf heutigen Autobahnen zwingend wäre, aber mit marktwirtschaftlichen Methoden offensichtlich nicht durchsetzbar ist.

Mittag erkannte, dass ein Maschinenbauland nur mit eigener Mikroelektronik leben kann. Er organisierte, dass unter der Nutzung der schöpferischen wissenschaftlichen und Industriepotenzen der DDR zumindest niedere Schaltkreise und dafür notwendige Ausrüstungen in der DDR selbst produziert wurden. Der Einsatz der Leiter, Wissenschaftler, Ingenieure und Arbeiter dafür war beispielgebend. Der Aufwand war hoch, die Ausbeute gering, der Spott der Nichtwissenden ungerecht.

Ob diese Entscheidungen immer auf »Mittags Mist« gewachsen waren oder ihm vom engsten Beraterkreis eingeflüstert wurden, vermag ich nicht zu beurteilen. Ich gehörte nicht dazu.

Ich hatte jedoch als Staatssekretär ein bezeichnendes Erlebnis in Bezug auf strategische Fragen. Als Anfang der 1980er-Jahre die Liquiditätsprobleme in der Zahlungsbilanz mit kapitalistischen Ländern sich aufgrund der Ölkrise zuspitzten, hatten Mittag und seine engsten Berater eine »geniale« Idee: Man kaufe auf kapitalistischen Märkten schnell verkäufliche Produkte, importiere sie in die DDR, etikettiere diese um, oder ersetze sie durch gleichartige DDR-Produkte, und reexportiere diese wieder in das NSW. Effekt: Für den Einkauf der Produkte konnte man Zahlungsziele über mehrere Monate, gegebenenfalls sogar Jahre, vereinbaren – die Reexporte der DDR waren mit kurzen Zahlungszielen, blank Kasse, zu bezahlen. Die DDR hatte sich auf diesem Wege »Kredite« beschafft, ohne diese als solche deklarieren zu müssen. Der Haken: Der Import war wesentlich teurer als der Export. Die DDR machte Valutaverluste, von den inneren Verlusten ganz zu schweigen, wenn es sich um DDR-Produkte handelte.

Die Metallurgie der DDR war prädestiniert dafür, solche Geschäfte zu managen. Stahl, Bunt- und Edelmetalle waren jederzeit kauf- und verkaufbar. Sie verfügte mit dem Außenhandelsbetrieb Metallurgiehandel über ein international leistungsfähiges und angesehenes Vertriebsorgan. Sie erhielt folglich eine viele Millionen schwere Auflage zur Umsetzung dieser Idee.

Günter Mittag hatte den Minister für Erzbergbau, Metallurgie und Kali zum Rapport über die Planerfüllung und die Erfüllung dieses Beschlusses bestellt. Der Minister befand sich auf Auslandsreise, und es war absehbar, dass er zum Rapporttermin nicht vor Ort sein würde. Also war ich als Staatssekretär »dran«. Nun denn! Ich hatte mir fest vorgenommen, zwar auftragsgemäß über die Planerfüllung und den Stand der Umsetzung des Beschlusses zu rapportieren, aber gleichzeitig auf die gravierenden volkswirtschaftlichen Verluste zu verweisen. Das grundsätzliche Rüstzeug dafür hatte ich mir über Jahre gemeinsam mit dem Generaldirektor des Metallurgiehandels in unserer Dissertation erarbeitet. Nun war die Möglichkeit gegeben, auf höchster Ebene einiges davon anzusprechen. Des Risikos war ich mir natürlich bewusst. Deshalb bestellte ich alle Generaldirektoren des Industriezweigs, die an der Beratung bei Mittag teilnehmen sollten, um acht Uhr ins Ministerium, um sie einzustimmen. Ich sah manchem an, dass ihm nicht wohl dabei war. Wer wollte sich schon mit Mittag »anlegen«? Aber in den Rücken fiel mir niemand. Also marschierten wir zum Zehn-Uhr-Rapport ins graue Haus des ZK. Die Beratung fand natürlich unter der Teilnahme aller wirtschaftlichen Größen der DDR – Gerhard Schürer, Alexander Schalck, Gerhard Beil, Finanzminister Ernst Höfner und andere – statt.

Ich berichtete zunächst über die Planerfüllung. Da gab es nicht viel zu beanstanden, sie lief in der Metallurgie ordentlich. Dann informierte ich über die Umsetzung des Beschlusses. Auch diese war dank der engagierten Arbeit der Kombinate und des Außenhandels gut angelaufen, Kontrakte über Reexporte von Stahl, Kupfer, Aluminium und anderen Metallen waren abgeschlossen oder in Anbahnung. Bis hierhin waren alle zufrieden. Dann kam der Hammer: Ich rechnete dem erlauchten Gremium vor, welche volkswirtschaftlichen Verluste an Valuta und Mark der DDR unter dem Strich dabei in Kauf zu nehmen seien. Mittag sprang auf, soweit man das mit seinem amputierten Bein als »springen« bezeichnen konnte, und marschierte um den Beratungstisch – immer ein Zeichen höchster Anspannung. Er meinte: »Mit derartigen Argumenten kann man die besten Beschlüsse kaputtmachen.« Er forderte dazu auf, ich glaube es war Alexander Schalck, prinzipiell zu antworten, was dieser dann tat. Mit grimmigen Mienen wurden wir aus der Situation entlassen.

Ich harrte der Dinge, die nun kommen mussten – jedoch mit Gelassenheit, denn ich hatte bewusst auf »Risiko« gesetzt. Zunächst kam mein Minister am Nachmittag vom »Auslandseinsatz« in seine Dienststelle. Nach meinem kurzen Bericht griff er zum Hörer des Regierungsapparats und rief Gerhard Schürer an: »Gerhard, wie hat sich denn mein Staatssekretär heute in der Beratung bei Mittag geschlagen?« Vieldeutige Antwort: »Na, Kurt, wenn ich ›gut‹ sagen würde, würde ich mich in Gegensatz zur Meinung des Leiters der Veranstaltung stellen.«

Nun harrte ich weiter der Dinge, die da kommen sollten. Aber es kamen keine. Ich erfuhr später, dass der für mich zuständige Stellvertretende Abteilungsleiter im ZK von Mittag eine Rüge erhalten hat, »weil er den Staatssekretär so schlecht auf die Beratung eingestellt« hatte.

Als mich Mittag im Jahr 1986 zu »seinem« Abteilungsleiter »bestallte«, hatte er diesen Vorgang entweder vergessen oder einigen seiner Berater hat er letztlich sogar gefallen – ich weiß es nicht.

Die Frage bleibt offen: Wohin und wie wollte Mittag die DDR-Wirtschaft steuern? Die Beantwortung dieser Frage ist bei einem Menschen, der sein Verhalten vorrangig nach Machtkonstellationen ausrichtet und seine »wirkliche Meinung« stets bedeckt hält, schwierig.

### Mittags wandelbare Auffassungen zur sozialistischen Planwirtschaft

Im Jahr 1991 gab Mittag dem *Spiegel* das bereits zitierte Interview unter dem reißerischen Titel »Es reißt mir das Herz kaputt«.[35] Der Titel bezieht sich auf seine damalige Vorstellung, was wäre hier los, wenn es die DDR noch gäbe. Zitat: »Man denke nur, angesichts der schwierigen Lage in der Sowjetunion, was heute hier los wäre, wenn es die DDR noch gäbe. Unbeschreiblich. Da läuft es mir heiß und kalt über den Rücken. Mord und Totschlag, Elend, Hunger. Es reißt mir das Herz kaputt.«

Als ich das Interview las, zerriss es mir auch das Herz. Da stellt sich der Mann, der über Jahrzehnte nichts anderes gemacht hat, als seinen »Untergebenen« – Minister, Generaldirektoren, Abteilungsleiter – Planerfüllung um jeden Preis einzubläuen, hin und erklärt, dass er schon immer wusste, dass das Sozialistische Planungssystem untauglich war.

*»Spiegel: Was waren die Hauptfehler in der SED-Wirtschaftspolitik?*

Mittag: Das sozialistische System insgesamt war falsch, wie wir heute wissen. Es ist eine Illusion, in der Planwirtschaft nach einem Weg zu suchen und ihn zu finden. Die Wirtschaft muss mit Gewinn arbeiten, wie das in einer Marktwirtschaft ist. Unser Wirtschaftssystem ist unter heutigen Erkenntnissen nicht zu verantworten, wird sich auch nicht wiederholen.«

In seinem Buch *Um jeden Preis* hielt Mittag fest: »Relativ schnell erkannte ich, dass diese Planwirtschaft in effektiver Weise niemals im Sinne eines einfachen Mechanismus von ›oben‹ nach ›unten‹ funktionieren kann. Dazu trug ohne Zweifel bei, dass ich meine Laufbahn als Gewerkschaftsfunktionär begonnen habe und später als Parteifunktionär arbeitete. Dadurch war von Anfang an eine enge Verbindung zu den Betrieben und den in ihnen tätigen Menschen gegeben und auch die Erfahrung zur Auseinandersetzung mit den dort auftretenden Problemen und den Sorgen der Menschen. Ich setzte stets auf den Menschen mit seinem schöpferischen Potenzial.«[36]

Letztere Aussage ist blanker Hohn. Ich erinnere mich sehr gut an folgenden Vorgang: Wir hatten in einem wichtigen und großen Maschinenbau-Kombinat einen neuen, jungen Generaldirektor eingesetzt. Er musste zum Planreport zu Günter Mittag. Ihm schlotterten schon Tage vorher die Knie. Ich – damals selbst noch nicht lange im Amt – meinte etwas Gutes zu tun, als ich diesem jungen Generaldirektor den Rat gab: »Erzähle doch mal dem Mittag, nicht nur ob und wie ihr den Plan erfüllt, sondern was dahintersteckt. Wie ihr um neue Erzeugnisse kämpft, internationale Verbindungen nutzt, euch um bessere Effektivität bemüht.« Gesagt, getan. Ich merkte schon nach den ersten Worten des Generaldirektors, wie sich Mittags Züge verfinsterten. Und es dauerte nicht lange, da kam der Affront: »Erzähle mir hier keine Märchen, sondern wie du deine Planaufgaben erfüllst.« Ich konnte mich nur anschließend bei dem jungen Mann entschuldigen und versuchte, ihn wieder aufzubauen.

Dieser gleiche Mittag sagte nun dem *Spiegel*: Ihm sei schon immer klar gewesen, dass Planwirtschaft Mist ist.

Es gibt Menschen – und ich bin in meinem Berufsleben einigen davon begegnet –, die durch lautes und rücksichtsloses Verhalten genau von den Gedanken und Zielen ablenken wollen, die sie wirklich verfolgen. Offenkundig gehörte Mittag dazu und gab erst nach der Wende – wahrscheinlich auch in Kenntnis seines bedrohlichen Gesundheitszustandes – Einblick in seine wirklichen wirtschaftspolitischen Zielstellungen.

### Mittags ökonomisches Ziel: Den Westen in Technik und Produktivität einholen

In seinem Buch führte Günter Mittag aus: »Bringt man es auf den Punkt, so hat nicht der Sozialismus, sondern der Kapitalismus die Produktivkräfte schneller entwickelt. Es geht hier nicht nur um graduelle Unterschiede, sondern um ein qualitativ unterschiedliches Niveau und eine völlig andere Dynamik zugunsten der kapitalistischen Marktwirtschaft und zuungunsten des Sozialismus mit seiner Planwirtschaft. Diese Entwicklung schließlich prägte nachhaltig das materielle Sein der Menschen und ihre Zukunftsperspektive, und diese Entwicklung spiegelte sich zunehmend in ihrem Bewusstsein wider. Das gab, neben anderen, im tiefsten Grunde den Ausschlag für die friedliche Revolution im November 1989 in der DDR.

Hatte der ›reale Sozialismus‹ noch eine Überlebenschance? Nein – er hatte sie nur so lange, wie eine gewisse Dynamik auf ökonomischem, auf wissenschaftlich-technischem, sozialem und kulturellem Gebiet vorhanden war. Aber international vollzog sich die Entwicklung in immer höherem Tempo.

Sehr aufmerksam verfolgte ich die internationalen Entwicklungen in Wissenschaft und Technik. Mit großer Sorge sah ich, wie die modernen Industrieländer des Westens und Japan uns davoneilten. Ich hielt es für meine Pflicht, diese Lebensfragen für ein hoch industrialisiertes Land, wie es die DDR darstellte, immer wieder auf die Tagesordnung der Politik zu setzen. Das betraf auch das Gebiet der Mikroelektronik. Mit ihrer Anwendung wurde über die Zukunft einer modernen Industrie entschieden.

Immer klarer trat für mich zutage: Der Lebensstandard in der DDR war nur durch den Übergang zu einem höheren Niveau der Arbeitsproduktivität zu halten. Das bedeutete die Einführung solcher Technologien wie die Mikroelektronik, die Computertechnik, flexible Automatisierungslösungen, die Veredlungschemie und -metallurgie, den Präzisionsmaschinenbau, die Herstellung moderner Konsumgüter und anderes mehr.

Besonders in Japan, aber auch in Frankreich, Belgien, Österreich und auch in der BRD lernte ich aus eigener Anschauung moderne Industrieanlagen kennen, die mit Hilfe der auf Mikroelektronik beruhenden Computertechnik hochautomatisiert waren. Diese eigene Anschauung spielte eine große Rolle für mein Engagement zur Einführung solcher modernen Technologien in der DDR. Was man mit eigenen Augen in lebendiger Funktion sieht, ist tausendmal eindringlicher, als darüber zu lesen, und auch wesentlich nachhaltiger in seiner Wirkung auf das eigene Denken als das Anschauen von Filmen.

Leider haben solche verantwortlichen Leute wie Stoph oder Neumann wohl niemals die Gelegenheit wahrgenommen.

Das Wort ›Wer zu spät kommt, den bestraft das Leben‹ ist in Bezug auf die in der DDR im Oktober 1989 eingetretene aktuelle Situation angewandt worden. Bezogen auf einen größeren historischen Zeitraum besagt es, dass der Sozialismus schon seit Jahrzehnten die strategische Aufgabe, ein höheres Niveau in der Arbeitsproduktivität zu erreichen, nicht gelöst hat.

Es wird noch zu untersuchen sein, ob diese Aufgabenstellung jemals real und ihre Lösung überhaupt möglich war. Meiner Ansicht nach war das spätestens seit dem Aufkommen der wissenschaftlich-technischen Revolution, die gleichzeitig eine Internationalisierung der Produktivkräfte bedeutet, nicht mehr der Fall.«[37]

Meine Auffassung zu diesen Vorstellungen, führende Industrieländer auf dem Gebiet der Produktivität einzuholen, habe ich anderweitig ausführlich dargelegt.[38] Ich halte sie für unrealistisch und damit falsch. Es ist bemerkenswert, dass Mittag ihre Realität und Möglichkeit (im Jahr 1991!) ebenfalls anzweifelte. Ich betrachte das Festhalten an derartigen Illusionen und ihr Vorgaukeln gegenüber einer zunehmend kritischen Bevölkerung für eine wesentliche Ursache des Scheiterns des sozialistischen Weges in Europa.

Alfred »Ali« Neumann argumentierte in die gleiche Richtung: »Wenn zwei deutsche Staaten existieren, dann kann man – noch dazu, wo wir der kleinere Staat waren – eine attraktive Perspektive nur dann für alle werden, wenn man der erkennbare bessere Staat ist. Und ›besser‹ misst sich nicht an der Qualität oder Zahl der Autos, Fernseher und anderer Konsumgüter, sondern an der Lebensqualität, Bildung, Arbeit, medizinischen Versorgung, Kultur, Mieten, Verteilung des Nationaleinkommens.«[39]

Gerhard Schürer meinte dazu: »Aus Gründen, die man akzeptieren muss, haben die Bürger ihre Lebensbedingungen jedoch nicht an denen in anderen sozialistischen Ländern, sondern stets mit denen der Bundesrepublik gemessen. Je mehr wir in den letzten Jahren nur noch von den Erfolgen sprachen, umso unerträglicher wurden die Mängel und der wachsende Abstand zur Bundesrepublik empfunden: die Lücken in der Versorgung, die Hemmnisse in der Produktion, die Schäden der Umwelt, der bauliche Verfall, die schlechten Straßen usw. Die Schönfärberei der politischen Führung verbitterte die Menschen, und das alles kulminierte in der Forderung nach Reisefreiheit.«[40]

Es folgt eine bemerkenswerte Aussage Mittags zur Verschuldungsproblematik: »Die Verschuldung war nicht die Ursache für den Zusammenbruch der DDR-Wirtschaft. Sie war das Symptom. Die Ursachen lagen woanders. Sie lagen vor allem darin, dass eine Gesellschaft, die sich als deutscher Teilstaat in Mitteleuropa mit der größten Exportmacht der Welt, der BRD, als Nachbarn täglich an westlichen Produktivitäts- und darauf beruhenden Konsumtionsmaßstäben messen lassen musste, international nicht wettbewerbsfähig sein konnte, wenn sie mit nahezu siebzig Prozent den Hauptteil ihres Handels mit dem RGW tätigen musste. Das dort herrschende technische Niveau ließ einen nennenswerten Transfer von Produktivität nicht zu. So musste versucht werden, Kapital aus dem Westen ins Land zu holen. Leider waren die Summen dafür, wie der heutige Nachholebedarf zeigt, viel zu gering.«[41]

Ich teile die Auffassung zur Notwendigkeit, »Kapital aus dem Westen ins Land zu holen«, nicht. Vielmehr sehe ich darin einen wesentlichen Schritt, die »feindliche Übernahme« sozialistischer Länder von innen heraus ökonomisch vorzubereiten. Die aktuellen Entwicklungen in der EU, besonders Griechenland, beweisen die Richtigkeit meiner Auffassung. Sie hat doppelte Bedeutung. Der Verzicht auf Auslandskapital sichert zum Ersten den sozialistischen Staaten, unabhängig zu werden und sich nicht vom Kapital die Bedingungen der wirtschaftlichen und sozialen und damit politischen Entwicklung diktieren zu lassen. Zum Zweiten werden dem Kapital die Verwertungsbedingungen entzogen, es wird sozusagen »ausgetrocknet«. Das ist das genaue Gegenteil der vom Kapital mit aller Gewalt – im wahrsten Sinne des Wortes, wie die in der Ukraine geschürten Prozesse beweisen – vorangetriebenen Einverleibung der Oststaaten Europas.

### Mittags politisches Ziel: Deutsche Konföderation

Mittag vertrat in seinem Buch die Auffassung: »Die Entwicklung des Verhältnisses zur Bundesrepublik war in der Tat vor dem Hintergrund der Sowjetunion als Bündnispartner die zentrale Frage. Es gab zwei Linien: die der dogmatischen Wahrung der als Klasseninteressen bezeichneten Bündnisinteressen und die der realistischen Einschätzung der Entwicklungsbedingungen der DDR als deutscher Teilstaat. Der Kampf zwischen beiden Linien erfolgte hinter den Kulissen. Er wurde erbittert geführt und verlief dramatisch.

Die DDR war zu diesem Zeitpunkt bereits in einer Lage, wo sie aus eigener Kraft das erforderliche qualitativ höhere Niveau der Steigerung der Arbeitsproduktivität auf keinen Fall mehr erreichen konnte. Der RGW schied als Impulsgeber ebenfalls aus. Hier hoffte man im Gegenteil bezüglich neuer Technologien auf die DDR. Es blieb nur der Weg einer engeren Zusammenarbeit und eines engeren Anschlusses an die Bundesrepublik, auch unter stillschweigender Inkaufnahme der Tatsache, dass die Bundesrepublik ihre Hilfe stets unter der Prämisse der Vorbereitung einer künftigen Wiedervereinigung leistete. Daran haben ihre führenden Politiker auch niemals einen Zweifel gelassen, und das in aller Öffentlichkeit.

Ja, es stimmt, ich bin in Wort und Tat für die Kooperation mit westdeutschen Konzernen eingetreten. Ich habe zwar niemals einen diesbezüglichen Geschäftsvertrag unterschrieben – das war immer Sache der Außenhandelsunternehmen –, aber ich habe diese Kooperation politisch gefördert, weil ich fest davon überzeugt war, dass dies zum Nutzen der DDR war, natürlich auch zum Nutzen der westlichen Geschäftspartner. Das Prinzip des gegenseitigen Nutzens wurde auch damals in der Öffentlichkeit immer betont, sonst wäre es wohl kaum zu irgendeinem Abschluss gekommen. Ich darf für mich in Anspruch nehmen, dass ich mit der Initiierung von Kooperationsprojekten verschiedenster Art, auf die ich eingegangen bin, zwar nicht offiziell in Worten, aber in Taten den Konföderationsgedanken vertreten habe.«[42]

In diesen Darlegungen zeigt sich ein »Glaube« an die Interessen des westlichen Kapitals, der Erstaunen hervorruft. Offensichtlich haben Empfänge bei westlichen Politikern und Wirtschaftsbossen auch G. M. die Augen verkleistert, welche Interessen da wirklich verfolgt wurden. Natürlich ist nicht abzustreiten, dass es »anständige Bosse« gab, denen es um nichts weiteres als das Geschäft ging. Die politische Gesamtinteressenlage westlicher Wirtschaft und Politik war aber nicht, Geschäfte zum »gegenseitigen Vorteil« zu machen, sondern a priori die Einverleibung der DDR in das politische und ökonomische Herrschaftsgebiet des westdeutschen Kapitals. Es ist kaum vorstellbar, dass sich Mittag dieses Risikos nicht bewusst war und gemeinsam mit anderen diese Falle nicht nur nicht gesehen hat, sondern sogar aktiv war, um in sie hineinzustolpern.

## Mittag – ein Verräter?

In diesem Zusammenhang halten sich hartnäckig Gerüchte um Verschwörungstheorien. Mittag habe im Auftrag ausländischer Mächte gehandelt, heißt es. Günter Mittag dazu selbst: »Nach einem der ›berühmten‹ Krim-Treffen mit Breshnew – es war im Jahre 1980 – berichtete Erich Honecker im Politbüro, dass es zu zwei Personen aus der DDR Fragen nach ihrer politischen Zuverlässigkeit gegeben habe. Also auf gut deutsch, dass sie verdächtigt wurden, für die gegnerische Seite zu arbeiten. Bei der einen Person handele es sich um einen General der Nationalen Volksarmee. Es stellte sich dann aber heraus, dass sich der genannte Name auf einen General der Bundeswehr bezog. Bei der zweiten Person handele es sich um ein Mitglied des Politbüros. Ein Name wurde damals nicht genannt. Später sagte mir dann Erich Honecker, dass ich damit gemeint gewesen war, eine Überprüfung jedoch negativ ausgefallen sei. Das zur Kennzeichnung des großen persönlichen Risikos für diese Arbeit zum gegenseitigen Vorteil beider Staaten unter den damaligen Bedingungen.

Wie groß es wirklich war, wusste ich damals noch nicht. Man hat mich in Zusammenhang mit meinem aktiven Eintreten für gutnachbarliche Beziehungen zur Bundesrepublik sogar der Spionage verdächtigt. Es gab, wie jetzt in Veröffentlichungen deutlich gemacht worden ist, deshalb eine Bespitzelung meiner Person durch die Staatssicherheit mit der absurden Begründung möglicher Spionage. ›Dieser Spionageverdacht wurde erstmals vom Leiter der Stasi-Abteilung 18 geäußert; sie war für Wirtschaftsfragen zuständig‹, hieß es in der Bild vom 20. April 1991. ›Es gab (…) Hinweise, dass die Staatssicherheit vor der Wende gegen Mittag ermittelt hat. Gerüchte deuteten auf enge Beziehungen zu westlichen Konzernen hin – zum Schaden der DDR. Auch ist die Rede davon, er sei als hochrangiger Maulwurf verdächtigt worden. Die Ermittlungen seien auf Befehl Mielkes eingestellt worden. Die es genauer wissen, schweigen.‹«[43]

Wenn auch kein »Handeln im Auftrag ausländischer Mächte« vorliegt, der Leser möge selbst beurteilen, wie das eigenständige und eigenmächtige Handeln zu werten ist.

## Die Meinung Erich Honeckers über Günter Mittag

Mit dem Erscheinen des Buches *Der Sturz* lagen erste öffentliche Aussagen Erich Honeckers über sein Verhalten gegenüber Günter Mittag vor. »Seine Interviewer fragten ihn, ob es zutreffe, dass Mittags Verhalten gegenüber den Kombinatsdirektoren und anderen Personen, die ihm unterstellt waren, nicht demokratisch, sondern autoritär gewesen sei. Und ob Honecker Mittags Fähigkeiten nicht überschätzt habe, schließlich hätten die anderen Politbüromitglieder Mittag nicht geschätzt. Der ehemalige Staatsratsvorsitzende würdigte in seiner Antwort die vermeintlichen Verdienste des ehemaligen ZK-Sekretärs, aber folgendes musste er einräumen: ›Man sagt im Deutschen, wo gehobelt wird, da fallen Späne. Manchmal war das Verhältnis nicht gut zwischen ihm und den einzelnen Kombinatsdirektoren, wie sich nachträglich herausstellte. (…) er hat vorbeiregiert an verschiedenen Sachen. Man hätte verschiedene Fragen im Politbüro stellen müssen oder im Ministerrat. Das kommt nachträglich heraus.‹«[44]

Wesentlich tiefer gehende Ansichten – auch zu anderen Personen und Zusammenhängen – gibt eine authentische Information über persönliche **Gespräche mit Erich und Margot Honecker** nach deren Entmachtung.[45] Die Aussagen wurden in einer Zeit gemacht, in welcher beide menschlich, psychisch und politisch frustriert waren und stark unter Druck standen. Die Teile davon, die unmittelbar mit den Problemen und Personen meiner Dokumentation im Zusammenhang stehen, gebe ich trotzdem wieder.

**Erstes Gespräch: 1. September 1990, Beelitz – Nebenstelle des Oberkommandos der Garnison der Sowjetischen Streitkräfte in Deutschland (GSSD)**

**Informant**: »Das Auftreten von Günter Mittag bei deinem Sturz im Zentralkomitee war doch absolut widerlich gewesen.«

**Erich Honecker**: »Der hat mich doch ewig hofiert, und dann der Satz von ihm: ›Erich, jeder weiß doch, so konnte es mit dir doch nicht weitergehen.‹ Das hat mich am schlimmsten getroffen, menschlich.«

**Margot Honecker**: »Der hat sich doch die ganze Zeit nicht nur an uns, sondern auch an Leo und Sonja (Kinder der Honeckers) rangeschmissen. Und die ganze Schalck-Geschichte ist für uns heute noch undurchschaubar, da hat zum Schluss sogar der Erich Mielke nicht mehr durchgeblickt.«

**Informant**: »Schalcks ›Flucht‹ war doch für jeden völlig unerwartet gewesen, oder nicht?«

**Erich Honecker**: »Heute wissen wir, dass Modrow ihm ein Ultimatum gestellt hat, sich zwischen ihm (Modrow) und Krenz zu entscheiden, und ihm massiv gedroht hatte.«

**Margot Honecker**: »Und weil du die ganze Sache mit der Ökonomie angesprochen hast. Zur Chefin der Hochschule für Ökonomie (HfÖ)

(Christa Luft) gab es doch zwischen Schalck und denen die engsten Kontakte. Die haben doch schon lange vor unserem Sturz sogenannte Reformmodelle zusammengebastelt.«

**Erich Honecker**: »Auf meine oftmalige Nachfrage, was dort abläuft (in der HfÖ), bekam ich von Frank-Joachim Herrmann (nicht verwandt und verschwägert mit dem Politbüromitglied Achim Herrmann) immer nur ausweichende Antworten. Meine Sekretärin (Elli Kelm) hatte aber einen Draht zur HfÖ und hatte mich damals schon gewarnt.«

**Informant**: »Modrow wurde doch schon im September 1989 in der *Süddeutschen Zeitung* als Hoffnungsträger bejubelt, die HfÖ und ihre revisionistischen Denkfabriken jedoch niemals erwähnt.«

**Erich Honecker**: »Nach dem heutigen Stand gab es zwischen der HfÖ, der Familie Brie (der Vater ist ein anständiger Kommunist), Dieter Klein und vielen anderen engste Verbindungen, die konnten mir doch oft nicht in die Augen sehen.«

**Zweites Gespräch: 17. November 1992, Justizvollzugsanstalt (JVA) Moabit, Berlin**

**Erich Honecker**: »Bei mir war vor einigen Tagen der Genosse … zu Besuch gewesen. Auf die Frage nach der aktuellen Berufstätigkeit antwortete der Gast: ›Einen Abschluss der Bezirksparteischule brauchte ich nirgendwo vorzuzeigen bei einer Bewerbung. Da wäre ich bestimmt sofort rausgeflogen. Aber, als mein Bruder sich mit dem Abschluss der HfÖ bei der Firma *Schering* (Westberlin) bewarb, wurde er nach einigen Monaten angenommen.‹ Ich fragte: Warum denn das? Es kam in etwa folgende Antwort des Gastes heraus: ›Die HfÖ war natürlich eine Kaderschmiede der Kommunisten, aber durchaus auch eine Denkfabrik in den letzten Jahren in Sachen Marktwirtschaft.‹ Du siehst, überall wo scheinbar Marxismus-Leninismus praktiziert wurde, war oft keiner drin gewesen, wie mir jetzt nach und nach klar wird.«

**Das dritte Gespräch fand am 12. Januar 1993 – wenige Tage vor der krankheitsbedingten Entlassung Erich Honeckers – in der Justizvollzugsanstalt Moabit statt.**

**Erich Honecker**: »Der ›Erfinder‹ der Treuhand, dieser kriminellen Vereinigung, ist natürlich der Hans Modrow gewesen. Aber die jahrelange Vorarbeit für diesen Irrsinn haben solche Gestalten wie die Bries, Klein und offensichtlich unter Rückendeckung der HfÖ-Chefin (Christa Luft) vorgearbeitet.«

**Informant**: »Und das Ganze ging so ewig ungestört?«

**Erich Honecker:** »Heute weiß ich (er lacht), egal von wem, dass Mittag immer seine schützende Hand über diese Leute gehalten hat. Wenn ich nach irgendwelchen Informationen vom Erich (Mielke) nachhakte, hatte er immer nur ausweichend geantwortet bzw. mich doch irgendwie eingeseift. Danach versuchte er (Mittag) in einem sehr unhöflichen Ton, um es einmal vorsichtig auszudrücken, mit Genossen Mielke umzuspringen, wie er es – was mir heute klar ist – mit manchen anderen leitenden Kadern getan hatte. Von Mielke holte er sich aber eine Abfuhr. Ich möchte durchaus von meiner gewissen Mitschuld sprechen, aber eben nur deshalb, weil ich Mittag irgendwie bedingungslos vertraut hatte.«

Nach diesen Aussagen von Erich und Margot Honecker kommen weitere Personen und Zusammenhänge ins Spiel, die bisher in meinen Betrachtungen keine Rolle gespielt haben. Nachprüfbar sind viele der Aussagen für mich nicht, aber der dargestellten Gesamtdiktion würden sie durchaus entsprechen. Und bei allem Frust der Honeckers, aus den Fingern gesogen werden die Aussagen auch nicht sein.

Um klarzustellen: Es ist keinesfalls kritikwürdig, *dass* sich in der DDR Theoretiker in wissenschaftlichen Einrichtungen Gedanken um eine Wirtschafts- und Gesellschaftspolitik machten, die von der dogmatischen Parteilinie abwich. Im Gegenteil: Ein Mehr an diesem Gedankengut und geistigem Vorlauf hätte vielleicht den Ereignissen der Perestroika und der »Wende« einen zielgerichteteren Verlauf geben können. Kritikwürdig ist, *was* in diesen Studierstuben – abseits der realen Wirtschaftspraxis – ausgetüftelt wurde. Es waren offenkundig weitgehend radikale und abstrakte marktwirtschaftliche Vorstellungen, die in die Praxis eines schwer angeschlagenen DDR-Systems überführt und in die Tat umgesetzt werden sollten. Dass diese »Konzepte« objektiv dem westdeutschen Kapital Tür und Tor geöffnet haben, steht historisch fest. Ob das auch beabsichtigt war, kann ich nicht beurteilen.

Für die »Vergangenheitsbewältigung« ist das auch nicht mehr so sehr bedeutungsvoll. Da aber gerade diese Theorien und ihre Protagonisten auch in der heutigen Auseinandersetzung mit dem Kapitalismus eine bedeutende Rolle spielen, ist es wichtig, die Wurzeln für diese Vorstellungen einer modernen »sozialistischen« Gesellschafts- und Wirtschaftsordnung aufzudecken. Wer schon immer grundsätzlich gegen eine sozialistische Planwirtschaft war und den Kräften des Marktes und des Privateigentums die Dominanz einräumen wollte, kann die sozialistische Gesellschaft nicht wirklich wollen. Wer diese nicht will, kann die kapitalistische Marktwirtschaft nicht ablehnen, sondern will sie verbessern. Und wer Marktwirtschaft nur verbessern will, kann keine sozialistische Zukunftsvision entwickeln, sondern will im Heute mittanzen. Das ist das gegenwärtige Dilemma deutscher und in großen Teilen europäischer »linker« Politik.

### Ein (vorläufiges) Resümee

Die gern geäußerten Aussagen, Günter Mittag sei wirtschaftlich an allem schuld und letztlich für das »Scheitern der DDR-Wirtschaft« allein verantwortlich, gesteigert bis zum »Totengräber der DDR«, sind oberflächlich und greifen zu kurz.

Zunächst einmal ist festzuhalten: Die DDR-Wirtschaft ist nicht gescheitert, sondern hat ganz im Gegenteil unter schwierigsten Bedingungen große Leistungen vollbracht.

Das Schwierigste in der Wirtschaftspolitik der DDR bestand offensichtlich darin, dass es in der Führung prinzipiell unterschiedliche politische und ökonomische Interessengruppen gab. Mittag bezeichnete seine »politischen Gegner« als »Betonköpfe«. Ihr ökonomisches Denkmodell bestand in einer unauflöslichen Verbindung zum großen Bruder Sowjetunion. Mittag nahm für sich in Anspruch, dass er rechtzeitig erkannt habe, dass das ins ökonomische Verderben führt und nur eine politische Annäherung an und wirtschaftliche Kooperation mit dem Westen aus dieser Sackgasse herausführe. Diskutiert oder gar ausdiskutiert wurden diese prinzipiellen Differenzen in der Führung nie. Es wurde intrigiert, worin Mittag zweifellos ein Meister war. Sein prinzipieller Fehler war, sich selbst eine Aura der Unfehlbarkeit zu geben und durch einen autoritären Leitungsstil alle anderen klugen und schöpferischen Gedanken von vornherein zu unterdrücken, nicht »Mitstreiter« zu gewinnen, sondern diese zu verprellen.

Die Hauptverantwortung für diesen Zustand trägt zweifellos der »erste Mann im Staate«. Wer sich bar jeglichen Sachverstandes in ökonomischen Fragen starr an eigene Vorstellungen klammert, wer als Berater in ökonomischen Fragen nur eine Person an sich heranlässt und wem kollektives Streiten in der Sache kraft Amtsautorität fremd ist, braucht sich über Fehlentwicklungen nicht zu wundern. Die Nach-Wende-Erkenntnisse von E. H., wem er da eigentlich blind vertraut hat, kamen zu spät. Dass es Mittag auch gelungen war, den ersten Mann im Interesse politischer Eitelkeit zunehmend für »Westreisen« zu gewinnen, dafür ökonomisch den Boden vorzubereiten und somit auch beim Ersten persönliche Eindrücke einer »heilen« Westwelt zu vermitteln, gehört zur Ironie der Geschichte.

Der Annäherungskurs an den Westen war politisch hoch problematisch und führte letztlich zur Einverleibung der DDR in die BRD. Inwieweit Mittag mit einem kleinen Kreis von Eingeweihten durch riskante Finanztransaktionen dazu beigetragen hat, ist Gegenstand der nachfolgenden Betrachtungen.

# Wie ich wegen der Preispolitik zwischen Honecker und Mittag geriet *von Manfred Domagk*

## *Die objektive Lage: Subventionen ohne Ende*

Ohne Zweifel ist die Preispolitik eines der sensibelsten Politikfelder – dies insbesondere hinsichtlich der Preispolitik gegenüber der Bevölkerung. Während es gelungen war, ein Industrie- und Agrarpreissystem zu schaffen, das im Wesentlichen den theoretischen und wirtschaftspolitischen Anforderungen entsprach, blieb dieser Erfolg dem Verbraucherpreissystem versagt.

Kernstück all dessen war die Politik stabiler Verbraucherpreise für Waren des Grundbedarfs, Mieten, Tarife und Dienstleistungen. Sie hatte schon unter Walter Ulbricht als Bestandteil seiner Sozialpolitik Bedeutung, erhielt aber unter Erich Honecker einen neuen Stellenwert.

Für ihn war sie Eckpfeiler der sozialen Sicherheit und eine bedeutende Errungenschaft des Sozialismus in den Farben der DDR sowie nicht zuletzt eine Antwort auf die Lohn-Preis-Spirale der kapitalistischen Marktwirtschaft, vor allem im Hinblick auf die Auseinandersetzungen mit der Bundesrepublik Deutschland. Sie hätte jedoch als generelle Subventionspolitik spätestens ab Mitte der siebziger Jahre geändert werden müssen, denn in der Tat hatten die hochsubventionierten billigen Preise für Waren und Leistungen der DDR einen »Ausverkauf« an westliche Besucher – besonders der zu Traumkursen umgetauschten westlichen DM in DDR-Mark – und eine Verschwendungswirtschaft im Inneren zur Folge.

Jegliche Vorschläge, diese Politik aufgrund zunehmend sich verschlechternder ökonomischer Bedingungen zu ändern, wurden jedoch strikt zurückgewiesen. Unsere Grundüberlegung zur generellen Änderung der Verbraucherpreispolitik bestand darin, die notwendigen Preiserhöhungen durch Steigerungen der Löhne, Renten, Stipendien und anderer auszugleichen. Überschlägige Berechnungen ergaben infolge der vorgesehenen Preiserhöhungen eine sparsamere Konsumtion, verbunden mit merklichen ökonomischen Effekten – zum Beispiel bei Energie die Einsparung eines Kraftwerks.

Die Folgen der Ablehnung waren ständig steigende Subventionen als treue Alltagsbegleiter des DDR-Bürgers. Man wachte in einer mietpreisgestützten Wohnung auf, die Miete deckte etwa nur zu einem Drittel die Kosten; entnahm Elektroenergie für 8 Pfennig pro Kilowattstunde, obwohl die Kosten etwa 28 Pfennig pro Kilowattstunde betrugen; duschte mit subventioniertem Wasser; verzehrte ein Brötchen zu einem Preis von 5 Pfennig, das mehr als das Doppelte hätte kosten müssen; fuhr für 20 Pfennig mit öffentlichen Verkehrsmitteln zur Arbeit. Kaufte man sich allerdings ein neues oder weiterentwickeltes Konsumgut, wie zum Beispiel einen Farbfernseher, wurden die Bürger zur Kasse gebeten, denn der Preis enthielt neben Kosten und Betriebsgewinn auch zusätzliche Staatseinnahmen. Insgesamt ergab sich eine hohe und ständig steigende Belastung des Staatshaushalts. So betrugen die Stützungen – die sogenannte zweite Lohntüte – allein für Grundnahrungsmittel:

1980   16,8 Milliarden Mark = 30,00 Mark Subventionen pro
       100,00 M Einkaufswert,

1985   27,3 Milliarden Mark = 72,00 Mark Subventionen pro
       100,00 M Einkaufswert,

1990   32 Milliarden Mark = 85,00 Mark Subventionen pro
       100,00 M Einkaufswert.

Zusammengenommen betrug das Stützungsvolumen, einschließlich der Ausgaben für Kultur, die Wohnungswirtschaft, den Personenverkehr und anderes, Ende der achtziger Jahre bei einer Größenordnung des Staatshaushalts von circa 300 Milliarden Mark rund 57 Milliarden Mark. Das bedeutete, dass die Bevölkerung nur 57 Prozent ihres Einkommens leistungsabhängig direkt in Form von Lohn und Gehalt erhielt.

Diese Subventionspolitik wurde von der Bevölkerung als die von Erich Honecker formulierte »Errungenschaft« jedoch nicht mehr wahrgenommen. Sie gehörte zur Selbstverständlichkeit und bewirkte vielmehr einen sorglosen Umgang vor allem mit Energie und Wasser. Bei Nahrungsmitteln kam hinzu, dass sie teilweise zweckentfremdet verwendet wurden. Beispielsweise betrug der Pro-Kopf-Verbrauch von Haferflocken in Berlin 250 Gramm; 50 Kilometer weiter entfernt in ländlichen Gemeinden dagegen 2,5 Kilogramm – völlig klar, dass diese hier verfüttert wurden.

Zum anderen entstanden zunehmende Angebotslücken und damit verbundene Verärgerungen unter den Bürgern. Hinzu kam eine volkswirtschaftlich schädliche Bevorratung. Es wurde gekauft, wenn man etwas bekam, und nicht, wenn man etwas brauchte.

Auch die Mietpreise von 0,40 Mark bis 1,20 Mark pro Quadratmeter waren mehr als ein Sorgenkind der Preispolitik. Bei einer durchschnittlichen Wohnfläche von 26,5 Quadratmeter pro Kopf betrugen die Baukosten für eine entsprechende Wohnung rund 120.000,00 Mark zuzüglich 4.137,00 Mark jährlich für Betriebs- und Instandhaltungskosten. Demgegenüber standen jährliche Mieteinnahmen von nur 600,00 Mark.

Die hierzu unterbreiteten Vorschläge zur Veränderung dieser ökonomisch unhaltbaren Situation, wie zum Beispiel als erster Schritt eine Erhöhung der Mieten für Neubauwohnungen ab einer bestimmten Einkommenshöhe der Mieter oder die Ausreichung finanzieller Zuschüsse pro private Hausbesitzer in gleicher Höhe, wie sie den kommunalen Wohnungsverwaltungen gewährt wurden, erfuhren strikte Ablehnung.

Bei all dem ist dennoch hervorzuheben, dass in der DDR die Wohnungsfrage als soziales Problem gelöst wurde – allerdings »erkauft« mit Subventionen von jährlich 16 Milliarden Mark und dem Tribut, zunehmend zerfallender Stadtteile, dies zuletzt aber überwiegend aus Mangel an Baukapazität und Baumaterial.

1979 rückte die Preispolitik nochmals besonders in den Mittelpunkt der Gesamtpolitik. Angesichts der prekären ökonomischen Situation in der zweiten Hälfte des Fünf-Jahr-Planes 1976/80 unterbreitete der Vorsitzende der Staatlichen Plankommission, Gerhard Schürer, auf Weisung Mittags in Vorbereitung des Volkswirtschaftsplanes 1980 den Vorschlag, Preiserhöhungen von 21 Milliarden Mark mit einer direkten Belastung der Bevölkerung von 11 bis 13 Milliarden Mark, das heißt ohne finanzielle Ausgleichsmaßnahmen, durchzuführen. – Dieses Konzept wies Honecker prinzipiell zurück.

### Der subjektive Faktor: Wie ich zwischen Honecker und Mittag geriet

Um dennoch Preiserhöhungen voranzutreiben, ließ Mittag nunmehr mit Bezirksleitungen der SED Konsumgüterausstellungen organisieren und wies an, die Preise für die betreffenden Erzeugnisse zwischen Produktion und Handel zu vereinbaren. Sie waren – wie konnte es anders sein – im Vergleich zum bisherigen Preisniveau wesentlich höher. Es lag auf der Hand, dass Preisdiskussionen zunächst nur in den Betrieben entstanden, jedoch zunehmend ernste Ausmaße annahmen.

Als amtierender Chef blieb mir angesichts dieser Situation nichts anderes übrig, als meinen Minister in seinem Urlaubsort an der Ostsee am Wochenende aufzusuchen, um mit ihm die Lage zu beraten. Kaum hatte ich den Sachverhalt erläutert, lautete seine wichtigste Frage, »ob ich denn dabei mit drinstecke«, was natürlich nicht der Fall war. Im Ergebnis meinte mein Chef: »Na, lass die mal machen – ich bin nicht dabei, du bist nicht dabei, mal sehen, was dabei herauskommt.«

Nach ein paar Stunden der Entspannung bei schönem Wetter am Strand machte ich mich wieder auf nach Berlin, wo die folgende Woche nichts Gutes für mich brachte. Unvermittelt erhielt ich den Auftrag zur

Teilnahme an einer Beratung bei Günter Mittag, ohne mir gleichzeitig mitzuteilen, worum es dabei eigentlich gehen soll – was übrigens übliche Methode war.

An der Beratung nahmen weiterhin teil der Minister Beil (Außenhandel), Böhm (Finanzen), Junker (Bauwesen), Staatssekretär Klopfer (Plankommission) sowie der Abteilungsleiter für Planung und Finanzen im ZK der SED Günter Ehrensperger. Einziger Beratungspunkt: Produktion, Export und Inlandsversorgung mit Zement und dessen zu niedriger Preis. Ohne ein Wort geäußert zu haben – vielleicht hatte ich beim Wort »Preis« missmutig meine Miene verzogen –, kritisierte Mittag, verbunden mit wüsten Beschimpfungen und hochrotem Kopf unsere Arbeit, dabei Worte wählend, die ich hier nicht wiederzugeben vermag. Für einen Augenblick durchzuckte mich der Gedanke, ihm tüchtig die Meinung zu sagen, aber dann war mir ebenso klar, mich hier nicht zu opfern, zumal mir Mittag bei diesem Wutausbruch psychisch nicht normal erschien.

Monate später erlebte ich, wie ein stellvertretender Minister gegenüber Mittag einen anderen Standpunkt, sachlich berechtigt, vertrat, Stunden später war er nicht mehr im Amt. Ein Machtmissbrauch ohnegleichen, denn arbeitsrechtlich war dafür der Vorsitzende des Ministerrates zuständig.

Im Nachhinein konnte ich mir diesen Wutausbruch nur so erklären, dass irgendeiner meine Tage zuvor geäußerte Meinung über die Ungesetzlichkeit der auf den erwähnten Konsumgüterausstellungen vereinbarten Preise an Mittag weitergegeben hat.

Was den Bevölkerungspreis für Zement betraf, so vertrat ich trotz der wüsten Beschimpfung den Standpunkt, ihn nicht zu ändern, was mit Unterstützung der Minister Beil und Junker auch gelang.

Jedenfalls muss die ganze Angelegenheit noch eine Rolle in der Abteilung Planung und Finanzen gespielt haben, denn man gab mir eindringlich den Rat, »eine Weile in Deckung zu gehen«. Leichter gesagt als getan, denn kurze Zeit später – mein Chef war zur Beratung der Leiter der Preisämter des RGW in der VR Polen – da hatte ich Günter Mittag wieder »im Nacken«.

Die ganze Sache fing kurioserweise am Mittagstisch im Minister-Casino an. Saß ich zunächst allein dort, gesellten sich oftmals Staatssekretäre und Minister zu mir, was meistens auch genutzt wurde, ihre Probleme der Preisarbeit anzusprechen.

Doch innerhalb zweier Tage fiel mir auf, dass man – abgesehen von ein paar freundlichen Worten der Begrüßung – jeglichen Kontakt mit mir mied. Zunehmend wurde mir klar, dass »was im Busch sein muss«, ich ließ die wichtigsten Abteilungsleiter zu mir kommen, informierte über meine Vermutung und verabschiedete sie mit den Worten: »Nun zeigt mal, was eure gepriesene Zusammenarbeit mit den Ministerien wert ist; Zeit dafür zwei Stunden!«

Heraus kam, dass auf Weisung Günter Mittags eine vertrauliche Konsumgüterausstellung im Haus des Zentralkomitees stattfinde, die sich gegen das Preisamt richte. Glücklicherweise hatte jeder einige Beispiele der ausgestellten Konsumgüter einschließlich der dokumentierten Preisentscheidungen parat, so dass ich einigermaßen gewappnet war.

Tags darauf rief Günter Ehrensperger an und sagte in seinem für ihn typischen Befehlston: »In einer Stunde wird dem Generalsekretär in unserem Haus eine Konsumgüterausstellung gezeigt, woran du teilnehmen sollst; zieh dich warm an.«

Es wäre gelogen zu behaupten, dass es mir innerlich besonders gut ging, als ich den Saal betrat, in dem eine knisternde Atmosphäre herrschte. Schon wenige Minuten später kam auch Erich Honecker, von Mittag mit den Worten begrüßt, dass diese Ausstellung überzeugend die Leistungskraft der Konsumgüterindustrie dokumentiert, aber die Preise den hohen Gebrauchswert der Erzeugung nicht richtig widerspiegeln.

Dann fielen die Worte Honeckers, die ich heute noch in den Ohren habe. Sie lauteten: »Das Mitglied des ZK, Genosse Halbritter, ist im Ausland, was sagt denn sein Staatssekretär dazu?« Es herrschte absolute Stille, als ich daraufhin erwiderte: »Genosse Generalsekretär, das kann man alles so machen, aber es wäre eine andere Politik, und die muss man dem Volk erklären.«

Im Hintergrund murmelte Mittag zu Ehrensperger: »Na, den kannst du verabschieden«, aber im gleichen Moment forderte mich Honecker auf, ihm das näher zu erläutern. Mir war klar, dass es jetzt auf jedes Wort ankäme, also legte ich, selbstsicher geworden, los: »Nehmen wir zum Beispiel den hier ausgestellten Kühlschrank. Bei der Preisbildung haben wir alle Faktoren, wie niedrigeren Energieverbrauch, umweltfreundlichen Betrieb (FCKW-frei), moderne Formgestaltung, einen höheren Gewinn als üblich, berücksichtigt und dafür einen Endverbraucherpreis von 1.440,00 Mark festgelegt, was über 200,00 Mark mehr gegenüber den bisherigen Modellen entspricht. Jetzt soll hier zusätzlich eine farbige Türfront zu einem Preis von 160,00 Mark angeboten werden, was schwer zu begründen ist. Oder nehmen wir das neue Fahrrad ...« – aber da unterbrach mich Honecker und erteilte den Auftrag: »Na, dann schreibe mir das alles mal auf«, wobei noch folgender Wortwechsel stattfand:

Honecker: »Wie lange brauchst du dafür?«

Ich: »Bei der Vielzahl der ausgestellten Erzeugnisse mindestens zwei Tage.«

Honecker: »Wann kommt Walter Halbritter vom Auslandsaufenthalt zurück?«

Ich: »In drei Tagen.«

Honecker: »Gut, dann untersuche das alles gründlich, ich erwarte deine Vorschläge in zwei Tagen.«

Damit wurden wir verabschiedet. Ohne noch ein Wort mit einem der Minister oder Generaldirektoren zu wechseln, stürmte ich in mein Büro, um die entsprechenden Aufträge zu erteilen. Es versteht sich von selbst, dass in der knappen Zeit von unseren Abteilungsleitern und Mitarbeitern – mit Unterstützung durch Kollegen der Ministerien und Kombinate – eine große Arbeit bis spät in die Nächte hinein geleistet werden musste. Sie versetzte mich in die Lage, die Ergebnisse zusammenzufassen und den Bericht an Honecker pünktlich per Kurier abzuliefern. Im Kern war er im übertragenen Sinne eine »schallende Ohrfeige« für Günter Mittag, denn von seinen absurden Preisvorschlägen für die ausgestellten Konsumgüter hatte kaum einer Bestand – kein Wunder, denn, wie ich später erfuhr, viele davon wurden nach rein subjektiven Gesichtspunkten, wie zum Beispiel »Na, hier können wir doch wesentlich höhere Preise nehmen«, festgelegt.

Unser Bericht war kaum eine Stunde auf dem Tisch Honeckers, als die Sekretärin meines Chefs aufgeregt zu mir geeilt kam mit der Bitte, sofort den Generalsekretär anzurufen. Ich benutzte dazu die spezielle Sonderleitung im Büro des Ministers und war sofort mit ihm direkt verbunden.

Mit spürbar freundlichem Tonfall bedankte er sich für den Bericht und sagte danach: »Dein Minister kommt ja heute zurück – ich erwarte euch ab 17 Uhr.«

Pünktlich kurz vor 17 Uhr im Vorzimmer Honeckers eingetroffen, ließ uns dessen Sekretärin wissen, dass der Generalsekretär zunächst meinen Minister, Walter Halbritter, allein sprechen will, was nur wenige Zeit in Anspruch nahm.

Danach öffnete sich mir die Tür zum »Allerheiligsten«, ich wurde ohne weitere Worte kurz begrüßt, zumal im selben Moment Günter Mittag das Büro betrat – wie immer von kühler, unnahbarer Aura umgeben.

Honecker kam sofort darauf zu sprechen, dass es eine ausgedehnte Diskussion in der Bevölkerung über Preiserhöhungen gebe, was politisch untragbar sei. Deshalb sei das, was sich gegenwärtig auf dem Preisgebiet abspiele, zu korrigieren. Grundlage dafür bilde das Material vom Preisamt, und an mich gewendet, wertete er dies als gute Arbeit. Dann ging es lediglich noch darum, wie viel Zeit gebraucht würde, um die vorgelegten Maßnahmen umzusetzen, wofür mein Chef drei Tage veranschlagte. Danach war die Beratung, ohne ein Wort von Mittag zu hören, beendet.

Wieder in unsere Dienststelle zurückgekehrt, informierte mich Walter Halbritter über das, was ihm Honecker unter vier Augen gesagt hatte: »Leider sind in der letzten Zeit einige Dinge passiert, die uns Schaden zufügen. Günter Mittag hat offensichtlich seine Kompetenzen überschritten und leider auch mit meinem Namen gespielt … Du erhältst von mir den Auftrag, ohne andere Instanzen …, alle Fehler sofort zu korrigieren. Dazu hast du hiermit von mir alle Vollmachten. Damit das klar ist, du unterstehst mit deinen Preisfragen nur dem Politbüro und mir persönlich, also keinem Sekretär.«

In gewohnter Qualität und termingerecht wurde der erteilte Auftrag erfüllt. Auf einer entsprechenden Beratung des Abschlussberichts am 30. Oktober 1979 fand nochmals bei Erich Honecker ein Vier-Augen-Gespräch mit meinem Minister statt. Dabei führte der Generalsekretär aus: »Du hast eine angestrengte und große Arbeit geleistet. Du hast … das in Ordnung gebracht, was andere verdorben haben … Ich werde dafür sorgen, dass deine Mitarbeiter gute Prämien für die geleistete Arbeit von dir erhalten können.«

Aus damaliger wie heutiger Sicht hat die dilettantische Ausstellungsaktion Mittags mit dem Versuch, ohne Beschlussgrundlagen illegale Preiserhöhungen vorzunehmen, mehr ökonomischen und politischen Schaden als Nutzen gebracht. Einer generellen Reform der Verbraucherpreispolitik wurde wieder einmal mehr der Weg versperrt.

Die Folgen dieser Politik waren zunehmende Eingaben (heute Petition genannt) der Bevölkerung zur Preispolitik generell sowie den zu hohen Preisen für neue Erzeugnisse, oftmals in Verbindung mit harscher Kritik und gehässiger Wortwahl über das lückenhafte Angebot.

Mein Chef schrieb an Erich Honecker:

*Ich möchte in diesem Zusammenhang noch einmal zum Ausdruck bringen, dass nach meiner Ansicht die tatsächlich bestehenden Probleme unseres Inlandspreissystems nicht durch Einzelaktionen, sondern nur durch komplexe Maßnahmen zu lösen sind, wie ich das Dir im übergebenen Material dargestellt habe.*

Doch wie immer, blieb er auch damit einsamer Rufer in der Wüste.

### Wie ich »gehörnt« wurde

Ausgangspunkt war mein Besuch am Stand eines Betriebs aus Pappenheim/ Thüringen während der Leipziger Frühjahrsmesse. Er produzierte für die Ausstattung von Jagdzimmern gefragte Erzeugnisse aus Geweih- und Gehörnmaterial – unter anderem besonders begehrte Hängeleuchten –, konnte aber weder den Inlandsbedarf noch den Export befriedigen, weil das dazu benötigte Material nicht ausreichend vorhanden war. Ich versprach zu helfen, wusste ich doch – weil ich selbst das Weidwerk ausübte –, dass jeder Jäger Geweihe und Gehörne zu liegen hatte, die die ohnehin mit Trophäen geschmückten häuslichen Wände durch Widerspruch der Ehefrauen nicht auch noch zieren durften.

Für ihren Aufkauf wollte ich einen finanziellen Anreiz durch höhere Aufkaufpreise schaffen. Kurzfristig verständigte ich mich mit Generalforstmeister Rudolf Rüthnick – zugleich auch Stellvertreter des Ministers für Land-, Forst- und Nahrungsgüterwirtschaft –, und in wenigen Tagen legten uns die beauftragten Mitarbeiter die Angelegenheit zur Entscheidung vor. Die Regelungen waren volkswirtschaftlich exakt durchgerechnet und begründet, also unterschrieben Rüthnick und ich die entsprechende gesetzliche Bestimmung und gaben sie zur Veröffentlichung frei. Kurz nach ihrem Erscheinen begann der Krach. Ich wurde in die Abteilung Planung und Finanzen beordert, musste über die Gründe dieser Entscheidung ausführlich berichten sowie alle Berechnungen vorlegen. Daran aber konnte keiner rütteln – blieb nur die Kritik an mir hängen, nicht vorher informiert zu haben. So etwas war ich gewöhnt und steckte es unberührt weg. Doch wenige Tage später zitierte man mich wieder ins ZK, und diesmal wurde es prinzipiell.

Erstens erhielt ich den Auftrag, die getroffene Regelung sofort außer Kraft zu setzen. Zweitens wurde mir mit unliebsamen Worten deutlich gemacht, dass solche Entscheidungen eines Regierungsbeschlusses bedurft hätten. Ich hielt natürlich dagegen, denn das was Rudolf Rüthnick und ich unterschrieben hatten, entsprach unseren, gesetzlich vorgeschriebenen Vollmachten. Da allerdings gab man mir deutlich zu verstehen, dass dies der Standpunkt Erich Honeckers sei. Im Nachhinein erfuhr ich, dass dem tatsächlich jemand eingeflüstert hatte, die Leute würden aufgrund unserer Regelung in die Wälder ziehen, um Abwurfstangen sowie Rehgehörne zu suchen, und damit das Wild vergrämen. Heute wie damals sträubt es sich in mir, diesen ausgemachten Blödsinn zu kommentieren. Fakt jedoch war, dass durch missbrauchte Macht eine sinnvolle ökonomische Regelung mit einem Federstrich vom Tisch gefegt wurde, und nur das allein ärgerte mich.

### Verbraucherpreise und Wendepolitik

Leider gelang es uns auch in der sogenannten Wendezeit nicht, die Preispolitik gegenüber der Bevölkerung grundlegend zu verändern.

Für diesen Komplex verfügten wir, wie bereits angedeutet, seit Jahren über interne Konzepte und Berechnungen, wurden aber dennoch überrascht, als das Mitglied des Politbüros, Günter Schabowski, am 9. November 1989 gegen 18 Uhr vor internationaler Presse bei der Bekanntgabe der neuen Reiseordnung deren Inkraftsetzung mit »sofortiger Wirkung« verkündete.

Das betraf nicht nur die unvorstellbar schnell wachsende Anzahl der Ausreisewilligen, sondern den überfallartigen Gegenbesuch der »Schwestern und Brüder« aus dem Westen. Letzterer begleitet von einem Umtauschkurs der DM zur Mark der DDR von mindestens eins zu fünf, mitunter auch von bis zu eins zu zehn. Damit ließ sich billig einkaufen und speisen. Gegen den Abkauf sowie zur Verhinderung des Abflusses von Nationaleinkommen aus der DDR und zur Gewährleistung der sozialen Sicherheit ihrer Bürger war schnelles Handeln angesagt.

Bereits vor dem Anschluss der DDR an die BRD begannen die führenden Handelsketten der BRD, den Binnenmarkt der DDR für einen zusätzlichen Umsatz an Konsumgütern in Höhe von 100 bis 120 Milliarden DM zu Lasten der Konsumgüterindustrie der DDR zu okkupieren.

Dank der aufopferungsvollen Arbeit unserer Mitarbeiter und Leiter war es mir als verantwortlicher Staatssekretär möglich, ein Konzept vorzulegen, das als Weisung des Vorsitzenden des Ministerrates am 21. Dezember 1989 in Kraft trat. Sie bevollmächtigte mich als Leiter eines Arbeitsstabs, bei Wahrung strengster Geheimhaltung, umfangreiche Preismaßnahmen auszuarbeiten und zur Entscheidung vorzulegen – vordringlich dabei als vorzuziehende Einzelmaßnahme die Preisveränderungen für Kinderbekleidung und Kinderschuhe, weil hier der Abkauf am größten war.

Mitte Dezember 1989 war die Vorlage über die Preisveränderungen für Kinderbekleidung und Kinderschuhe fertiggestellt. Mit einer Erhöhung der Preissumme von 2 Milliarden Mark bei gleichzeitiger Erhöhung des Kindergeldes um monatlich 40,00 Mark wurde ihre Einführung per 15. Januar 1990 beschlossen. Die Reaktion der Bevölkerung darauf war überwiegend positiv. Häufig wurde zum Ausdruck gebracht, dass eine solche Maßnahme längst überfällig gewesen wäre. Beweis dafür, dass bei mehr Vertrauen der Parteiführung zum eigenen Volk – ohne den von Honecker stets befürchteten Protest – unsere seinerzeit unterbreiteten Vorschläge reibungslos über die Bühne gegangen wären.

Konkret reduzierte sich der Abkauf, zum Beispiel von Kinderschuhen, so rapide, dass die Fachleute mit einer geringeren Produktion von 2 bis 3 Millionen Paar rechneten.

Dabei war bereits der Druck auf Mode und Qualität nicht unerheblich. Für meine Mitarbeiter und mich war das alles Bestätigung dafür, an den anderen Maßnahmen weiterzuarbeiten. Dank der Mühen aller Beteiligten, legte ich der Regierung termingerecht ein umfangreiches Paket an Maßnahmen zur Beseitigung von Subventionen vor.

Die vorgeschlagenen Preiserhöhungen hatten ein Volumen von 33 Milliarden Mark – verbunden mit einem monatlichen finanziellen Ausgleich von 175,00 Mark für Erwachsene sowie von 135,00 Mark für Kinder bis zum 12. Lebensjahr. Mit diesem Konzept sollten zugleich Rahmenbedingungen für einen auf Effizienz und Wettbewerbsfähigkeit gerichteten Markt geschaffen sowie die große Unruhe unter der Bevölkerung über die weitere Gewährleistung der sozialen Sicherheit abgebaut werden.

Doch die sich im rasanten Tempo vollziehende Veränderung der politischen Situation überrannte uns auch hier.

Die Ministerratssitzung zur Beratung der Vorschläge über Preisveränderungen durch Beseitigung der Subventionen fand am Abend des 1. Februar 1990 unter Leitung von Dr. Hans Modrow im *Johannishof* in Berlin – dem Gästehaus der Regierung – statt. Ich werde nie die angespannte Atmosphäre dieser Sitzung vergessen, ausgelöst durch Ankündigungen von großer politischer Tragweite. Alles hing mit der Reise Modrows am 30. Januar 1990 nach Moskau und seinem dortigen Treffen mit Gorbatschow zusammen. Nach seiner Rückkehr am 1. Februar hatte Modrow in einer internationalen Pressekonferenz erklärt, dass »die Vereinigung der beiden deutschen Staaten auf die Tagesordnung (rückt)«. Infolgedessen hatte ich volles Verständnis dafür, dass meine Preisvorschläge zunächst überhaupt nicht zur Debatte standen und anstelle dessen Hans Modrow allen Beratungsteilnehmern sein Konzept »Für Deutschland einig Vaterland« zur Kenntnis brachte. Es fand ohne große Diskussion uneingeschränkte Zustimmung, obwohl das im ersten Moment bei mir – und vielleicht auch bei anderen – mit zwiespältigen Gefühlen verbunden war.

Manche werteten das damals als einen weiteren Schritt zur Aufgabe der DDR, zumal bereits im November 1989 der Aufruf namhafter Intellektueller »Für unser Land: Bewahrt die Eigenständigkeit der DDR als Chance einer sozialistischen Alternative« große Zustimmung in Form vieler Kundgebungen fand.

Später wurde bekannt, dass sich Gorbatschow im kleinen Kreis bereits Ende Januar für die deutsche Einheit entschieden hatte.

Was die anschließende Beratung der Preisvorlage betraf, so fanden die geleistete Arbeit und das Gesamtkonzept zwar Lob und Anerkennung, jedoch wenig Unterstützung für eine Inkraftsetzung. Letzteres auch deshalb, weil ich nicht verschwieg, dass es Gegenstimmen dazu gebe. Wörtlich führte ich dazu aus: »Sie reichen von Argumenten über die wenige Zeit, die noch zur Verfügung steht, beinhalten Aussagen, dass man solche unpopulären Maßnahmen den Nächsten überlassen sollte und gehen so weit, dass der notwendige Apparat in den Bezirken und Kreisen nicht mehr zur Verfügung steht. Ich muss hier noch mal sagen, wenn wir das richtig ausdiskutieren – auch am ›Runden Tisch‹ –, die Beweise antreten für die soziale Gerechtigkeit dieser Maßnahmen, dann überwiegen die objektiven Gründe für ihre Durchführung.«

Aber nichts half. Letztlich ging es mir wie dem einsamen Rufer in der Wüste, den bekanntlich keiner hörte. Die Umsetzung der Maßnahmen wurde zurückgestellt und lediglich beschlossen, den »Runden Tisch« zu allgemeinen Preisfragen zu informieren. Bleibt noch festzuhalten, dass dies meine letzte Teilnahme an einer Regierungssitzung der DDR war.

Seitdem sind mehr als zwei Jahrzehnte vergangen. Nach wie vor bedaure ich, dass wir es nicht vermochten, unser Konzept zur Veränderung der Subventionspolitik – verbunden mit einem Ausgleich durch höhere Löhne, Gehälter, Stipendien und anderes – zu verwirklichen. Im Hinblick auf die Währungs- und Sozialunion, im Kern lediglich ein Geldumtausch mit verheerenden volkswirtschaftlichen Konsequenzen, wäre das für die Einkommen der DDR-Bürger heute wie damals von großem Nutzen gewesen. Den politisch motivierten Ausverkauf der DDR an die BRD hätten sicher auch diese Maßnahmen nicht verhindert.

# Alexander Schalck-Golodkowski – der Sündenbock?

## *Die Flucht und ihre Folgen*

### Die Vorgeschichte

Alexander Schalck-Golodkowski berichtete in seinen *Deutsch-deutschen Erinnerungen*[46]:

»Auf der Volkskammersitzung am 1. Dezember 1989 erstattete Toeplitz (neuer Generalstaatsanwalt der DDR) dem Parlament einen Zwischenbericht über die ersten Ermittlungen des Ausschusses. Wieder geriet vor allem ich in die Schusslinie. Verschiedene Parlamentarier fragten gezielt nach KoKo, und plötzlich sprach jemand von 100 Milliarden DM auf Konten in der Schweiz.

Außenhandelsminister Gerhard Beil wurde ausdrücklich nach meiner Person und nach dem Verbleib angeblich verschwundener Milliarden, Gold-, Silber- und Platinbaren befragt. Er konnte darauf nicht antworten, denn KoKo war nur formell ein Bereich des Ministeriums für Außenhandel. Seit 1976 unterstand ich direkt Günter Mittag.

Beil geriet ins Schwimmen und erklärte schließlich, dass Hans Modrow ihn beauftragt hat, die zu KoKo gehörenden Außenhandelsfirmen seinem Ministerium einzugliedern. Mir stockte fast der Atem. Davon hatte ich nichts gehört, weder von Hans Modrow, mit dem ich kurz zuvor Kontakt gehabt hatte, noch von Egon Krenz. Die Aussage Beils lief de facto auf eine Auflösung von KoKo hinaus. Ich merkte, dass ich den Boden unter den Füßen verloren hatte. Ich sollte abserviert werden.«

Als Modrow am 13. November zum Vorsitzenden des Ministerrates gewählt wurde, hatte er zu Schalck gesagt: »Alex, du musst dich entscheiden. Entweder Krenz oder ich.«

Modrow interpretiert diese Offerte so:

»Nach dem Rücktritt Erich Honeckers und der Abberufung Günter Mittags hatte sich auch Egon Krenz für eine persönliche Direktunterstellung Alexander Schalck-Golodkowskis entschieden. Das geschah taktisch gewitzt mit Blick auf beide Funktionen Schalcks: Als Leiter des Bereiches Kommerzielle Koordinierung war er wesentlich für die Abwicklung des Handels mit der Bundesregierung verantwortlich, und als Staatssekretär fungierte er als politischer Verhandlungsführer, wobei das Außenministerium mehr die Rolle eines Dienstleistungsunternehmens innehatte. Krenz hatte sich also einen der wichtigsten Männer für sich ›reserviert‹. Das konnte ich nicht akzeptieren, ich wollte beide Positionen Schalck-Golodkowskis, der eigentlich Regierungsbeamter war, grundlegend verändern.

Der Bereich Kommerzielle Koordinierung sollte fortan zum Ministerium für Außenhandel gehören, und die Mittel des Ressorts, so stellte ich mir vor, würden im Rahmen des staatlichen Haushalts verteilt – was die Konsequenzen einer staatlichen Kontrolle über die Verwendung dieser Mittel nach sich gezogen hätte. Mit der Geheimniskrämerei, und sei meine Vorstellung noch so naiv, musste Schluss sein. Das gesamte Unternehmen sollte revisionspflichtig werden. Verhandlungsfragen im Zusammenhang mit der BRD, dem zweiten Arbeitsbereich Schalcks, würden ebenfalls nicht mehr in dessen Alleingang abgewickelt, sondern künftig durch einen größeren Arbeitskreis von Staatssekretären vorbereitet, dann in der Regierung beraten und in wesentlichen Punkten dort entschieden werden. Keinem anderen als Alexander Schalck-Golodkowski gebührte allerdings der Vorsitz dieses Arbeitskreises.«[47]

Schalck hatte sich entschieden: weder Krenz noch Modrow, sondern Schäuble und Strauß. Das Land, für das Schalck über Jahrzehnte gearbeitet und in vielen Situationen das Überleben gesichert hatte, konnte oder wollte ihm keine Sicherheit mehr bieten.

Schalck berichtete in seinen *Deutsch-deutschen Erinnerungen*, dass ihm der Minister für Nationale Sicherheit in der Modrow-Regierung (Wolfgang Schwanitz) in einem Telefonat zu verstehen gab: »Ich sei gut beraten, meine Beziehungen zur Staatssicherheit zu vergessen – zu meiner eigenen Sicherheit. Da war kein Spielraum mehr. Meine Angst steigerte sich zu einer regelrechten Panik. Nach diesem Anruf war ich mir sicher, dass mein Leben in der DDR bedroht war.«

Hans Modrow dazu:

»Am Abend dieses 1. Dezember fand noch die bereits erwähnte Sitzung des Politbüros statt. Alexander Schalck-Golodkowski berichtete über den Stand der Vorbereitungen für seine Gespräche mit Kanzleramtsminister Rudolf Seiters.

In jener Stunde nun erlebte ich, ganz im Gegensatz zu seiner üblichen Gelassenheit, einen völlig verunsicherten Schalck. Zunächst wirkte er noch gefasst und souverän, er begründete, wie stets gut vorbereitet, auch noch die Konzeption für die Reisetätigkeit im Jahre 1990. Dann jedoch brach es unerwartet schroff und emotional aus ihm heraus: Er fühle sich bedroht und sehe sich sehr im Zweifel, ob er bei denen, die hier säßen, noch das volle Vertrauen besitze. Er empfinde den Druck einer unerträglichen Lage und wisse eigentlich nicht, wie es weitergehen soll.

Schalck, dieser Mann, der immer, wie soll ich es beschreiben, wie ein

Fels an Beherrschung und Sicherheit gewirkt hatte, der verschmitzt lachen konnte – dieser Mann bebte und flatterte. Er rutschte gleichsam in sich zusammen. Der füllige, aber straffe Körper verlor alle Festigkeit. Diesen gefühlsbetonten Ausbruch verstand ich nicht.

Was ich damals nicht einmal ahnte, war die inzwischen vollzogene abrupte Abkehr des Leiters des Amtes für Nationale Sicherheit, Wolfgang Schwanitz, vom Oberst im besonderen Einsatz, Alexander Schalck-Golodkowski. Schalck sah sich demnach von den eigenen Leuten verlassen und getäuscht.

Dass er als erfahrener Mann in geheimdienstlichen Angelegenheiten eine inzwischen einsetzende Beschattung entdeckt und daraus eine Gefährdung abgeleitet hatte, ist gewiss nicht nur eine Vermutung. Bürger der DDR jedoch, die ihm misstrauten und, wie im VEB Bergmann Borsig, seine Entlassung forderten, traten in keinem Fall auf den Plan. So sehr viele Menschen ihren Zorn auf diesen Mann und seinen Arbeitsbereich abluden, für psychische Bedrohung existierten keinerlei Anzeichen; nein, Schalcks Furcht, die offenbar berechtigt war, richtete sich auf den Umkreis der an der Macht Beteiligten, nicht auf Menschen außerhalb dieses Zirkels. Nun also ließ das MfS Schalck-Golodkowski fallen, und der bekam höllische Angst und fühlte sich vogelfrei.«[48]

## Die Flucht

Schalcks Flucht vollzog sich in Etappen. Nach eigenen Angaben in seinen *Erinnerungen* lief der Vorgang wie folgt ab: Am 2. Dezember früh flog er mit Frau Sigrid nach Stuttgart. Er wollte mit Pfarrer Karl-Heinz Neukamm – Präsident des Diakonischen Werkes der Evangelischen Kirche – sprechen. Worüber?

»An Neukamm hatte mich Schäuble verwiesen, als ich ihm meine persönlich schwierige Lage signalisierte. Als Sigrid und ich am Flughafen Stuttgart eintrafen, empfing uns Neukamm mit den Worten: ›Wo sind denn Ihre Koffer?‹ Meine Frau fragte überrascht zurück: ›Wieso Koffer?‹ Ich sagte dazu nichts. Schäuble scheint damit gerechnet zu haben, dass ich in die Bundesrepublik komme. Für mich war es auch an diesem Morgen noch nicht vorstellbar, die DDR zu verlassen.«

Schalck und Ehefrau flogen zurück nach Berlin, um die Koffer zu packen. Rechtsanwalt Vogel teilte Schalck und seiner Frau am Abend mit: »Ihr habt noch zwei Stunden Zeit, dann werdet ihr verhaftet.« Das war Anlass für Alexander Schalck und seine Frau Sigrid, die DDR unter Nutzung ihrer Diplomatenpässe zu verlassen.

Schalck: »Wortlos fuhren wir zum Grenzübergang Invalidenstraße.

Seit dem 9. November waren die Straßen auch nachts belebt – noch ein ungewohntes Bild für die Hauptstadt der DDR. Natürlich wusste ich, was seit der Öffnung der Grenze auf den Straßen draußen los war. Aber mitten ins Verkehrsgetümmel war ich bis zu diesem Tag nicht geraten. Nun standen wir im Stau. Diese Minuten wurden zu einer Ewigkeit. Dem Grenzposten zeigten wir unsere roten Diplomatenpässe. All die Jahre waren wir durchgewunken worden. Diesmal ging der Grenzoffizier mit den Pässen ins Abfertigungsgebäude. Wir saßen erstarrt im Auto. Die Zeit schien anzuhalten. Bestimmt telefonierte der Offizier. Er musste wissen, wen er vor sich hatte. Die Grenzabfertigung war Sache des MfS. Der Mann kehrte zurück: ›Gute Fahrt!‹ Wir waren im Westen.«

In der Nacht vom 2. zum 3. Dezember 1989 verließ Schalck die DDR. Nach seiner eigenen Einschätzung beging er eine Flucht.

»Als ich in der eiskalten Nacht vom 2. zum 3. Dezember 1989 mit meiner Frau Sigrid zum Grenzübergang Invalidenstraße fuhr, fühlte ich mich von meinem Staat, meiner Partei und dem MfS – dem wir beide angehörten – verlassen. Ich hatte Angst um mein Leben. Für mich war dieser Grenzübergang eine Flucht. Vorausgegangen waren in diesem Herbst 1989 die turbulentesten Wochen meines Lebens. Ich stand mitten im dramatischen Geschehen und konnte kaum glauben, was geschah.«

Schalck und Ehefrau fanden vorläufige Unterkunft bei der Witwe eines Geschäftspartners von KoKo in Westberlin.

»Irgendwann muss ich auch in dieser Nacht weggedämmert sein, denn als ich wach wurde, fand ich einen Zettel von Sigrid: ›Komme bald wieder. Hole Sachen.‹ Ich war außer mir vor Sorge und heilfroh, als sie am späten Vormittag wieder auftauchte. Sie hatte den auf ihren Mädchennamen ausgestellten blauen DDR-Pass benutzt, und man hatte sie nicht erkannt. Sie brachte zwei Koffer mit der nötigsten Kleidung aus unserer Wohnung.«

Höchstes persönliches Risiko, nur um »nötigste Kleidung« aus der Wohnung zu holen?

»Die 11-Uhr-Nachrichten meldeten, dass ich von der DDR-Staatsanwaltschaft zur internationalen Fahndung ausgeschrieben sei. Es war der erste Advent. Gegen Mittag rief ich Wolfgang Schäuble an, schilderte ihm meine Lage und bat um Hilfe. Seine Antwort: ›Vertrauen Sie sich Pfarrer Neukamm an. Er wird sich um Sie kümmern.‹«

Schalck und Ehefrau Sigrid hinterließen einen persönlichen Brief an Hans Modrow.

## Schalcks letzter Brief,
## den er in der DDR schrieb

*Werter Genosse Vorsitzender des Ministerrates, werter Genosse Hans Modrow!*

*Beiliegend übermittle ich Dir einen Brief an Genossen Werner Eberlein, den ich ihm am Montag zustellen werde. Aufgrund meiner Beweggründe bitte ich Dich um Verständnis, daß ich kurzfristig meinen Urlaub antreten möchte. Diese Entscheidung fällt mir unbeschreiblich schwer. Ich fahre nicht in die BRD, nach Westberlin oder NATO-Staaten. Ich bin und möchte Bürger unseres Staates sein und bleiben. Gib mir persönlich die Chance, in geordneten Verhältnissen über fast 40 Jahre im Dienst unseres Staates nachzudenken.*
*Ich verspreche Dir und meinem Staat, daß ich gegenüber niemandem über meine Kenntnisse sprechen werde...*
*In schweren seelischen Belastungen verbleibe ich*

**Alexander Schalck**
**Sigrid Schalck**

Aus: Wolfgang Seiffert/Norbert Trautwein: *Die Schalck-Papiere. DDR-Mafia zwischen Ost und West. Die Beweise.* Wien 1991, S. 41. (Nach Angaben der Autoren sind alle Dokumente authentisch.)

Menschlich ist diese Entscheidung und Verhaltensweise nachvollziehbar. Nicht nur, dass in der Zeit der »Friedlichen Revolution« es durchaus einen Straßenmob gab, der gegen Funktionäre der DDR »Hängt sie auf!« schrie. Auch wurden unter Berufung auf »freie Medien« Pogromstimmungen – hauptsächlich wegen angeblicher oder wirklicher Privilegien – erzeugt und unter Berufung auf die »unabhängige Justiz« mehrere Spitzenfunktionäre der DDR in Haft genommen.

Politisch war die Entscheidung von Alexander Schalck verheerend. Der Mann, der zweifellos das meiste über die wirkliche Verschuldungssituation der DDR hätte aussagen können, stand der DDR nicht mehr zur Verfügung. Stattdessen gab Schalck bereitwilligst oder gezwungenermaßen dem westdeutschen BND umfangreiche Auskunft.

»Schöne Grüße von Wolfgang Schäuble: ›Vertrauen Sie sich dem

BND an. Die sind die einzigen, die Ihnen helfen können. Und vertrauen Sie auf die Rechtsstaatlichkeit.‹ Damit war klar, dass ich mit Unterstützung von den mir bekannten Persönlichkeiten in der Bundesrepublik nicht rechnen konnte. Die Politik gab mich an den Nachrichtendienst weiter. Ich hatte wohl keine andere Wahl mehr. Am 20. Januar traf ich mich zum ersten Mal mit zwei Beamten des BND. Dann begannen anstrengende Wochen. Von Mitte Januar bis März 1990 führte ich etwa 30 Gespräche mit dem BND.

Die Fragen prasselten nur so auf mich ein. Wie steht es um die Verschuldung der DDR? Wie um ihre Produktivität? Welche Kombinate sind erhaltenswert? Welche sollte man stilllegen? Wie ist das Verhältnis der SED zu den anderen Parteien? Kann die DDR noch auf die Hilfe Gorbatschows hoffen? Wer sind die Kräfte um Hans Modrow? Was ist mit Markus Wolf? Augenscheinlich bereitete sich die Bundesregierung auf die Wirtschafts- und Währungsunion vor.«

Schalck kam zu einem bemerkenswerten Urteil über seine BND-Gespräche:»Ich hatte keine Schwierigkeiten, zu antworten. Die historische Situation war für mich eindeutig: Je mehr die Bundesregierung über den sich auflösenden Staat wusste, desto besser für die DDR.«

Das bedeutet: Schalck hatte Anfang 1990, als die Regierung Modrow um das Überleben der DDR kämpfte, diese bereits aufgegeben und hielt es für das Beste, dem BND alle gewünschten Informationen über die DDR und ihre Spitzenkader auszuplaudern.

### Die Stellung von KoKo und Schalck in der DDR-Wirtschaft

Der Bereich Kommerzielle Koordinierung (KoKo) wurde am 1. April 1966 durch Verfügung des Ministerrates gegründet, unterschrieben vom damaligen Ersten Stellvertreter Horst Sindermann. Gemäß dieser Verfügung bestand das Ziel des Bereiches »in der maximalen Erwirtschaftung kapitalistischer Valuten außerhalb des Staatsplanes«. Der Bevollmächtigte dieses Bereiches war (damals) »nur gegenüber dem Minister rechenschaftspflichtig«. Außerdem wurde verfügt: »Der Minister der Finanzen wird beauftragt, zwei Revisoren zu bestätigen …« Nach Aussage des Verantwortlichen für diese »Revisionstätigkeit« wurde diese ab 1974 eingestellt.

Die Gründung des Bereiches KoKo ist auf die Eigeninitiative von Alexander Schalck zurückzuführen, der sich damals als Erster Sekretär der Kreisleitung Außenhandel unterfordert fühlte.

Am 7. Dezember 1966 wurde Alexander Schalck-Golodkowski als Stellvertreter des Ministers für Außenhandel und zum Leiter des Bereiches Kommerzielle Koordinierung berufen. Schalck war 34 Jahre alt. Im gleichen Jahr wurde er »Offizier im besonderen Einsatz« (OibE) im Dienstgrad eines Oberleutnants des Ministeriums für Staatssicherheit. (Dokumente siehe Anlage 4)

Schalck hat sich inhaltlich gewissenhaft und wissenschaftlich mit dieser Aufgabe auseinandergesetzt. Gemeinsam mit Heinz Volpert promovierte er an der Juristischen Hochschule Potsdam im Mai 1970 zum Thema »Die Vermeidung ökonomischer Verluste und zur Erwirtschaftung zusätzlicher Devisen im Bereich Kommerzielle Koordinierung des Ministeriums für Außenwirtschaft der Deutschen Demokratischen Republik«. Ein für Führungskader in der Wirtschaft der DDR nicht untypischer Vorgang. Fast alle Verantwortlichen hatten auf ihrem Fachgebiet studiert, viele davon promoviert. Ein im Vergleich zu heutigen unwissenden Ministern, überwiegend Juristen, die alles können und von nichts was verstehen, nicht zu unterschätzender Leitungsvorteil.

Schalck definierte sein Aufgabengebiet präzise:»Meine Aufgabe bestand nicht darin, Geld zu beschaffen, sondern darin, Devisen für die DDR zu erwirtschaften. Wenn man sich darunter vorstellt, dass wir auf ominösen Wegen Geld abzweigten, ist das naiv und falsch zugleich. Devisen zu erwirtschaften, heißt nichts anderes, als volkswirtschaftliche Ressourcen zu kapitalisieren, d. h. auf den internationalen Märkten ökonomisch wirksam werden zu lassen.«

Der Bereich KoKo unter der Leitung von Schalck entwickelte sich in nicht geahnten Ausmaßen. Nach Schalcks Angaben erwirtschaftete der Bereich von 1966 bis 1989 insgesamt circa 25 Milliarden DM und hatte zuletzt 3.000 Mitarbeiter, darunter 100 Personen in der Berliner Zentrale. Schalck bezeichnete seinen Bereich »als Fremdkörper in der Planwirtschaft der DDR«.

Schalck berichtete:»Tatsächlich erwirtschafteten der Bereich Kommerzielle Koordinierung und die ihm unterstellten Außenhandelsbetriebe zwischen 1967 und 1989 annähernd 26 Milliarden DM. Darüber hinaus ergaben sich aus den Verhandlungen, die ich als Unterhändler Honeckers führte, Zahlungsverpflichtungen der Bundesrepublik an die DDR in einer Höhe von etwa 23 Milliarden DM. Doch wurde die darin enthaltene Transitpauschale für den Zeitraum 1990 bis 1999 in Höhe von ca. 9 Milliarden DM aufgrund der bekannten historischen Entwicklung hinfällig.« Gerhard Schürer kam zu ähnlichen Aussagen.

Der politische Gegner wirft Schalck und KoKo dabei Steuerbetrug, Falschdeklarationen, Antiquitätendiebstahl, Schmuggel, Umgehung der Embargobestimmungen und vieles andere mehr vor, was im System der kapitalistischen Marktwirtschaft zum täglichen Geschäft gehört und gang und gäbe ist.

Die PDS stellte dazu 1994 in einem Material des Deutschen Bundestags fest (Drucksache 12/7650): »Die inkrimierten Methoden der Devisenerwirtschaftung durch die DDR waren sämtlich dem marktwirtschaftlichen Geschäftsgebahren abgeschaut. Die Einrichtung von Briefkastenfirmen in westlichen Steuerparadiesen war ebenso wie die Installation von Vertretergesellschaften schlimmstenfalls dessen phantasievolle Nachahmung.

Alexander Schalck-Golodkowski … oblag die Aufgabe, der DDR durch die virtuose Handhabung kapitalistischer Geschäftstechniken die fiskalischen Mittel für das ›Abenteuer Weltmarkt‹ zu verschaffen. Alexander Schalck-Golodkowski brachte alle charakterlichen Tugenden oder Untugenden für sein Amt mit. Er ist, wie er selbst unumwunden zugibt, ehrgeizig, machtverliebt, gehorsam gegenüber der Obrigkeit, loyal, fleißig, autoritär und ließ im Zweifelsfall den Geschäftszweck über seine moralischen Bedenken siegen. (…) Hätte er im Solde eines großen westdeutschen Konzerns getan, was er für die DDR tat, seine Chancen für den Titel eines Managers des Jahres wären nicht schlecht gewesen.«

Warum sollte ein sozialistischer Staat mit einem geschulten und gewieften Leiter an der Spitze diese Methoden nicht für sich nutzen und aus dem westlichen Kapital so viel wie möglich in die sozialistischen Kassen spülen? Alle juristischen Verfahren gegen Schalck dazu sind mehr oder weniger im Sande verlaufen.

Hinsichtlich einer Kollision mit den Planaufgaben meinte Schürer in seinem Buch: »Ich selbst habe die Arbeit des Bereiches KoKo stets als gute Ergänzung des planmäßigen Außenhandels der DDR und niemals als eine Unterhöhlung oder Störung der staatlichen Planwirtschaft empfunden.

Mitte der 70er Jahre nahmen die Geschäfte eine solche Dimension an, dass sie mit den Planaufgaben kollidierten. Zu diesem Zeitpunkt häuften sich die Stimmen, die sagten, dass der KoKo-Bereich den planmäßigen Wirtschaftsablauf eher störe als unterstütze, obwohl ich bei allen auftretenden Problemen diese These so nicht bestätigen kann.

Ich bin weit davon entfernt, Alexander Schalck-Golodkowski und den Bereich KoKo als eine ideale Lösung für die DDR zu bezeichnen, denn seine ungewöhnlich großen Vollmachten und die direkte Unterstellung unter Honecker und Mittag sowie die Verfügungsgewalt über Devisen gaben ihm und seinen Mitarbeitern einen breiten Handlungsspielraum, den sie, oft ohne nach links oder rechts zu schauen, bis zur

Reizschwelle nutzten. Ich kann auch nicht behaupten, alles zu wissen, was im Bereich KoKo vor sich gegangen ist und was die leitenden Mitarbeiter nach der Wende getan haben. Aber andererseits sehe ich keinen Grund, Schalck-Golodkowski als Sündenbock für alles Negative in der Ecke stehen zu lassen.

In den Jahren engster Zusammenarbeit mit dem Bereich KoKo habe ich Alexander Schalck-Golodkowski als einen immer gut informierten, fairen und außerordentlich fleißigen Menschen erlebt, der für mich der ideale Typ eines Managers war, den man sowohl bei uns als auch unter marktwirtschaftlichen Bedingungen bedenkenlos für höchste Wirtschaftsämter einsetzen konnte. Das betrifft auch und besonders unsere gemeinsame Arbeit in der Arbeitsgruppe Zahlungsbilanz. Seine direkte Unterstellung unter Günter Mittag, der sich in allen wichtigen Fragen der KoKo auf kürzestem Weg mit Erich Honecker abstimmte, gab Schalck-Golodkowski eine große Selbstsicherheit und Autorität. Nicht selten hatte ich auch Ärger und Auseinandersetzungen mit ihm, wenn er prinzipiell und scharf die Meinung von Honecker und Mittag gegenüber der Plankommission vertrat, aber immer ging es dabei um die Sache. In den letzten Jahren der DDR ging Schalck-Golodkowski in wachsendem Maße auf Distanz zu den beiden, und immer offener sprachen wir unter uns über notwendige politische Konsequenzen bis hin zur Notwendigkeit, mit der Bundesrepublik Deutschland eine Konföderation anzustreben.«[49]

### Das Zusammenwirken Mittag/Schalck

Eine völlig andere Position nahm Mittag ein. Es zeugt von seiner Charakterlosigkeit, wenn er nach der Wende, als er erkannte, dass Alexander Schalck zum Sündenbock gestempelt wird, den Versuch unternahm, sich umgehend von diesem zu lösen und jegliche Verantwortung zu leugnen.

Die Aussagen Mittags sind grotesk. Im bereits zitierten *Spiegel*-Interview erklärte er:

»*Spiegel: Wie war denn Ihr Verhältnis zum Stasi-Oberst und Staatssekretär Schalck?*

Mittag: Es wird behauptet, dass die Gesprächspartner von Schalck gewusst haben müssten, dass er von der Staatssicherheit verpflichtet worden sei. Mir war nicht bekannt, dass Schalck ein sogenannter OibE war. Mir war auch nicht bekannt, dass es überhaupt OibEs gab. Mir waren auch keine geheimen Befehle oder andere Anweisungen des Ministers für Staatssicherheit an KoKo bekannt. In der von mir geleiteten

Arbeitsgruppe BRD war Schalck Sekretär, aber da ging es um die Beziehungen zur BRD, nicht um Geschäfte der KoKo.

*Spiegel: Was wussten Sie von Schalcks Geschäften?*

Mittag: Schalck hatte für KoKo die volle persönliche Verantwortung, aber über Einzelheiten wurde ich nicht informiert. Ich konnte ihn nicht kontrollieren, wusste nur, dass er zuletzt 1,5 bis 3 Milliarden an Devisen hereinbrachte.«[50]

In seinem Buch schreibt Mittag: »Schalck leitete den Bereich ›Kommerzielle Koordinierung‹ (KoKo) im Ministerium für Außenhandel in voller persönlicher Verantwortung. Der Bereich KoKo war Teil des Staatsapparates der damaligen DDR. Seine Aufgabenstellung wurde durch Verfügungen des Vorsitzenden des Ministerrates, und zwar durch Stoph, geregelt. Nach Honecker unterstand dieser Bereich Krenz und später Ministerpräsident Modrow. Eine administrative Unterstellung des Bereiches KoKo unter Mittag gab es nicht und damit auch kein Recht auf Kontrolle, auch nicht auf dem Gebiet der Parteiarbeit. Schalck hatte das Recht, weitgehend selbständig zu handeln.«

Schalck sagte zu diesen Behauptungen im Interview:

*Interviewer: Ihr Hauptpartner war Günter Mittag. Waren Sie ihm in den letzten Jahren alleinig unterstellt?*

Schalck:»In den letzten Jahren ist gut! Wir kannten uns ja ungefähr seit dem Zeitpunkt, als KoKo gegründet wurde. Er hat diese Entscheidung mitgetragen und Walter Ulbricht vorgeschlagen, dass ich dort eingesetzt wurde, und seitdem war Mittag der inoffizielle und später der offizielle Chef von mir, eigentlich seit 1967.«

*Interviewer: 1977 wurden Sie persönlich Mittag unterstellt.*

Schalck:»1976! Nein, nein, vorher gibt es schon Dokumente; als er erster Stellvertreter des Ministerpräsidenten war, war ich ihm auch direkt unterstellt. Mittag, behaupte ich, war der dritte Mann im Staat oder der zweite Mann, je nachdem, um welche Fragen es ging.«[51]

Mit Beschluss des Politbüros vom 2. November 1976 wurde der Bereich KoKo dem Mitglied des Politbüros und Sekretär für Wirtschaft direkt unterstellt. Die Abhängigkeit ging so weit, dass Schalck seine daraufhin erlassene interne Dienstanweisung Günter Mittag zur Zustimmung vorlegen musste. Er bekam sie mit dem begehrten *Einverstanden – Mittag* zurück.

Diese Abhängigkeit von Entscheidungen Mittags spiegelte sich auch im praktischen Geschäftsverkehr wider. Schalck legte Mittag Entscheidungsvorschläge vor. Mittag gab Detailinformationen über den Bereich

KoKo an den Generalsekretär weiter. Diese Aussagen sind durch Dokumente und konkrete Anweisungen belegt. (siehe Dokumente Anlage 5)

### Der Strauß-Kredit

Eine besondere Rolle fiel Alexander Schalck bei der Vorbereitung des Strauß-Kredites zu. Auch hier liefen alle Aktivitäten in engster Abstimmung mit Günter Mittag.

Es wird immer wieder gefragt, welche Motive es für die DDR einerseits und gerade für Strauß andererseits für die Vereinbarung eines Milliardenkredites an die DDR gegeben habe, ob und wie dieser Kredit das Überleben der DDR verlängert habe.

Schalck äußerte in einem ARD-Interview: »Der Milliardenkredit hatte eigentlich zwei Funktionen. Aus Sicht der DDR war das sicherlich die Chance, wieder kreditfähig zu werden für die internationalen Banken. Das ist unbestritten. Das war ein Signal der Bundesregierung für die internationale Öffentlichkeit.

Es gab kein Junktim, also keine offizielle vertragliche Verknüpfung des Milliardenkredites mit irgendwelchen Zugeständnissen der DDR. Aber es gab im Vorfeld, gewissermaßen als Vorleistung, eine Art Gesinnungswechsel des DDR-Grenzpersonals. (…) Bereits Wochen vor Unterzeichnung des Milliardenkredites meldeten Bundesgrenzschutz und bayerische Grenzpolizei übereinstimmend, dass in der Behandlung der Reisenden eine Veränderung zu konstatieren sei, und zwar entlang der gesamten Demarkationslinie bis hinauf nach Lübeck.«

Über die Bedeutung des Kredites resümierte er: »Der Gang der Geschichte konnte durch den Milliardenkredit nicht geändert, der Untergang der DDR nicht verhindert, nur aufgehalten werden. Für mich ist das die vielleicht historische Bedeutung, die dem Kredit zukommt: Der Zusammenbruch des sozialistischen deutschen Staates fiel in eine Phase, die ein weltpolitisch günstigeres Klima auszeichnete.«

Fakt ist: Der Milliardenkredit wurde nur in geringem Maße überhaupt in Anspruch genommen. Er wirkte jedoch als wichtiges Zeichen für die internationalen Banken: Die DDR ist nach wie vor kreditwürdig.[52]

Für Strauß galt nach eigenen Angaben als Motivation: »Wer mit Honecker umzugehen versteht, den kann man mit Diffamierungen nicht so leicht in die rechtsradikale Ecke drängen. Meine angestammten und eingefleischten Kritiker taten sich plötzlich schwer, weil das Strauß-Bild nicht mehr in die linke Schublade passte. Dort war ich als weit rechts abgelegt worden, als Feind der Entspannung, als Rüstungspolitiker, als unversöhnlicher Gegner des Ostens.«[53]

Bundesdeutsche Autoren meinen: »Gerade deshalb ist es falsch, Franz Josef Strauß in puncto Milliardenkredit Kurzsichtigkeit vorzuwerfen. Den Milliardenkredit hat er jedenfalls angebahnt, weil er für die Beziehungen zwischen den Menschen in beiden Teilen Deutschlands etwas Gutes wollte. Ein Stück mehr Menschlichkeit und Würde – Dinge, die eigentlich mit Geld nicht zu bezahlen sind. Strauß wollte wohl auch etwas Gutes für sich selbst. Nachdem ihm der höchste Stuhl in Bonn verwehrt geblieben war, nachdem er kaum mehr realistische Aussichten hatte, Hans-Dietrich Genscher aus dem Sattel des Außenministers zu hebeln – in Helmut Kohl hatte er ja keine besonders beflissenen Steigbügelhalter –, wollte Strauß über den Milliardenkredit als kluger und mutiger Taktiker der deutsch-deutschen Beziehungen in die Geschichte eingehen.«[54]

Die eigentliche Motivation offenbarte Strauß – einer der wenigen weitsichtigen und strategisch denkenden deutschen Politiker der Nachkriegszeit – wohl gegenüber seinem Parteikollegen Gerold Tandler: Die DDR muss »von der DM so abhängig werden wie ein Rauschgiftsüchtiger vom Heroin«.[55]

Das Konzept ging offensichtlich auf. Die Warnung des greisen KPdSU-Generalsekretärs Konstantin Tschernenko war berechtigt: »Diese Maßnahmen sind vom Standpunkt der inneren Sicherheit der DDR zweifelhaft und stellen einseitige Zugeständnisse an Bonn dar. Sie erhalten dadurch finanzielle Vorteile, aber in Wirklichkeit sind das scheinbare Vorteile. Hier geht es um zusätzliche finanzielle Abhängigkeiten der DDR von der BRD.«[56]

Die Frage, wozu der medienwirksame Strauß-Kredit eigentlich verwendet wurde, ist schnell beantwortet: Er wurde so gut wie überhaupt nicht angetastet, sondern als »Guthaben der DDR bei westlichen Banken deponiert, die sich damit auf acht Milliarden US-Dollar erhöhten. Mit diesen vergrößerten Guthaben konnte die DDR aber auch ihre gestärkte Bonität unter Beweis stellen und sich dadurch den Zugang zu weiteren westlichen Krediten erleichtern.«[57]

Die Deutsche Bundesbank resümiert: »Die Exportanstrengungen, auch die Bargelderwirtschaftungsgeschäfte, und der damit entstandene Leistungsbilanzüberschuss verschafften der DDR relativ schnell wieder Zugang zu den internationalen Finanzmärkten. Vertrauensbildend haben auch die Kredite der Bundesrepublik (Strauß-Kredite) gewirkt. Die Liquiditätsprobleme der DDR konnten also so gewaltig nicht gewesen sein. Jedoch: Die selbst geschaffenen Abhängigkeiten von westlichen Geldgebern stiegen dadurch weiter an.« (siehe Dokumente Anlage 6)

## Schalcks Gerichtsverfahren

Schalck berichtete in seinem Buch *Deutsch-deutsche Erinnerungen*: »Die Zahl der gegen mich geführten Ermittlungsverfahren schwoll an. Zeitweilig waren es über 50 gleichzeitig, meines Wissens mehr als gegen jeden anderen ehemaligen Staats- und Parteifunktionär der DDR. Mein ganzes berufliches und privates Leben wurde durchleuchtet.

Trotz Prüfung Hunderter KoKo-Konten und Hunderter Auslandskonten, so die Staatsanwaltschaft, hätten sich keine Hinweise darauf ergeben, dass Sigrid und ich nach unserer Flucht noch über Vermögenswerte des Bereichs verfügten oder deren Rückführung unterlassen hätten.

Die Ermittlungen gegen mich liefen weiter. 1994 und 1995 wurden sechs Anklagen erhoben.

**Erster Vorwurf:** Ungenehmigter Bezug von Nachtsichtgeräten und Jagdwaffen aus der Bundesrepublik – Verstoß gegen das Militärregierungsgesetz Nr. 53. 1996 wurde ich dafür vom Landgericht Berlin zu einer Freiheitsstrafe von einem Jahr auf Bewährung verurteilt.

**Zweiter Vorwurf:** Ungenehmigter Bezug von Bauteilen für die Produktion von Mikrochips – Verstoß gegen das Militärregierungsgesetz Nr. 53. Auch dieses Verfahren endete mit einer Verurteilung. Die Freiheitsstrafe aus dem Jagdwaffen-Urteil wurde um vier Monate erweitert. Es blieb bei der Bewährung.

**Dritter Vorwurf:** Ungenehmigter Devisentransfer. Guthaben des Bereichs KoKo, die auf Schweizer Konten zur Erwirtschaftung von Kapitalerträgen angelegt waren, wurden auf meine Veranlassung hin auf eine Westberliner Bank übertragen und von dort für den Bereich ausgezahlt – Verstoß gegen das Militärregierungsgesetz Nr. 53. Das Landgericht Berlin sprach mich von diesem Vorwurf frei.

**Vierter Vorwurf:** Rechtswidrige Bereitstellung von Devisen zur Finanzierung von Westimporten für die Waldsiedlung Wandlitz – Vertrauensmissbrauch und schwere Schädigung sozialistischen Eigentums. Meine Verteidigung: Es gab einen entsprechenden Politbürobeschluss, den ich ausgeführt habe, und von dem ich nicht annehmen konnte, dass er rechtswidrig wäre. So sah es auch das zuständige Landgericht und ließ die Anklage nicht zur Hauptverhandlung zu.

**Fünfter Vorwurf:** Rechtswidrige Bereitstellung von Devisen zur Finanzierung von einzelnen Gebrauchsgegenständen für Mitglieder der Partei- und Staatsführung – Vertrauensmissbrauch und schwere Schädigung sozialistischen Eigentums. Auch hier wurde vom Landgericht die Eröffnung des Hauptverfahrens abgelehnt und die Ablehnung vom Kammergericht bestätigt.

**Sechster Vorwurf:** Steuerhinterziehung in der Bundesrepublik zugunsten der DDR. Die ehemals der DKP nahestehenden Firmen in der Bundesrepublik, deren Anteile von liechtensteinischen Firmen gehalten wurden, die der DDR gehörten, hätten die bei Geschäften mit den DDR-Staatsfirmen anfallenden Provisionen nicht als Betriebsausgaben absetzen dürfen, sondern als Gewinn versteuern müssen. Das Landgericht hat die Eröffnung abgelehnt. Die Beschwerde der Staatsanwaltschaft wurde im Sommer 1999 zurückgewiesen.

Alle übrigen gegen mich geführten Strafverfahren wurden nach mehr oder weniger langen Ermittlungen seitens der Staatsanwaltschaft eingestellt, so dass ich seit dem Sommer 1999 frei von Strafverfolgung bin. Damit ist auch dieses Kapitel meines Lebens beendet.

Es war ein langer Weg, strapaziös, aber auch für mich beeindruckend: das Wechselspiel zwischen Staatsanwalt und Verteidigung, die Unabhängigkeit der Gerichte. So etwas habe ich in der DDR nicht gekannt.«

Der Leser bilde sich sein eigenes Urteil, ob da nicht noch ganz andere »Wechselspiele« gespielt wurden, die außerhalb der »unabhängigen Justiz« angesiedelt waren.

### Die ökonomische Stellung des Bereichs KoKo in der Volkswirtschaft

In einer umfangreichen und akribisch dokumentierten Veröffentlichung stellt der Autor Matthias Judt nachfolgende Entwicklung des »Westhandels der DDR« dar[58]:

Der Anteil des »außerplanmäßigen Außenhandels« (KoKo) am Gesamtumsatz im Westhandel der DDR stieg von 22,9 Prozent (1980) auf 44,8 Prozent (1984). Die Außenwirtschaftstätigkeit im NSW des marktwirtschaftlichen Sektors (KoKo) erreichte somit zeitweilig fast die Höhe des Handels im Rahmen des Staatsplanes. Der Bereich KoKo hatte sich von einem speziellen »Zugeschäft« zu einer dominierenden Größe entwickelt.

**Tabelle 45: Geplanter und sonstiger Westhandel der DDR 1975 bis 1989**
(in Mio. VM, effektive Preise)

| Jahr | Gesamter Westhandel | | | Darunter Planhandel | | | Darunter sonstiger Handel | | |
|------|--------|--------|--------|--------|--------|--------|--------|--------|--------|
| | Export | Import | Saldo | Export | Import | Saldo | Export | Import | Saldo |
| 1975 | 7.790 | 10.463 | −2.673 | 6.658 | 9.188 | −2.530 | 1.132 | 1.275 | −143 |
| 1976 | 9.132 | 13.123 | −3.991 | 7.390 | 10.946 | −3.556 | 1.742 | 2.177 | −435 |
| 1977 | 8.952 | 12.710 | −3.758 | 7.439 | 10.537 | −3.098 | 1.513 | 2.173 | −660 |
| 1978 | 9.526 | 12.294 | −2.768 | 8.125 | 10.539 | −2.414 | 1.401 | 1.755 | −354 |
| 1979 | 10.469 | 14.226 | −3.757 | 8.590 | 11.333 | −2.743 | 1.879 | 2.893 | −1.014 |
| 1980 | 12.824 | 15.463 | −2.673 | 10.532 | 11.677 | −1.145 | 2.292 | 3.786 | −1.494 |
| 1981 | 15.603 | 14.956 | 647 | 12.678 | 11.479 | 1.199 | 2.925 | 3.477 | −552 |
| 1982 | 20.572 | 16.904 | 3.668 | 14.906 | 10.985 | 3.921 | 5.666 | 5.919 | −253 |
| 1983 | 22.000 | 18.916 | 3.084 | 13.963 | 10.722 | 3.241 | 8.037 | 8.194 | −157 |
| 1984 | 24.737 | 20.897 | 3.840 | 15.143 | 10.061 | 5.082 | 9.594 | 10.836 | −1.242 |
| 1985 | 23.649 | 18.709 | 4.940 | 15.858 | 10.094 | 5.764 | 7.791 | 8.615 | −824 |
| 1986 | 19.460 | 18.587 | 873 | 14.284 | 12.665 | 1.619 | 5.176 | 5.922 | −746 |
| 1987 | 17.472 | 18.506 | −1.034 | 12.743 | 12.374 | 369 | 4.729 | 6.132 | −1.403 |
| 1988 | 16.108 | 18.078 | −1.970 | 11.526 | 11.080 | 446 | 4.582 | 6.998 | −2.416 |
| 1989* | 17.500 | 19.400 | −1.900 | | | | | | |

* gerundet

*Zusammengestellt und berechnet nach: (für 1982 bis 1988) »Zur Entwicklung der Ex- und Importe insgesamt, einschließlich der sonstigen Ex- und Importe«, in: SAPMO-BA, DY 30 (hier Abteilung Planung und Finanzen), Nr. 7073, o. Bl., (für 1989): Lösch/Plötz 1994, S. 114f.*

Aus: Matthias Judt: *KoKo – Mythos und Realität. Das Imperium des Alexander Schalck-Golodkowski.* edition berolina, Berlin 2015, S. 232.

Matthias Judt hebt hervor: »Markant ist, dass die Importüberschüsse im Westhandel ausschließlich im ungeplanten Außenhandel erwirtschaftet wurden. Im geplanten Außenhandel hingegen wurden zumindest in einigen Jahren mehr Ex- als Importe realisiert.«[59]

Er leitet daraus die Fragestellung ab: »Wenn die erneut wachsenden Importüberschüsse als wesentliche Ursache für die erneut steigende Westverschuldung identifiziert werden, dann könnte daraus der Schluss gezogen werden, dass die im Wesentlichen im Auftrag von und/oder durch KoKo realisierten Außenhandelsgeschäfte der DDR eher geschadet als genutzt haben. (...) (Daraus) könnte die Einschätzung folgen, dass der Niedergang der DDR ganz wesentlich Ergebnis der KoKo-Tätigkeit selbst war. (...) (Es) stellt sich angesichts der ungünstigen Bilanz im ungeplanten Außenhandel die Frage, ob KoKo den Niedergang der DDR in den 1980er Jahren nicht sogar gefördert hat.«[60]

Ich meine, diese Fragestellung führt in die Irre. Der »Importüberschuss« des Bereichs KoKo ist in hohem Maße darauf zurückzuführen, dass über diesen Bereich in großem Umfang sogenannte »Kompensationsobjekte« abgewickelt wurden. Der Aufwand für den Import schlug sofort zu Buche. Die Erträge stellten sich erst in späteren Zeiten ein.

Schalck beschrieb die Vorgänge so: »Mit der konsequenten Modernisierung tat sich die DDR-Wirtschaft schwer, KoKo trug aber zu einer Modernisierung zumindest in einzelnen Bereichen bei. Viele Industrieanlagen der ehemaligen DDR, die heute noch in Betrieb sind, wurden mit Hilfe des Bereichs auf dem Weg von sogenannten Industrievereinbarungen, (…) gezielt ausgebaut. Dazu gehörten beispielsweise das Petrolchemische Kombinat in Schwedt, alle Betriebe der chemischen Industrie von Leuna, Buna, Bitterfeld, die metallurgische Industrie, die Leichtindustrie (Möbel und Textilien), der Maschinenbau.

Ob dieser Weg richtig war, darüber mag man geteilter Meinung sein. Das für diese Zwecke benötigte Geld wurde verbraucht und konnte nicht anders eingesetzt werden. Doch dienten diese Leistungen der Modernisierung der DDR-Industrie und der Versorgung mit wichtigen Gütern. Hätte man dies unterlassen sollen?«

Gerhard Beil berichtete: »Allein zwischen 1975 und 1985 haben wir an die 700 Fabriken und Industrieanlagen eingekauft, das war das modernste, was wir kriegen konnten … Die meisten dieser Anlagen – ob Piesteritz, Schwarzheide, Leuna, Schwedt, Eisenhüttenstadt, Torgau – produzieren noch heute.«[61]

Gerhard Schürer bezifferte den Wert dieser Anlagen auf annähernd 50 Milliarden Valutamark, dies entspricht mindestens 200 Milliarden Mark. Alles Schrott der maroden DDR?!

Ich halte dieses Vorgehen – Import von Industrieobjekten gegen Refinanzierung aus diesen Anlagen – nicht nur für richtig, sondern für einen wichtigen Weg, wenn sich sozialistische Staaten zwar moderne Technik aus »dem Westen« aneignen wollen und müssen, aber sich nicht in die Abhängigkeit vom internationalen Finanzkapital begeben wollen. Mit diesen »K-Vorhaben« gelangte die DDR an modernste Technik. Der kapitalistische Partner erhielt jedoch keinerlei Anteile am volkseigenen Vermögen. Der Importwert wurde durch Gegengeschäfte gedeckt. Die folgenschwere Alternative hieße: Auslandsinvestitionen. Die verhängnisvollen Wirkungen für die Volkswirtschaften der betroffenen Länder sind heute weltweit zu »besichtigen«.

Zur Beurteilung des Wirkens von KoKo verbleiben drei Problemfelder:
- Unkontrollierte Unordnung
- Ausplünderung der Staatswirtschaft
- Versteckte Milliarden

### Unkontrollierte Unordnung

Schalck stellte sein Unternehmen hinsichtlich Korrektheit und Kontrolle mit anderen Wirtschaftseinheiten der DDR gleich: »KoKo war keine Geheimorganisation, die Partei- und Staatsführung nicht die Mafia, und Schalck und Mittag waren keine roten Paten. Der ganze KoKo-Kosmos – die Berliner Zentrale und unsere Firmen – wurden kontrolliert, und zwar mit der Gründlichkeit der deutschen Bürokratie.

Die ehemaligen Vermögenswerte von KoKo, die bei der Wiedervereinigung noch bestanden, sind in den Haushalt der Bundesrepublik geflossen. Solange ich Leiter des Bereichs war, ist kein Pfennig davon verschwunden.

Diese Überprüfung ging so akribisch und genau vonstatten wie in der Bundesrepublik eine Wirtschaftsprüfung: Kontrolliert wurden Bilanzen und Konten. Darüber hinaus musste ich persönlich als Leiter des Bereichs Kommerzielle Koordinierung Günter Mittag jedes Jahr einen umfassenden schriftlichen Bericht vorlegen. Dieser enthielt Übersichten:
1. über alle Einnahmen des Bereichs,
2. über die Abführungen an die Zahlungsbilanz der DDR/an das Finanzministerium,
3. über die wechselnden Schwerpunkte der Aktivitäten.

Außerdem erstellte die Berliner Zentrale jährlich einen internen Finanzstatus, d. h. eine Übersicht über die vorhandenen Vermögenswerte.«

Diese Darstellungen sind unwahr. Das Imperium KoKo war seit 1974 einer normalen staatlichen Kontrolle entzogen. Erst unter der Regierung Modrow erging ein spezieller Auftrag an die Staatliche Finanzrevision, diesen Zustand zu beseitigen. Es erfolgte in der Zeit vom 2. Januar bis 9. Februar 1990 eine erstmalig durchgeführte Finanzrevision im Hause Schalck. Der Bericht der Finanzrevision liegt vor.

Hinsichtlich der Kontrollmöglichkeiten wird im Bericht festgestellt: »Es wird erstmalig eine Finanzrevision durchgeführt. (…) Die staatliche Finanzrevision hat bisher (nur) die dem Bereich unterstellten Außenhandelsbetriebe … geprüft.«

Die Ergebnisse der Prüfung in der KoKo-Zentrale sind haarsträubend. In einer Zeit, in welcher im »normalen Staatswesen der DDR« strengste Sparsamkeitsbeschlüsse vorlagen und der Verbrauch von Kaf-

fee limitiert wurde, wurde im Bereich KoKo in unvorstellbarer Leicht-
fertigkeit mit Geld – vorrangig Devisen – umgegangen.

Die Revisoren treffen folgende Gesamteinschätzung (Auszug Dokument Anlage 7):

»Im Bereich KoKo wurden grundlegende Rechtsvorschriften zur
Rechnungsführung und Statistik nicht angewandt. (…) Aus den Prüfungsfeststellungen ist ersichtlich, dass mit Geld außerordentlich leichtfertig und fahrlässig umgegangen wurde, wodurch Manipulation und
persönliche Bereicherung nicht auszuschließen sind. Das im Bereich
KoKo ausgeprägte System der Geheimhaltung führte dazu, dass Leiter
und Mitarbeiter kaum einer Kontrolle unterlagen und in hohem Maße
über die Finanzen allein entschieden.

Die besondere Stellung des Bereiches KoKo in der Außenwirtschaft
und der damit verbundenen Befugnisse führten auch zur Inanspruchnahme und Gewährung von Privilegien. Dabei wurde nach eigenem
Ermessen entschieden und bestehendes Recht nicht beachtet. (…)

Die Prüfung im Bereich KoKo wurde erheblich erschwert, weil weder für den Gesamtbereich noch für die einzelnen Hauptabteilungen
und Abteilungen Arbeitsordnungen, innerbetriebliche Weisungen mit
eindeutigen Festlegungen zu Rechnungsführung und Statistik, Verant-
wortlichkeiten, Befugnisse vorliegen. Eine in sich geschlossene Rechnungsführung für den Betrieb gibt es nicht. (…) Die einzelnen Zah-
lungsvorgänge waren in einer Reihe von Fällen nicht durch
ordnungsgemäße Belege dokumentiert, aus denen der Zahlungsgrund
und die Rechtmäßigkeit der Zahlungen zweifelsfrei ersichtlich sind. (…)
Bei einer Reihe von Konten im In- und Ausland waren Herr Dr. Schalck
und Herr Seidel einzeln zeichnungsberechtigt.«[62]

Es werden massenhaft Vorgänge dargelegt, die die »Unkontrollierte
Unordnung« belegen. Seit dem Jahr 1985 gab es bei der Schweizer Bank
für Handel und Effekten, Zürich, ein Depotkonto, für das DDR-seitig nur
Schalck und dessen Ehefrau sowie Stellvertreter Seidel zeichnungsberechtigt waren. Einzahlungen: 1988 35,5 Millionen VM, 1989 14,4 Millionen VM. Am 25. Januar 1990 wurde im Stahlblechschrank bei KoKo ein
Pappkarton mit 123.488,15 DM aufgefunden. Von der Firma F. C. Gerlach hat Herr Schalck 1989 gegen formlose Quittungen insgesamt 17 Millionen DM bar entgegengenommen und so weiter und so fort.

### Wie KoKo die Staatswirtschaft ausbeutete

Der Bericht der Finanzrevision enthüllt auch – und das ist die entscheidende Aussage –, dass vom marktwirtschaftlichen Wirtschaftsbereich

KoKo die planmäßige Staatswirtschaft schamlos ausgeplündert wurde. Er enthüllt des Weiteren, dass zum Zeitpunkt der Existenzfrage der DDR dieser Staatswirtschaft Milliardenbeträge vorenthalten wurden, was den bedingungslosen Anschluss an die BRD entscheidend beförderte.

Bereits im Bericht der Deutschen Bundesbank von 1999 ist die Aussage enthalten, dass KoKo die Staatswirtschaft in Größenordnung mit überhöhten Zinsen belastet hat: »Kredite im Ausland zu beschaffen, war Aufgabe der Banken (zu denen auch das KoKo-Unternehmen Intrac zählte); ... Entsprechend stellten die Banken dem Planbereich Zinsen für die aufgenommenen Auslandskredite in Rechnung, jedoch nicht die tatsächlich an das Ausland gezahlten, sondern – etwa ab Mitte der achtziger Jahre – aus politischen Gründen weit höhere als ihr entsprechender Zinsaufwand. Diese überhöhten Zinsen fanden Eingang in die Zahlungsbilanz für den Planbereich. (…) Der gleichen Verschiebung diente, dass im Planungsstadium in der Bilanz für den Planbereich die für das folgende Jahr erwarteten Zinszahlungen bereits dem Anfangsbestand der Verbindlichkeiten zugeschlagen wurden, wobei die zum Teil weit überhöhten Zinsen angesetzt wurden. Das trug dazu bei, dass sich die Höhe der Auslandsverbindlichkeiten in der Bilanz für den Planbereich von Jahr zu Jahr mehr vom weitaus niedrigeren Niveau der effektiven Auslandsverschuldung entfernte.«

Jedoch damit nicht genug. Die absurde, staatlich geduldete und beförderte ökonomische Selbständigkeit des Bereichs KoKo und seines Leiters wurde so weit getrieben, dass das DDR-Unternehmen KoKo dem Staat DDR als Kreditgeber in Devisen gegenübertrat. Es wurden von Mitte 1985 an mehrere monatsweise abgeschlossene Kreditvereinbarungen über Hunderte Millionen Darlehen gefunden, die KoKo »großzügig« dem Finanzwesen der DDR zur Verfügung stellte – überhöht verzinst, versteht sich.

Der Nominalzins in der BRD lag im Durchschnitt Januar bis September 1985 bei 7,1 Prozent. Schalck verlangte vom DDR-Staat im Durchschnitt das Doppelte – circa 14 Prozent. Und der Staat zahlte, nicht nur einmalig. Belegt ist die Kreditausreichung im Monat Juli 1985: 174,2 Millionen Kreditvergabe – 218,5 Millionen DM Kreditrückzahlung. Es sind entsprechende Vereinbarungen für Folgemonate nachweisbar. Im Monat August 1985 wurde ein Kreditvolumen von 139,4 Millionen VM bei einer Rückzahlungsverpflichtung von 188,5 Millionen VM von KoKo an den Staatshaushalt ausgereicht. Über welchen Gesamtzeitraum und in welcher Gesamthöhe diese Transaktionen stattfanden, konnte nicht geklärt werden.

# K r e d i t v e r e i n b a r u n g

zwischen dem      Ministerium der Finanzen

und dem      Ministerium für Außenhandel

            Bereich Kommerzielle Koordinierung

1. Entsprechend der zentralen Aufgabenstellung werden durch das
Ministerium für Außenhandel, Bereich Kommerzielle Koordinierung,
dem Ministerium der Finanzen im Monat Juli folgende Beträge zur
Verfügung gestellt:

a) 5.000.000,- US-$ = 15,0 Mio VM     am 1. 07. 85   X Koko

b) 12.000.000,- US-$ = 36,0 Mio VM     am 1. 07. 85 x Koko

c) 10.000.000,- DM = 10,0 Mio VM     am 1. 07. 85 X Koko

d) 7.300.000,- US-$ = 21,9 Mio VM     am 15. 07. 85 x Metallurgie

e) 45.000.000,- DM = 45,0 Mio VM     am 19. 07. 85 X Koko

f) 5.000.000,- DM = 5,0 Mio VM     am 22. 07. 85 x Koko

g) 13.766.666,67 US-$ = 41,3 Mio VM     am 29. 07. 85 x Wälzung

              174,2 Mio VM

2. Diese Beträge werden als Kredit ausgereicht und sind wie
folgt rückzahlbar:

a) 5.700.000,- US-$ = 17,1 Mio VM     am 30. 06. 86   Koko

b) 13.680.000,- US-$ = 41,0 Mio VM     am 30. 06. 86   Koko

c) 10.800.000,- DM = 10,8 Mio VM     am 30. 06. 86   Koko

d) 9.198.000,- US-$ = 27,6 Mio VM     am 15. 01. 87   Metallurgie

$e_{1)}$ 3.600.000,- DM = 3,6 Mio VM ·     am 17. 07. 86   Koko

$e_{2)}$ 3.600.000,- DM = 3,6 Mio VM ·     am 16. 07. 87   Koko

$e_{3)}$ 3.600.000,- DM = 3,6 Mio VM ·     am 15. 07. 88   Koko

$e_{4)}$ 5.625.000,- DM = 5,6 Mio VM ·     am 14. 01. 89   Koko

$e_{5)}$ 8.775.000,- DM = 8,8 Mio VM ·     am 13. 07. 89   Koko

Quelle: Bundesarchiv DN 1/38923

Quelle: Bundesarchiv DN 1/38923

### Versteckte Milliarden

Damit gelangen wir zur eigentlichen Problematik. Im Bereich KoKo wurden durch verschiedenste Methoden – darunter auch die Ausplünderung der DDR-Wirtschaft – Devisen- und auch Markreserven für den »Ernstfall« angesammelt. Schalck begründete das so: »Es gab einen Sockel an Vermögenswerten, der nicht angetastet wurde. Diese Reserven wurden in den letzten Jahren vor der Wende auf Geheiß Mittags gezielt aufgestockt, um für den Fall eines drohenden Kreditboykottes der westlichen Banken ein wenig gewappnet zu sein. Sie bestanden zu einem Teil aus Goldreserven (über 21 Tonnen), die im Keller der Berliner Zentrale lagerten, zum Teil aus anderen Geldanlagen in der Schweiz, Österreich und Dänemark, insgesamt ca. 680 Millionen DM. (…) Alle als Staatsreserve auf Konten im Ausland fest angelegten Gelder, soweit sie in meiner Verfügungsgewalt lagen, sind im Dezember 1989 auf meine Veranlassung hin auf Konten der Außenhandelsbank der DDR überwiesen worden.«

Beide Aussagen, sowohl was die Höhe der Reserven betrifft als auch deren Nutzung, sind unwahr. Die Staatliche Finanzrevision stellte Anfang 1990 verfügbare Valutareserven von 8.320,8 Millionen VM (also 8,3 Milliarden VM) fest und vermerkte: »Im Unterschied zu den Vorjahren werden die bestehenden Guthaben nunmehr weitestgehend aufgelöst und zur Verwendung innerhalb der Zahlungsbilanz 1990 bereitgestellt.« (Abb. S. 98)

Auch in Mark der DDR konnten erhebliche Reserven angesammelt, aber erst 1990 aufgelöst werden. Der von der Finanzrevision aufgedeckte Kontenstand betrug 17,9 Milliarden Mark der DDR. Auch dieser ist zu wesentlichen Teilen durch überhöhte Rechnungen für Industrievereinbarungen gegenüber DDR-Staatsbetrieben entstanden. Dabei spielten die Kompensationsobjekte eine entscheidende Rolle.

Auszug aus dem Bericht der Finanzrevision: »Die Erlöse in Mark aus der Realisierung der Importe gemäß Beschluss des ehemaligen Politbüros des ZK der SED vom 28.10.1986 und Folgebeschlüsse 1987 zur Modernisierung und Leistungsentwicklung der Volkswirtschaft wurden auf gesonderten Konten bei der Staatsbank der DDR angesammelt, um später daraus die für die Refinanzierung einzusetzenden Warenfonds zu bezahlen. Die Vollständigkeit der Abführungen der Mark-Erlöse aus den Importen durch die mit dem Import beauftragten AHB wurde unzureichend kontrolliert. Um den fehlenden Betrag auf den Sonderkonten per 31.12.1988 auszugleichen, hat der Bereich Kommerzielle Koordinierung aus seinem Mark-Konto für das Jahr 1988 global insgesamt 93,1 Mio M auf die Sonderkonten abgeführt. Für 1989 soll analog verfahren werden. Der auf diesen Sonderkonten insgesamt ausgewiesene Betrag hat sich von 12.615,8 Mio M per 31.12.1988 auf 22.920,7 Mio M per 31.12.1989 erhöht.«

Die aufgedeckten Bestände in Valuta und Mark wurden gemäß einem Schreiben des Bereichs KoKo vom 30. März 1990 erst im Laufe des Monats April 1990 dem Finanzministerium zugeführt. Für die Regierung Modrow, die am 12. April im Ergebnis der Volkskammerwahlen zurücktrat, waren diese folglich nicht nutzbar.

In einer Rezension zum Schalck-Buch *Deutsch-deutsche Erinnerungen* stellt Manfred Lemaire unter dem Titel »Seine ungenaue Wahrheit« fest: »Die gründliche deutsche Bürokratie der DDR hat bis zu Schalcks Verschwinden nach Westberlin in der Nacht vom 2. zum 3. Dezember 1989 nicht gewusst, dass im Keller seiner Zentrale, Wallstraße 17–22 in Berlin-Mitte, 21.200 kg Feingold lagen, gestapelt in Barren zu je 5 kg. Der Chef der Tresorverwaltung der Staatsbank staunte: Eine solche

```
1. Valutastatus

   Per 31.12.1989 betrug der Kontenstand
   des Bereiches                                   7.263,4 Mio VM
   davon im Ausland        1.580,5 Mio VM
   (teilweise in Festgeld-
   anlagen gebunden)

   Hinzu kommen der an die Staatsbank
   übergebene Bestand von 21,2 t Gold              493,2 Mio VM
   (bewertet zum Einstandspreis)

   sowie ein inzwischen im Ausland aufge-
   löstes Wertpapierdepot plus Zinsen             29,0 Mio VM
   (Überweisung an die DABA veranlaßt)

   Guthaben insgesamt:                            7.785,6 Mio VM

   Zugänge 1990 aus noch nicht abgeführten Gewinnen
   der Unternehmen, Zahlungen aus fälligen Forde-
   rungen sowie aus sonstigen Einnahmen           535,2 Mio VM

   Gesamtbestand verfügbar:                       8.320,8 Mio VM

   Diese hohen Bestände spiegeln die längjährig ange-
   sammelte Liquidität aus erwirtschafteten Handels-,
   Provisions- und Zinserträgen der Außenhandelsunter-
   nehmen des Bereiches sowie die Zins- und Kapital-
   erträge aus Bankguthaben, Festgeld- und Kapital-
   einlagen sowie aus Kreditgewährungen durch den Bereich
   wider.

   Im Unterschied zu den Vorjahren werden die bestehenden
   Guthaben nunmehr weitestgehend aufgelöst und zur Ver-
   wendung innerhalb der Zahlungsbilanz 1990 bereitgestellt.
```

*Dokumentation der Valutareserven des Bereichs KoKo Ende 1989
(Finanzrevision)*

Menge hatte er noch nie gesehen. Der höchste Goldbestand der Staatsbank seit Bestehen der DDR waren 6.000 kg.

Die DDR war überschuldet, bewegte sich der Zahlungsunfähigkeit entgegen. Schalck teilt in seinem Buch mit, dass er von der Bundesrepublik zehn Milliarden DM Kredit erhoffte, um den Bankrott abzuwenden, eine illusionäre Summe. Die Staatskasse war leer, aber der KoKo-Chef hatte für eine halbe Milliarde DM Gold im Keller, und als die offiziellen KoKo-Konten von der Regierung Modrow beschlagnahmt wurden, fand man noch ein Vielfaches: 6,9 Milliarden DM sowie 33,2 Milliarden Mark der DDR – dieser Betrag entsprach fast einem Fünftel der Spareinlagen sämtlicher DDR-Bürger. In Schalcks Erinnerungen existieren diese Summen nicht.

Stolz teilt der Autor mit: ›Wir schafften es, mit unspektakulären Geschäften gutes Geld zu verdienen.‹ Und: Die KoKo-Betriebe ›mussten Gewinne erzielen, überwiegend in kapitalistischen Währungen, aber auch in Mark der DDR‹. Er teilt nicht mit, dass KoKo in Wahrheit mehr als die Hälfte ihrer Einnahmen in der DDR erzielt hat, in der Hauptsache durch saftige Provisionen und überhöhte Zinsen für Importlieferungen an VEB. Er teilt auch nicht mit, wie KoKo schlechtes Geld verdiente, weil immer wieder große Mengen Waren auf westlichen Märkten zu Dumpingpreisen verschleudert wurden, um den Zinsendienst der verschuldeten DDR zu gewährleisten.«[63]

### Schalcks politische Vision: Eine deutsch-deutsche Konföderation

Bei der Aufnahme seiner Tätigkeit als Leiter der KoKo ging Alexander Schalck von folgender Grundeinschätzung aus:»Das allgemeine Ziel der Politiker der imperialistischen Staaten ist und bleibt die Liquidierung der sozialistischen Staaten und die Restaurierung der imperialistischen Ordnung. In der strategischen Zielsetzung sind sich alle imperialistischen Kräfte einschließlich ihrer Erfüllungsgehilfen – der rechten sozialdemokratischen Führungen – völlig einig.« Diese Einschätzung hatte er gemeinsam mit Heinz Volpert in seiner Dissertation vertreten. Trotz dieser Einsichten empfahl Schalck-Golodkowski der Partei- und Staatsführung der DDR die wirtschaftliche Öffnung nach Westen und sich selbst gleichzeitig für die Übernahme höherer Aufgaben. Offenbar glaubte er, mit einigem Geschick den Kapitalismus mit dessen eigenen Waffen schlagen zu können.

Mitte der 1970er-Jahre wurde offenkundig mit dieser Zielstellung eine Arbeitsgruppe BRD/Westberlin beim Politbüro der SED geschaffen. Schalck wurde deren Sekretär.

Offensichtlich im Ergebnis des Wirkens und intensiver Kontakte mit westlichen Politikern und Geschäftsleuten vertrat Schalck die Auffassung, dass nur noch eine enge Zusammenarbeit mit der BRD und letztlich eine Konföderation mit dieser die DDR retten könne: »Irgendwann Anfang der Achtziger gelangte ich zu der Überzeugung, dass wir auf die Dauer wirtschaftlich nur mit Hilfe der Bundesrepublik überleben würden. Und mir war auch klar: Man kann Probleme nur lösen, wenn man sie zuerst einmal beim Namen nennt. Trotzdem habe ich über diese Fragen nur mit einem sehr kleinen Personenkreis gesprochen, vor allem mit Egon Krenz, seit 1983 im Politbüro, mit Wolfgang Junker, dem Bauminister, mit Udo Wange, dem Minister für die Bezirksgeleitete Industrie, und mit Gerhard Schürer, dem Vorsitzenden der Staatlichen Plankommission. In guten Stunden war es auch möglich, mit Günter Mittag und Erich Mielke über die volkswirtschaftliche Realität zu reden. Im Politbüro wurde zu diesen Dingen geschwiegen und der schwarze Peter hin- und hergeschoben.«

---

2. <u>Mark-Status</u>

Per 31.12.1989 betrug der Kontenstand     15.213 Mio M

davon:

objektgebundene Konten für
die Tilgung von Krediten    6.335 Mio M
lfd. Konten      8.878 Mio M

<u>Zugänge</u>

aus Forderungseingängen       + 1.266 Mio M
aus Restabführungen und -gewinnen 1989   + 1.450 Mio M

Zwischensumme Zugänge      + 2.716 Mio M

<u>Verfügbare Summe</u>      17.929 Mio M


<u>Abgänge</u>

Zahlungen Verbindlichkeiten und
Abgrenzungen 1989      4.594 Mio M

Abführungen Staatshaushalt      6.500 Mio M

Rückstellung wegen Abwicklung mit In-
landspartnern aus Liquidation Bereich      300 Mio M

objektgebundene Konten      6.335 Mio M

Zwischensumme Abgänge      17.729 Mio M

Für den Staatshaushalt zusätzlich verfügbar      200 Mio M

Analog     der Valutaseite wird die vorhandene, über Jahre angesammelte Mark-Liquidität damit weitestgehend aufgelöst.

---

*Dokumentation der Markreserven des Bereichs KoKo Ende 1989 (Finanzrevision)*

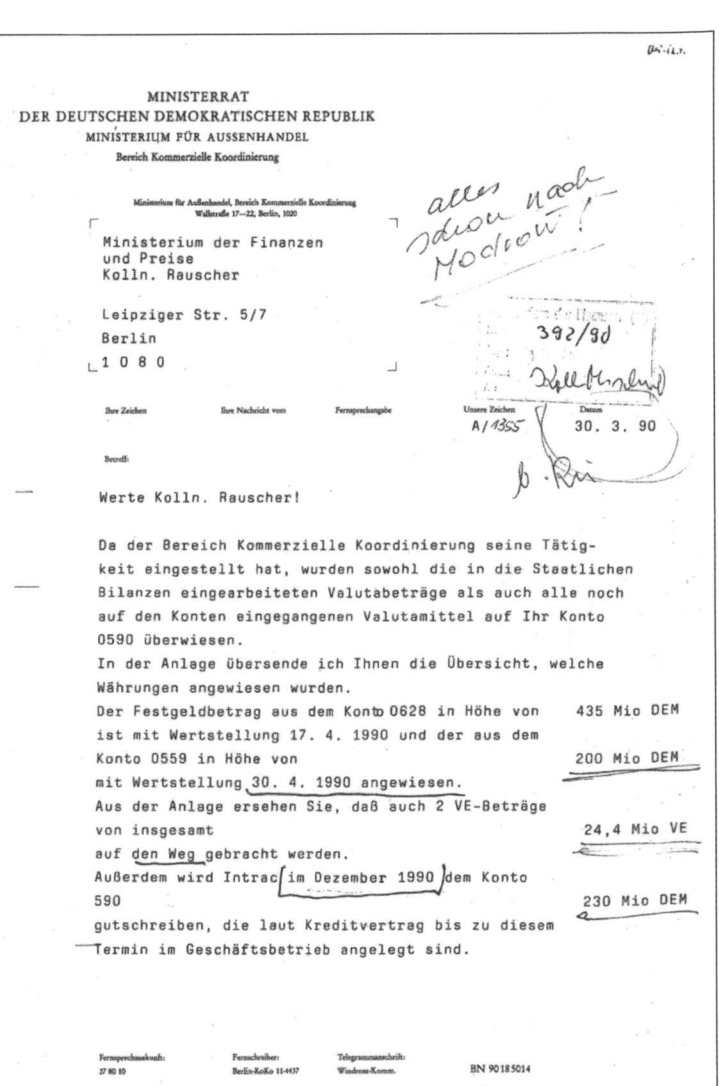

MINISTERRAT
DER DEUTSCHEN DEMOKRATISCHEN REPUBLIK
MINISTERIUM FÜR AUSSENHANDEL
Bereich Kommerzielle Koordinierung

Ministerium für Außenhandel, Bereich Kommerzielle Koordinierung
Wallstraße 17–22, Berlin, 1020

Ministerium der Finanzen
und Preise
Kolln. Rauscher

Leipziger Str. 5/7
Berlin
1 0 8 0

*alles nach Modrow!*

392/90

| Ihre Zeichen | Ihre Nachricht vom | Fernsprechangabe | Unsere Zeichen | Datum |
|---|---|---|---|---|
| | | | A / 1355 | 30. 3. 90 |

Betreff:

Werte Kolln. Rauscher!

Da der Bereich Kommerzielle Koordinierung seine Tätig-
keit eingestellt hat, wurden sowohl die in die Staatlichen
Bilanzen eingearbeiteten Valutabeträge als auch alle noch
auf den Konten eingegangenen Valutamittel auf Ihr Konto
0590 überwiesen.
In der Anlage übersende ich Ihnen die Übersicht, welche
Währungen angewiesen wurden.
Der Festgeldbetrag aus dem Konto 0628 in Höhe von      435 Mio DEM
ist mit Wertstellung 17. 4. 1990 und der aus dem
Konto 0559 in Höhe von         200 Mio DEM
mit Wertstellung 30. 4. 1990 angewiesen.
Aus der Anlage ersehen Sie, daß auch 2 VE-Beträge
von insgesamt      24,4 Mio VE
auf den Weg gebracht werden.
Außerdem wird Intrac im Dezember 1990 dem Konto
590      230 Mio DEM
gutschreiben, die laut Kreditvertrag bis zu diesem
Termin im Geschäftsbetrieb angelegt sind.

| Fernsprechanschluß: | Fernschreiber: | Telegrammanschrift: | |
|---|---|---|---|
| 37 80 10 | Berlin-KoKo 11-4437 | Windrose-Komm. | BN 90 18 5014 |

(741) Ag 101-8356-88/50/3/0

*Brief von KoKo an das Finanzministerium über die Auflösung der Reserven.
Zweiter Teil des Briefs siehe folgende Seite.*

Über die Wendejahre berichtete er: »Ich war auf der Seite von Krenz,
aber alles andere als sicher, dass es überhaupt noch zu schaffen sein
würde, das Blatt zu wenden. An eine ›Wende‹ oder eine ›Politik von

101

Gleichfalls wurden die M-Beträge auf die beiden in
der Anlage aufgeführten Konten angewiesen.
Die Banken wurden gebeten, Eingänge in Valuta bzw.
Mark, die nach Löschung der Konten noch eingehen,
ebenfalls Ihrem Valutakonto 0590 bzw. Markkonto
6666-19-100158 gutzuschreiben.
Dieses Markkonto wurde dem Protokoll der Staatlichen
Finanzrevision entnommen, so wie es dort für die
revidierten Betriebe festgelegt wurde.

Bitte um Kenntnisnahme.

Mit kollegialem Gruß

Anlage

Quelle: Bundesarchiv DN 1/38923

Erneuerung und Kontinuität‹, von der Krenz und andere sprachen,
mochte ich nicht recht glauben. Seit zwei, drei Jahren war mir klar, dass
die DDR unvermeidlich auf eine wirtschaftliche Konföderation mit der
Bundesrepublik zusteuerte. Nur mit der westdeutschen Finanzkraft
konnte die DDR erhalten bleiben. Wohl besser als die meisten meiner
Genossen wusste ich aus Bonn, dass die finanzielle und wirtschaftliche
Unterstützung nur um den Preis tiefgreifender politischer Veränderungen zu haben war. Noch hoffte ich, dass es nicht der Preis der Selbstauf-
gabe sein würde. Krenz dachte im Prinzip ähnlich, machte sich allerdings hinsichtlich der Eigenständigkeit der DDR größere Hoffnungen.
Während die Bonner mit mir über eine Konföderation redeten, hielt er
am Führungsanspruch der SED fest.«

Der Inhalt und die realen Möglichkeiten für eine derartige Konföderation wurden politisch und ökonomisch nie ausgelotet. Sie blieb eine
Fiktion.

Der Historiker Herbert Graf schätzt ein: »Wenn vor allem im Kreis
einiger Wirtschaftsfachleute der DDR in den 80er-Jahren von einer Kooperation mit der Bundesrepublik die Rede war, dann ging es in den
meisten Fällen vorrangig um Überlegungen zu einer verbesserten wirtschaftlichen Zusammenarbeit, kaum um die komplizierte, unerprobte
Konstruktion einer Staatenkonföderation. Schließlich liegen in der Ge-

schichte des modernen Völkerrechtes kaum Erfahrungen für die Bildung und Gestaltung einer Staatenkonföderation vor ... Eine Konföderation zwischen der Bundesrepublik Deutschland und der Deutschen Demokratischen Republik nach dem Prinzip ›Ein Land – zwei Systeme‹ wäre von westlicher Seite keinesfalls akzeptiert worden. Die seit dem 23. Mai 1949 geltende Verfassung der Bundesrepublik sah in Artikel 2 als einzige Lösung für die Zusammenführung deutscher Staaten den Beitritt und die Übernahme des Grundgesetzes der BRD vor.«[64]

So kam es dann bekanntlich. Schalck hatte daran seinen Anteil. Im westlichen Teil dieses vereinigten Deutschlands resümierte er:»Das System des real existierenden Sozialismus hatte nach 40 Jahren abgewirtschaftet und war nicht reformierbar. Die inneren Widersprüche waren unauflöslich. Ich denke an die Diskrepanz zwischen dem politischen Führungsanspruch des Politbüros und seiner Entfremdung von den Realitäten unseres Staates.

Die deutsche Wiedervereinigung war, alles in allem, ein Glücksfall. Zwar hat es nicht wenige Verlierer gegeben, zu denen ich in gewissem Sinne zähle. Doch wesentlich mehr Menschen, und langfristig vor allem den jüngeren, wurde eine Zukunft eröffnet, die sie in der DDR nicht gehabt hätten. Ohne die Bundesrepublik hätte Ostdeutschland mit noch viel größeren wirtschaftlichen Schwierigkeiten zu kämpfen, als es heute der Fall ist. Das zeigt schon ein Blick auf die Situation anderer ehemaliger sozialistischer Länder.

Wäre ich jünger, gesünder und hätte eine andere Biographie, ich würde mich heute sicher für eine unternehmerische Tätigkeit begeistern. Nach unseren Erfahrungen mit der Planwirtschaft kann kein Zweifel daran bestehen, dass die Marktwirtschaft das effizientere System ist. Sie schafft – mit allen Härten – mehr gesellschaftlichen Wohlstand als die staatliche Wohlfahrtspolitik, der wir uns verschrieben hatten. So unvollkommen und fehlerhaft der Sozialismus war, die Idee der sozialen Gerechtigkeit ist deshalb nicht obsolet. Die Idee der sozialen Marktwirtschaft, von der wir früher wenig wussten, finde ich heute überzeugend.«

### Ein (vorläufiges) Resümee

Es wäre unbillig, Menschen, die in komplizierten Entscheidungsprozessen standen, nachträglich besserwisserisch Vorhaltungen darüber zu machen, was sie falsch gemacht haben. Das gilt auch für Alexander Schalck.

In einem Material der PDS im Bundestag ist folgende Einschätzung zu lesen:»Schalck hat große Verdienste für die Entwicklung der DDR.

Seine selbst gewählten und politisch gedeckten Methoden zur Erwirtschaftung von Devisen für sein Land sind weder anrüchig noch strafbar. Sie entsprechen den Gesetzen des Marktes. Ohne seine geschickte Verhandlungsführung mit der Sowjetunion wäre die DDR bereits Anfang der 80er-Jahre im Zusammenhang mit der Kürzung der Ölimporte aus der UdSSR in schwere wirtschaftliche Turbulenzen geraten. Seine Maßnahmen zur Umgehung der Embargopolitik des Westens und zur Entwicklung der Mikroelektronik in der DDR sind hoch anerkennenswert.

Anrüchig und schädlich waren seine Methoden zur Ausplünderung der Wirtschaft der DDR und beim Verschweigen und Blockieren angesammelter erheblicher Devisenreserven. Deren rechtzeitige Offenlegung und Nutzung hätte den Untergang der sozialistischen DDR und den Beitritt zur kapitalistischen BRD sicher nicht verhindert, ihn aber würdevoller und erträglicher gestaltet.

Alexander Schalck-Golodkowski, der eingestandenermaßen die politischen Vorgaben der Staats- und Parteiführung nie zu hinterfragen wagte, hat, obwohl er Gegenteiliges beabsichtigte, den Untergang der DDR mit befördert.«[65]

Ein enger Vertrauter von Schalck schätzte ihn so ein: »Also noch mal: Am Anfang war Schalck ein richtig treuer, überzeugter Kommunist. Der glaubte an den Sozialismus. Dann machte er die KoKo groß und profilierte sich damit. Man kann sagen, was man will: In seiner hemdsärmeligen Art hat er unheimlich Devisen rangebaggert. Je schlechter es der DDR-Wirtschaft ging, umso mehr verdiente die KoKo. (…) Die Einheit hat er ja nicht vorausgesehen. Für ihn war klar, dass erst mal zwei deutsche Staaten weiterbestehen würden. Schalck wollte den sozialistischen Staat aufrechterhalten, aber die kapitalistischen Strukturen, mit denen er selbst so erfolgreich war, auf die gesamte DDR ausweiten. Dann hätte die DDR, wie er glaubte, weiter existieren und funktionieren können. Aber mit Krenz funktionierte das nicht, der war zu wenig durchsetzungsfähig. Auch mit Modrow nicht. Erst allmählich hat Schalck eingesehen, dass eintreten musste, was eigentlich überhaupt nicht in seine Vorstellungskraft passte: die Wiedervereinigung.«[66]

## Gerhard Schürer – Chronist der DDR-Pleite?

Es wird der Rolle Gerhard Schürers keinesfalls gerecht, wenn »Freund« und »Feind« sein Wirken nur mit dem »Schürer«-Bericht vom Oktober 1989 in Zusammenhang bringen. Gerhard Schürer war von 1965 bis 1989 Vorsitzender der Staatlichen Plankommission der DDR und hat in dieser Funktion letztlich die Entwicklung der DDR-Wirtschaft bestimmt. Was andere politisch für richtig und notwendig befanden, musste Gerhard Schürer in machbare Bilanzen und Finanzen umsetzen. Angesichts der politischen Differenzen im Politbüro und seiner eigenen Spannungen zum Sekretär für Wirtschaft, Günter Mittag, kann Gerhard Schürers Wirken für eine stabile Entwicklung der Volkswirtschaft der DDR nicht hoch genug eingeschätzt werden.

Wer Gerhard Schürer kannte, wird auch seiner Selbsteinschätzung zustimmen: »Ich bin überhaupt kein Mensch, der nach Macht oder Einfluss strebt oder danach, etwas Großes zu werden. Überhaupt nicht.«[67]

Egon Krenz traf folgende Einschätzung: »Tatsächlich lag auf seinen Schultern eine erdrückende Last. Er war ja nicht nur für die Planung zuständig, die immer in der Kritik stand … Er blieb sachlich, auch wenn ihn andere ungerecht behandelten. Auf Fragen im Politbüro war er gut vorbereitet, er widersprach, wenn er es besser wusste und ließ sich auch nicht aus der Ruhe bringen, wenn andere rechthaberisch auf ihn einredeten. Ich habe ihn als einen ehrlichen Menschen geschätzt. Wir waren Freunde.«[68]

Man kann sogar von Günter Mittag erfahren: »Jeder hatte seine Forderungen. Schürer stand vor der Situation, dass das Gesundheitswesen kam und sagte, wir brauchen mehr, die Kultur: wir brauchen noch mehr, die Bereiche der nicht-materiellen Produktion wie die Volksbildung: wir brauchen noch-noch mehr. Aber am Wohnungsbau nichts ändern! Militär müssen wir mal sehen, da kriegen wir Ärger mit Moskau … Diese Quadratur des Kreises sollte Schürer dann lösen, und das konnte auch er nicht.« Dann jedoch legt Mittag nach: »Sehen Sie, ich will ja nicht über jemand etwas Schlechtes sagen, aber Schürer hat drei Jahre an der Parteihochschule in der Sowjetunion studiert, und was hat er dort gelernt? Das staatliche Modell von Stalin. Das hat Honecker auch gelernt; er war bloß ein Jahr da, aber das hat auch schon gereicht. Wobei Honecker seine eigenen Vorstellungen vom Sozialismus hatte, das war auch wieder Macht und Ohnmacht. Wenn es um die Bedürfnisse der Bevölkerung ging, sah er zuerst deren Befriedigung – und dann erst die Produktion. Das ist der Punkt, und da ist verantwortlich: Schürer.«[69]

### Der »Schürer«-Bericht

Am 27. Oktober 1989 brachte Gerhard Schürer »seine« inzwischen berühmt-berüchtigte Vorlage in das Politbüro ein. Erich Honecker und Günter Mittag waren am 17. Oktober zurückgetreten. Was bisher weitgehend unbeachtet geblieben ist: Es war nicht die erste Vorlage von Gerhard Schürer zu Grundfragen der Wirtschaftspolitik der DDR.

### Die Vorgeschichte

Bereits im Jahr 1977 hatte er – damals noch gemeinsam mit Günter Mittag – einen Brief zu wirtschaftlichen Grundfragen an Honecker geschrieben. Der Brief blieb unbeantwortet. Es war die letzte gemeinsame Aktivität von Mittag und Schürer gegenüber dem Generalsekretär.

Im Mai 1988 nutzte Gerhard Schürer die krankheitsbedingte Abwesenheit Günter Mittags für eine erneute Generaloffensive. Er legte als persönlichen Brief »Überlegungen zur weiteren Arbeit am Volkswirtschaftsplan 1989 und darüber hinaus« vor.

Schürer betonte ausdrücklich, dass es sich nicht um abgestimmte Maßnahmen, sondern um Überlegungen und Vorschläge handeln würde. Er bat den Generalsekretär um ein persönliches Gespräch. Er stellte unter anderem zur Debatte:

- Die Mikroelektronik zwar weiterzuentwickeln, aber keine neuen Betriebe zu bauen.
- Die Investitionen stärker auf die Zulieferindustrie zu konzentrieren.
- Rationelle Energieanwendung, Energieumwandlung und -übertragung zu verstärken.
- Baukapazitäten aus der Hauptstadt in die Bezirke zurückzuführen.
- Gesellschaftliche Konsumtion und insbesondere Investitionen in unproduktiven Bereichen zu verringern.
- Preisstützungen für Erzeugnisse, Tarife und Mieten vernünftig zu senken.
- Maschinenbau und Elektronik zum Hauptträger des NSW-Exportes zu stärken.

Die Mehrheit der vorgeschlagenen Maßnahmen entsprach den Auffassungen Günter Mittags, wie er sie nach der Wende lautstark verkündet hat.

Das Gespräch wurde Gerhard Schürer verwehrt, und ein perfides Spiel setzte ein. Günter Mittag eilte, frisch am zweiten Bein amputiert, in sein Büro und beauftragte die ihm ergebenen Zuträger in seiner

Günter Mittag
Gerhard Schürer

Berlin. 14.3.1977

Generalsekretär des Zentralkomitees der SED
Genossen Erich H o n e c k e r

Berlin

Lieber Genosse Erich Honecker!

Wir haben im Zusammenhang mit der Entwicklung der Volkswirtschaft im Jahre 1976 die Situation in der Zahlungsbilanz mit dem NSW umfassend analysiert und dabei die Leistungen im eigenen Lande, die realen Fakten des Handels mit der UdSSR und den anderen RGW-Ländern sowie die Lage im nichtsozialistischem Wirtschaftsgebiet, besonders auf dem Gebiet der konvertierbaren Devisen, tiefgründig und nüchtern eingeschätzt. Wir halten für erforderlich, Dich ohne Verzug über die zugespitzte Situation in der Zahlungsbilanz mit dem NSW zu informieren und Dich um eine interne Beratung zu bitten, auch wenn wir zur Zeit noch keine Schlußfolgerungen formulieren konnten. • • •

Im Jahre 1978 haben wir 11 Mrd. Bargeld aufzubringen, allein um Kredite und Zinsen zurückzuzahlen. Die Bargeldeinnahmen aus unserem Export betragen dagegen 9,3 Mrd. und reichen bereits nicht aus, um neue Importgeschäfte zu finanzieren. Es gibt dennoch keinen Zweifel, daß es uns gelingt, für unsere im Plan enthaltenen Warenimporte und vor allen Dingen auch für die vorgesehenen Kompensationsgeschäfte Kreditgeber zu finden. Wir brauchen aber Finanzkredite, die nicht an Importgeschäfte gebunden sind, um Kredite und Zinsen zurückzahlen zu können.

Auf jeden Fall ist auf der Grundlage Deines Referates auf der Beratung des Sekretariats des Zentralkomitees mit den Ersten Sekretären der Kreisleitungen eine umfassende Exportoffensive in das NSW durchzuführen und zugleich eine entschiedene Importablösung auf der Basis von höchsten Leistungen in Wissenschaft und Technik durchzusetzen, weil nur so der Ausweg zu finden ist. Zugleich aber benötigen wir eine

Überbrückung mit Bargeld, vorwiegend durch die Aufnahme von Finanzkrediten, die jedoch keinesfalls in der Richtung verstanden werden darf, das Problem der Erwirtschaftung des kräftigen Exportüberschusses weiter hinauszuschieben.

Wir werden bemüht sein, erste Gedanken zu Schlußfolgerungen mündlich vorzutragen.

Mit kommunistischem Gruß

Gerhard Schürer
Günter Mittag

Quelle: BA, DE-1/56323.

*Gemeinsamer Brief von Mittag und Schürer an Honecker aus dem Jahr 1977*
Quelle: www.chronik-der-mauer.de/node/178848.

Stabsabteilung Planung und Finanzen mit der Ausarbeitung einer Gegenargumentation. Diese hatte vorrangig zum Inhalt, Gerhard Schürer in kleinkarierter Manier Rechenfehler und Ungenauigkeiten bei wirtschaftlichen Daten »nachzuweisen«.

Den Grundfragen wurde ausgewichen. Die Stellungnahme schloss mit der vernichtenden und schleimerischen Feststellung (Original-Auszug): »Diesen Überlegungen des Genossen Schürer zu folgen würde bedeuten, in einem umfassenden Maße Beschlüsse des VIII. Parteitages und des IX. Parteitages der SED in Frage zu stellen und somit die Einheit von Wirtschafts- und Sozialpolitik. Das Material geht nicht konsequent aus von der ökonomischen Strategie des IX. Parteitages der SED; sie wird überhaupt nicht erwähnt.

Die gesamte Arbeit zeigt, dass es von entscheidender Bedeutung ist, dass der Vorsitzende der Staatlichen Plankommission und alle Mitarbeiter der Staatlichen Plankommission konsequent von den Beschlüssen der Partei ausgehen und sie zur festen Grundlage der Arbeit machen, dass entsprechend den Beschlüssen die Qualität der Arbeit entschieden erhöht wird, die politisch-ideologische Arbeit allseitig entwickelt wird und die fachliche Weiterbildung erfolgt. In der Staatlichen Plankommission sind 2.000 Mitarbeiter beschäftigt, darunter 1.768 Genossen.

Die Konzentration der Arbeit auf die Durchführung der Einheit von Wirtschafts- und Sozialpolitik erfordert, Vorschläge zu unterbreiten, wie die gesamte Arbeit in Zukunft organisiert und so gestaltet wird, wie das in den Orientierungen im Referat des Generalsekretärs des ZK der SED, Genossen Erich Honecker, in der Beratung mit den 1. Kreissekretären am 12. Februar 1988 zum Ausdruck kommt.«

Diese Stellungnahme der Abteilung Planung und Finanzen des ZK – Mittags direkt unterstellte wichtigste und hörige Abteilung – mit dem Schürer-Brief als Anlage wurde mit Anschreiben des Generalsekretärs dem Politbüro vorgelegt. Damit war die Sache entschieden. Dem Ministerrat wurden die Dokumente zur gehorsamen Absegnung übergeben. Keine Hand regte sich, kein Wort zur Unterstützung Gerhard Schürers fiel im Politbüro oder Ministerrat. Mittag hatte sich aus machtpolitischen Gründen wider besseres Wissen durchgesetzt.

Siegfried Wenzel resümierte: »Diese Politbüro-Vorlage von Herrn Schürer vom Mai 1988, die Mittag als einen grundlegenden Angriff gegen die Beschlüsse des VIII. und X. Parteitages qualifiziert hat, wurde komischerweise nicht nur den Politbüromitgliedern übergeben, und zwar das Material von Schürer und die Antwort von Mittag darauf, sondern auch im Ministerrat verteilt. Da haben wir gesagt, das muss irgendeiner nicht voll übersehen haben. Wenn einem solch großen Kreis von Leuten ein solches Material mit mindestens zehn Punkten des Angriffs gegen die aktuelle Wirtschaftspolitik vorgelegt wird, da muss doch eine Bewegung entstehen. Da müssen doch mal wenigstens drei Leute sagen, der Mann hat recht, wir müssen ihn unterstützen. Aber da war niemand, der dann aufgetreten ist.«[70]

---

E. Honecker

Berlin, den 4.5.1988

An die Mitglieder und Kandidaten
des Politbüros des ZK der SED

---

Im Zusammenhang mit der Vorbereitung der staatlichen Aufgaben zur Ausarbeitung des Volkswirtschaftsplanes und des Staatshaushaltsplanes für das Jahr 1989 erhielt ich vom Vorsitzenden der Staatlichen Plankommission, Genossen G. Schürer, ein Material, das für mich persönlich bestimmt war.

Da es sich um ein Material handelt, in dem Grundfragen der Politik unserer Partei der Vergangenheit und der Zukunft gehandelt werden, halte ich es für erforderlich, dieses Material im Politbüro zu behandeln.

Entsprechend der Bedeutung dieses Materials für die Ausarbeitung des Volkswirtschaftsplanes 1989 und des Plansatzes für den Fünfjahrplan 1991 - 1995 habe ich eine Prüfung des Materials veranlaßt. Die Ergebnisse dieser Prüfung werden beigefügt.

Gleichzeitig wird im Politbüro die Stellungnahme der Abteilung Planung und Finanzen zu der Vorlage der Genossen G. Schürer und E. Höfner betreffend die „Information und Vorschläge zur Arbeit am Entwurf der staatlichen Aufgaben des Volkswirtschaftsplanes und des Staatshaushaltsplanes 1989" vorgelegt.

Unterschrift
E. Honecker

\*\*\*\*\*\*\*\*\*\*

[Günter Mittag]

Berlin, 3.5.1988

---

*Brief von Generalsekretär Erich Honecker an das Politbüro zum Schürer-Brief 1988*
Quelle: www.chronik-der-mauer.de/material/178880/die-schuerer-mittag-kontroverse-im-sed-politbuero-4-mai-1988.

**Die »Schürer«-Vorlage vom 27. Oktober 1989**

Es gibt kein Dokument aus der DDR, dem 25 Jahre lang so viel Aufmerksamkeit gewidmet wurde wie der »Schürer«-Vorlage für das Politbüro mit dem Titel »Analyse der ökonomischen Lage der DDR mit Schlussfolgerungen«.

Zunächst ist festzuhalten, dass Gerhard Schürer diese Vorlage zwar eingebracht und unterzeichnet hat, aber seine bedeutendsten Miteinbringer Alexander Schalck und Gerhard Beil waren. Es gibt Meinungen von Journalisten, die schlichtweg davon ausgehen, dass diese Vorlage gar nicht von Schürer und seinem Apparat ausgearbeitet wurde, sondern in großen Teilen von Alexander Schalck. Sie meinen, »man liegt wohl nicht falsch, wenn man davon ausgeht, dass Schalck [mit dieser Vorlage, Anm. d. Verf.] die Übertragung der Prinzipien und Strukturen der KoKo auf die gesamte DDR-Wirtschaft vorschwebte«.[71]

Die Vorlage ist inzwischen unzählige Male publiziert worden.[72] Sie wurde und wird bis heute als Dokument der »Pleite der DDR-Wirtschaft« gehandelt. Das Dokument greift viele der Vorschläge aus der »Schürer«-Vorlage von 1988 auf, geht aber weit darüber hinaus. Die »Mittag-Bremse« war gefallen, und die Verfasser sahen die Chance und die Notwendigkeit, der neuen politischen Führung unter Krenz »reinen Wein« einzuschenken.

Die immer wieder kolportierte Kernaussage des Dokuments lautet:

*Es wurde mehr verbraucht als aus eigener Produktion erwirtschaftet zu Lasten der Verschuldung im NSW, die sich von 2 Mrd. VM im Jahre 1970 auf 49 Mrd. VM im Jahre 1989 erhöht hat. (…) Die Lage in der Zahlungsbilanz wird sich nach dem erreichten Arbeitsstand zum Entwurf des Planes 1990 weiter verschärfen … Die Konsequenzen der unmittelbar bevorstehenden Zahlungsunfähigkeit wäre ein Moratorium (Umschuldung), bei der der Internationale Währungsfonds bestimmen würde, was in der DDR zu geschehen hat. Solche Auflagen setzen Untersuchungen des IWF in den betreffenden Ländern zu Fragen der Kostenentwicklung, der Geldstabilität u. ä. voraus. Sie sind mit der Forderung auf Verzicht des Staates, in die Wirtschaft einzugreifen, der Reprivatisierung von Unternehmen, der Einschränkung der Subventionen mit dem Ziel, sie gänzlich abzuschaffen, den Verzicht des Staates, die Importpolitik zu bestimmen, verbunden. Es ist notwendig alles zu tun, damit dieser Weg vermieden wird.*

Diese Aussage über die Höhe der Verschuldung im NSW ist falsch. Nur gut zwei Wochen später, nachdem die Vorlage »Analyse der ökonomischen Lage der DDR« an das SED-Politbüro eingereicht wurde, unterrichtete der Leiter des Bereichs Kommerzielle Koordinierung, Schalck, und die Stellvertretende Finanzministerin – zuständig für Devisen und Mitglied der Arbeitsgruppe Zahlungsbilanz –, Herta König, den »lieben Genossen Schürer« über den ihrer Ansicht nach »tatsächlichen« Schuldenstand der DDR. Dieser läge nur bei etwa 38 Milliarden VM, was nach dem internen Wechselkurs zum US-Dollar 20,6 Milliarden Dollar entspräche. Die DDR verfüge über verdeckte Devisenreserven.

Gerhard Schürer erklärte später vor dem Untersuchungsausschuss des Deutschen Bundestages: »49 Milliarden und sie fragen mich, ob ich heute noch dazu stehe? Die Zahl war schon damals insofern falsch, als die Geheimkonten, die existierten, von mir nicht genannt werden durften. Natürlich kannte ich diese als Chef der Zahlungsbilanzgruppe, aber ich durfte sie aufgrund der Geheimhaltungsbestimmung nicht nennen. Die Schulden beliefen sich damals auf 38 Milliarden und wurden auch im Bericht der Volkskammer mit 20,6 Milliarden Dollar, das ist die Umrechnung der 38 Milliarden, angegeben.

Ich muss übrigens darauf aufmerksam machen, dass es inzwischen ein ausgezeichnetes Material gibt, von einem exzellenten Kenner dieser ganzen Materie, von Herrn Dr. Arnim Volze, der als Ministerialrat a. D. in der Bundesregierung gearbeitet hat und in seinen zusammenfassenden Rechnungen auf eine Verschuldung der DDR von 13 bis 14 Milliarden Dollar im Jahr 1990 kommt. Es existierten auch zu diesem Zeitpunkt noch Teile des Schalck-Vermögens, das von uns als Devisenausländer behandelt werden musste. Wir durften das nicht in unsere Bilanzen aufnehmen und was so inzwischen realisiert worden ist und in die Berechnung eingegangen ist.«

In Kenntnis dieser Aussage erheben sich Fragen. Wenn Gerhard Schürer die Geheimkonten kannte, sie aber nicht nennen durfte – was beides sicher zutrifft –, welche Möglichkeiten hatte er dann für »seine« Vorlage?

Möglichkeit 1: Alexander Schalck dazu bringen, die Geheimkonten preiszugeben.

Möglichkeit 2: Wenn das nicht durchsetzbar war, einen persönlichen Hinweis einbringen, dass derartige Geheimkonten existieren und nur Schalck das Recht hat, darüber zu informieren. Der Druck auf Schalck wäre von Schürer auf das Politbüro übergegangen.

Möglichkeit 3: Eine Vorlage, die substanziell falsch ist, nicht unterschreiben.

Gerhard Schürer hat, aus welchen Gründen auch immer, keine dieser Möglichkeiten gewählt und gravierend falsche Aussagen zur Verschuldungssituation der DDR mit seiner Unterschrift dem Politbüro und der neuen Führung unter Krenz und Modrow vorgelegt. Die Wirkung war und ist bis heute verheerend.

Die Problematik ist weiterreichend. Es geht nicht nur um eine »Verschuldungslüge«, es geht offensichtlich um ein anderes Gesamtkonzept. Die Vorlage sah als entscheidenden, letztlich einzigen Ausweg aus der Lage vor:

*Es ist ein konstruktives Konzept der Zusammenarbeit mit der BRD und mit anderen kapitalistischen Ländern, wie Frankreich, Österreich, Japan, die an einer Stärkung der DDR als politisches Gegengewicht zur BRD interessiert sind, auszuarbeiten und zu verhandeln.*

---

Wirtschaftl. Gesamtrechnung
und Plankoordinierung
Eingang 30. Okt. 1980
GVS
Nr. 647

Gerhard Schürer                    Berlin, 30. Oktober 1989
Gerhard Beil
Alexander Schalck                  36. Ex., je 24 Blatt
Ernst Höfner                       37. Ex.,    24 Blatt
Arno Donda


              V o r l a g e
    für das Politbüro des Zentralkomitees der SED

Betreff:               Analyse der ökonomischen Lage der
                       DDR mit Schlußfolgerungen

Beschlußentwurf:       1. Der Analyse der ökonomischen Lage
                          der DDR mit Schlußfolgerungen wird
                          zur Kenntnis genommen; den Schluß-
                          folgerungen wird zugestimmt.

                       2. Die Analyse und die Schlußfolgerungen
                          sind in ausgewogener Form dem Entwurf
                          der Rede des Generalsekretärs,
                          Genossen Egon Krenz, für die 10. Tagung
                          des ZK zugrunde zu legen.


                          Gerhard Schürer


Zur Behandlung der     Gerhard Schürer
Vorlage sind einzu-    Gerhard Beil
laden:                 Alexander Schalck
                       Ernst Höfner
                       Arno Donda

---

*Deckblatt der »Schürer«-Vorlage vom 30. Oktober 1989*

## IV.

Auch wenn alle diese Maßnahmen in hoher Dringlichkeit und Qualität durchgeführt werden, ist der im Abschnitt I dargelegte, für die Zahlungsfähigkeit der DDR erforderliche NSW-Exportüberschuß nicht sicherbar.

1985 wäre das noch mit großen Anstrengungen möglich gewesen. Heute besteht diese Chance nicht mehr. Allein ein Stoppen der Verschuldung würde im Jahre 1990 eine Senkung des Lebensstandards um 25-30% erfordern und die DDR unregierbar machen. Selbst wenn das der Bevölkerung zugemutet würde, ist das erforderliche exportfähige Endprodukt in dieser Größenordnung nicht aufzubringen.

Aus diesem Grunde wird über die vorgenannten Schlußfolgerungen hinaus folgendes vorgeschlagen:

4. Es ist ein konstruktives Konzept der Zusammenarbeit mit der BRD und mit anderen kapitalistischen Ländern wie Frankreich, Österreich, Japan, die an einer Stärkung der DDR als politisches Gegengewicht zur BRD interessiert sind, auszuarbeiten und zu verhandeln:

a) Im Interesse der Stärkung der produktiven Akkumulation sind alle Formen der Zusammenarbeit mit Konzernen und Firmen der BRD sowie anderen kapitalistischen Ländern zu prüfen mit dem Ziel, mehr Waren für den Außen- und Binnenmarkt aus der Leistungssteigerung bereitzustellen. Die Refinanzierung ist aus diesen Objekten zu gewährleisten, wobei ein ökonomischer Nutzen für die DDR bzw. ein Export auf Drittmärkte ermöglicht werden muß.

b) Die DDR ist interessiert, mit Konzernen und Firmen der BRD und anderen Ländern zu kooperieren, Lizenzen und Technologien zu übernehmen, Leasinggeschäfte durchzuführen sowie die Gestattungsproduktion weiter zu entwickeln, wenn der Aufwand refinanziert und ein Gewinn erreicht werden kann.

c) Zur Modernisierung von mittleren und Kleinbetrieben sowie von Handwerk und Gewerbe, besonders in der Textilindustrie, der Schuhindustrie, Glas- und Keramik-, Lebensmittelindustrie und Nahrungsgüterwirtschaft, deren Produktion unmittelbar versorgungswirksam werden kann, sind Kredite aufzunehmen, die durch Leistungssteigerung dieser Betriebe fristgemäß refinanziert werden.

d) Die DDR ist an der Beratung einiger großer Objekte der Zusammenarbeit auf dem Gebiet der Energie, des Umweltschutzes, der Chemie und anderer Zweige, für die jeweils einzeln intensive Verhandlungen erforderlich sind und deren Realisierung im Interesse beider Partner liegt, interessiert.

e) Zur Erhöhung der Attraktivität des Tourismus aus kapitalistischen Ländern in die DDR sind auf der Grundlage der Refinanzierungsmöglichkeiten weitere Kapazitäten zu rekonstruieren bzw. zu erweitern. Es ist zu prüfen, daß gegenwärtig nicht voll genutzte Kapazitäten, die weder der Bevölkerung noch dem organisierten Tourismus zur Verfügung stehen, teilweise in die Kapazitätserweiterung für den NSW-Tourismus aufgenommen werden.

Es muß mit aller Deutlichkeit darauf hingewiesen werden, daß der Ausweg aus der Lage die Verwirklichung der vorstehend insgesamt dargelegten Maßnahmen zur Veränderung der Wirtschafts- und Gesellschaftspolitik erfordert. Die Vorschläge zur ökonomischen Kooperation mit der BRD und anderen kapitalistischen Ländern sind ohne die in den Abschnitten II und III genannten Maßnahmen nicht durchführbar. Sonst würde ein Eintreten der Zahlungsunfähigkeit nicht vermeidbar sein, sondern beschleunigt werden.

Alle genannten Maßnahmen müssen bereits 1992 zu höheren Valutaeinnahmen für die Sicherung der Liquidität des Staates führen. Trotz dieser Maßnahmen ist es für die Sicherung der Zahlungsfähigkeit 1991 unerläßlich, zum gegebenen Zeitpunkt mit der Regierung der BRD über Finanzkredite in Höhe von 2-3 Mrd. VM über bisherige Kreditlinien hinaus zu verhandeln. Gegebenenfalls ist die Transitpauschale der Jahre 1996-1999 als Sicherheit einzusetzen.

Diese Vorschläge erhöhen die Verschuldung der DDR weiter und stellen ein Risiko dar. Die Verschuldung wird jedoch langfristig und refinanzierbar konzipiert und ist verbunden mit dem Zeitgewinn für die grundsätzliche Änderung der Wirtschaftspolitik der DDR und der Vermeidung eines Diktats des Internationalen Währungsfonds.

*Faksimile: Auszug aus der »Schürer«-Vorlage vom 27.10.1989*

Alexander Schalck       Berlin, 14. November 1989
Herta König


Mitglied des Politbüros
und Vorsitzender der
Staatlichen Plankommission
Genossen Gerhard Schürer


Lieber Genosse Schürer!

Im Zusammenhang mit der Notwendigkeit der Offenlegung
der Verschuldung der DDR haben wir eine Gesamtfassung
aller planmäßigen und außerplanmäßigen Forderungen,
Guthaben und Verbindlichkeiten angefertigt.
Dabei wird deutlich, daß die Dir bisher bekannte Verschuldung tatsächlich um                   12,6 Mrd. VI
geringer ist.
Wir möchten ausdrücklich darauf hinweisen, daß
trotz dieser Differenz im Saldo der Dir bisher
bekannten Verschuldung sich an den Aussagen zur
Liquidität - wie sie von uns bisher getroffen und
den Anforderungen an den Export zugrunde gelegt
worden - nichts verändert. Allen unseren Berechnungen
wurde bereits zugrunde gelegt, daß der Einsatz der rd. 4,1 Mrd
Guthaben erfolgen wird,und bei der Beschaffung der
jährlichen                           8 - 10 Mrd. VI
Kredite durch die Banken ist bereits unterstellt,
daß die                                8,5 Mrd. \
Kreditquellen der DABA auch weiterhin zur Verfügung
stehen.
Anlage                   Mit sozialistischem Gruß

*Schalcks Versprechen: Die Vermögenswerte der KoKo, 4,1 Milliarden
Valutamark, werden für Kredite zum Fortbestand der DDR bereitgestellt*

Schreiben Schalck/König an Schürer vom 14. November 1989
Aus: Wolfgang Seiffert/Norbert Trautwein: *Die Schalck-Papiere. DDR-Mafia
zwischen Ost und West. Die Beweise.* Wien 1991.

Die Autoren der Vorlage stellten fest:

*Diese Vorschläge erhöhen die Verschuldung der DDR weiter und stellen ein Risiko dar.*

Sie vermittelten die Illusion, die schon immer verbreitet wurde: Künftig wird aber alles besser:

*Die Verschuldung wird jedoch langfristig und refinanzierbar konzipiert und ist verbunden mit dem Zeitgewinn für die grundsätzliche Änderung der Wirtschaftspolitik der DDR und der Vermeidung eines Diktats des Internationalen Währungsfonds.*

Die Vorlage zeigte: Die Anhänger der Westannäherung haben sich durchgesetzt. Mit dem Katastrophenszenarium wollten sie diese weiter forcieren. Sie forderten eine »grundsätzliche Änderung der Wirtschaftspolitik« der DDR ein. Das diente den nachfolgenden (Noch)-DDR-Regierungen mehr oder weniger als Blaupause und dem politischen Gegner als Steilvorlage für die Abwicklung der DDR-Wirtschaft.

Nach umfangreichen Recherchen unter Einbeziehung aller Guthaben, insbesondere auf »Schalck-Konten«, wies die Deutsche Bundesbank in einem Abschlussbericht aus dem Jahr 1999 jedoch eine noch wesentlich niedrigere Verschuldung von 19,9 Milliarden VM aus. Unter Einbeziehung dieser Guthaben außerhalb des Planes betrug die (Netto)-Realverschuldung der DDR 1989 circa 700 Dollar je Einwohner der DDR (heute: USA 7.700; Griechenland 20.000). Diese Situation wurde der DDR-Führung vor und nach Honecker verschwiegen.

Die Deutsche Bundesbank erklärte dazu[73]: »Die Schwäche der außenwirtschaftlichen Statistiken der DDR lag darin, dass sie nicht alle Aktivitäten der KoKo-Unternehmen, der Sonderfonds und der Banken außerhalb des Wirtschaftsplanes erschlossen. Dadurch stellte sich für die DDR-Verantwortlichen diese Entwicklung freilich erheblich bedrohlicher dar, da ihnen überhöhte Zahlen der Verschuldung und des Schuldendienstes vorgelegt wurden.«

Der Auftraggeber der Schürer-Analyse, Egon Krenz, wertete den Vorgang so: »Die Idee zu einem ›Kassensturz‹ hatte übrigens Regierungschef Willi Stoph. Er ermunterte mich unmittelbar nach meiner Wahl zum SED-Generalsekretär, von den Verantwortlichen eine ›ungeschminkte Analyse‹ der Wirtschaftslage zu fordern. Es wurde daraufhin eine von Gerhard Schürer und Alexander Schalck geleitete Arbeitsgruppe ins Leben gerufen. Zu ihr gehörten Außenhandelsminister Gerhard Beil, Finanzminister Ernst Höfner, der Leiter der Zentralverwaltung für Statistik Arno Donda und weitere Experten. Das von dieser Gruppe erarbeitete Dokument wurde nach ausführlicher Aussprache im Politbüro bestätigt. Dass Schürer und Schalck von verschiedenen Zahlen ausgingen, war nicht nur ärgerlich, es hat im Herbst 1989 auch meine politische Handlungsfähigkeit stark beeinträchtigt.

Die Daten der Deutschen Bundesbank belegen, dass die Autoren der Analyse 1989 – aus welchen Gründen auch immer – übertrieben haben. Schürer und Genossen hatten sich zwar befreit von der bisherigen Schönfärberei, praktizierten aber nun das Gegenteil: Sie glätteten nicht wie gewohnt, sondern spitzten zu. Dies war, vermute ich, der Absicht geschuldet, die politische Führung zu drängen, keine Zeit mehr zu verlieren.

Weil die tatsächliche Verschuldung der DDR um mehr als die Hälfte niedriger war als dort ausgewiesen, vertreten manche die Auffassung, die Verfasser des Papiers hätten absichtsvoll Panik machen wollen. Andere fragen auch: ›Haben die Autoren mit Absicht den neuen Generalsekretär in die Irre schicken und ihn damit vor eine unlösbare Aufgabe stellen wollen? War dies im Sinne Moskaus? Oder hatten noch andere Dienste ihre Finger im Spiel und spitzten zweckdienlich zu? Wer hat da welchen Zug gemacht?‹ Verschwörungstheorien sind mir zwar nicht fremd, aber ich halte mich lieber an Tatsachen.

Ich kannte die Einreicher der Vorlage persönlich. Auch wenn man niemandem ins Herz blicken kann, unterstelle ich keinem der Verfasser unredliche Absichten«.[74] Diese Aussage wird zu hinterfragen sein.

Die falschen Informationen über eine überhöhte Verschuldung hatten schon vor dem »Schürer«-Bericht falsche wirtschaftspolitische Handlungen zur Folge: Der DDR-Wirtschaft wurde ein NSW-Export »um jeden Preis« verordnet. Wer an der praktischen Wirtschaftsgestaltung der DDR aktiv beteiligt war oder auch »nur« Zeuge einiger Beratungen auf Spitzenebene, musste in der Tat den Eindruck gewinnen, dass die DDR permanent vor der Zahlungsunfähigkeit gegenüber kapitalistischen Ländern stand. Die wenigen einflussreichen Berater des Wirtschaftssekretärs Günter Mittag – sämtlich aus dem Bereich Außenwirtschaft stammend – leisteten »ganze Arbeit« und trimmten die DDR-Wirtschaft in hohem Maße auf Export, immer mehr und immer uneffektiver: gering veredelte Rohstoffe (Erdölprodukte, Chemie, Walzstahl), Konsumgüter und Nahrungsmittel. Angesichts der realen, an heutigen Verhältnissen gemessen geradezu lächerlich geringen Verschuldung, eine unverantwortliche Maßnahme.

Der Autor Matthias Judt meint: »Jeweils ausgestattet mit nicht korrekten (hier eher überzogenen) Angaben zur Verschuldung der DDR musste nämlich eine Gruppe von Spitzenfunktionären befürchten, die jeweilige Lage des Landes sei überaus dramatisch, die Zahlungsfähigkeit der DDR gegenüber westlichen Gläubigern sei ernsthaft und offenbar jederzeit gefährdet.

Möglicherweise hat dieser Eindruck bei ihnen verstärkte Anstrengungen zur Förderung des Exportes in westliche Länder und zur Drosselung von Importen von dort ausgelöst. Gleichzeitig kann das aber bedeuten, dass Entscheidungen mit längerfristigen ›negativen‹ Wirkungen für die Verschuldungssituation, etwa in Bezug auf weitere kreditfinanzierte Importe von Investitionsgütern zur erneuten Modernisierung der DDR-Volkswirtschaft, eher auf die lange Bank geschoben wurden. (…) Ein früherer gezielter Einsatz verdeckter Devisenreserven hätte ganz generell Modernisierungsinvestitionen absichern können, die helfen konnten, in der DDR wieder mehr konkurrenzfähige Produkte für den Weltmarkt zu erzeugen.

Man kann in Bezug auf den Sinn und Zweck der Übergabe unterschiedlicher Informationen innerhalb des Herrschaftsgefüges der DDR nur spekulieren. Viele Autoren interpretieren die Angaben, die im Oktober 1989 an das SED-Politbüro mit dem Analysepapier der fünf Wirtschaftsfunktionäre übermittelt wurden, als den Versuch der Autoren, die neue SED-Spitze zu mutigen Reformen zu bewegen. (…) Ohne die Planwirtschaft in Gänze in Frage zu stellen, stellten die fünf Autoren der Analyse allerdings umfassende Forderungen zu ihrer tiefgreifenden Reform auf, die wesentliche Teile des planwirtschaftlichen Systems faktisch in Frage stellten.«[75]

Da liegt wohl der Hase im Pfeffer! Das »Schürer«-Papier war nicht nur eine falsche Bilanz der tatsächlichen Lage, sondern der mehr oder weniger verdeckte Aufruf zu marktwirtschaftlichen und gesellschaftlichen Veränderungen der DDR.

### Gerhard Schürer und die Konföderation

»Die Sowjetunion als unser Hauptpartner hatte sich zwar eine leistungsfähige Forschungsbasis geschaffen, verbrauchte aber ihre Kräfte im Rüstungswettlauf mit den USA und der NATO. ›Dieser Moloch verschlang alles, was um den Preis harter Arbeit und schonungsloser Ausbeutung eines Produktionsapparates erzielt wurde, der dabei auch noch völlig verschlissen wurde und besonders im Maschinenbau sowie in den extraktiven Industriezweigen einer Modernisierung bedurft hätte‹, schreibt Gorbatschow in seinen *Erinnerungen*.

Versuche der DDR, mit der Bundesrepublik Deutschland und anderen kapitalistischen Ländern Kontakte herzustellen, um auf den Gebieten moderner Technologien zusammenzuarbeiten oder zu kooperieren, wurden in Moskau argwöhnisch betrachtet und führten zu Beginn der 70er Jahre zur Beschuldigung Günter Mittags durch Leonid Breshnew, er sei ein Agent des Westens. Da aber die DDR ohne die Sowjetunion nicht lebensfähig war bzw. nicht allein diese politischen Entscheidungen fällen konnte, bot sich dafür keine Alternative.

Bekannt sind aber die starken Bestrebungen zur Kooperation in der Wirtschaft zwischen der DDR und der Bundesrepublik, die besonders durch Günter Mittag, Alexander Schalck-Golodkowski, Gerhard Beil und mit kräftiger Unterstützung Erich Honeckers forciert wurden.

Obwohl ich von diesen Kontakten mit den westlichen Politikern und Wirtschaftsgrößen prinzipiell mit dem Argument ausgeschlossen war, dass ich mit der UdSSR, dem RGW, den anderen sozialistischen Ländern und den Entwicklungsländern genug zu tun habe, unterstützte ich die Zusammenarbeit und Kooperation mit der Bundesrepublik und den anderen westlichen Industriestaaten, so gut ich es konnte, solange eine Refinanzierung absehbar war. Jene aber, die nur einkaufen und dem Staat überlassen wollten, wie er die Chose bezahlt, fanden in mir nicht den gewünschten Partner.

Ich bin davon überzeugt, wenn beide Seiten die Möglichkeiten der Konföderation zwischen den beiden deutschen Staaten als einen gangbaren Weg angesehen und das gemeinsam der Führung der Sowjetunion vorgetragen hätten, hätte diese vielleicht zögernd und unter bestimmten Bedingungen, letztlich doch zugestimmt.

Als ich in einem vertraulichen Gespräch mit Alexander Schalck-Golodkowski und meinem Stellvertreter Siegfried Wenzel im Mai 1988 über die Möglichkeit der Konföderation mit der Bundesrepublik sprach, war das wahrscheinlich die letzte Chance für einen solchen Weg. Aber auch wir beließen es bei einem ›Gespräch am Kamin‹, weil wir für die Umsetzung keine Möglichkeiten sahen. Die Konföderation als völkerrechtliche Verbindung zweier selbständiger Staaten zum Zwecke eines Schutzbündnisses nach außen, eines Friedensbündnisses nach innen und einer wirtschaftlichen Kooperation hätte wohl am besten den damaligen Bedingungen entsprochen. Mich bewegt noch heute der Gedanke, wie sich der Verlauf der Geschichte wohl gestaltet hätte, wenn Honecker und Mittag im Jahre 1986 ernsthaft eine Konföderation der Deutschen Demokratischen Republik mit der Bundesrepublik angestrebt, offiziell im Politbüro vertreten und mit Beschlussvollmacht verhandelt hätten und nicht Mittag nur darüber ›nachgedacht‹ und, sofern man ihm glauben kann, mit Gerhard Beil und einigen anderen darüber geredet hätte, wie Mittag in seinem Buch *Um jeden Preis* geschrieben hat. Ich bin mir fast sicher, dass es einen für den Einigungsprozess für beide deutsche Staaten sanfteren und für beide Teile Deutschlands erfolgreicheren Weg zu einem auf gesunder Basis vereinten Deutschland gegeben hätte, muss aber die Verantwortung, dass dieses nicht möglich wurde, wohl doch vorwiegend auf unserer Seite und nicht bei den Verantwortlichen der Bundesrepublik suchen.«[76]

### Eine (vorläufige) Wertung

Gerhard Schürer hat das unbestreitbare Verdienst, als Vorsitzender der Staatlichen Plankommission über Jahrzehnte die Volkswirtschaft der DDR gestaltet zu haben. Im Rahmen der Regeln der Sozialistischen Planwirtschaft hatte er die schier unlösbare Aufgabe zu bewältigen, die unterschiedlichsten wirtschaftlichen Interessen und Prioritäten der Politiker »zu bilanzieren«. Das ist ihm im Wesentlichen gelungen. Wer mit ihm zu tun hatte, wird seine unaufgeregte Redlichkeit schätzen. Imponiergehabe und Machtspiele waren ihm fremd.

Von der Riege der führenden Ökonomen der DDR war er wohl einer derjenigen mit den engsten und ehrlichsten Verbindungen zur Sowjetunion. Aber auch er musste spätestens in den achtziger Jahren erkennen, dass das sowjetische Wirtschafts- und Gesellschaftsmodell nicht zukunftsfähig war. Er schloss sich in dieser Zeit mehr oder weniger einer von Mittag gedeckten und geförderten Gruppierung um Schalck und Beil an, die verstärkt Schritte wirtschaftlicher Zusammenarbeit mit westlichen Ländern verfolgte. Er begann, sich mit dem Gedanken einer deutsch-deutschen Konföderation anzufreunden.

Schürer lebte in ökonomischer Dauerfehde mit dem machthaberischen Wirtschaftssekretär Günter Mittag, ohne dass das für Außenstehende immer sichtbar wurde. Nach der Entmachtung Mittags sah er die Möglichkeit gekommen, seine Vorstellungen einer notwendigen anderen Wirtschaftspolitik umzusetzen. Vorrangig mit dieser Motivation unterschrieb er die zugespitzte und in entscheidenden Aussagen der Verschuldung unrichtige Politbüro-Vorlage. Ihm war bekannt – ohne über jede streng geheime Valutareserve Kenntnis zu haben –, dass diese Aussagen falsch waren. Die neue politische Führung unter Egon Krenz und Hans Modrow wurde dadurch auf eine falsche Fährte gehetzt. Er trägt dafür wesentliche Mitverantwortung.

## Gerhard Beil – »nur« Außenhandelsminister?

Gerhard Beil war seit 1968 Staatssekretär im Ministerium für Außenhandel, ab 1977 Mitglied des Ministerrates und von 1986 bis 1990 Minister für Außenhandel der DDR. Erst nach langen Jahren des Schweigens im Jahr 2010 war er bereit, seine Erfahrungen und Einschätzungen für die Öffentlichkeit niederzuschreiben.[77] Die Begründung dafür, die er mir in mehreren persönlichen Gesprächen gab, lautete: »Die sechs Strafverfahren, die die Bundesdeutsche Justiz gegen mich geführt hat, lassen es angeraten erscheinen, lieber zu schweigen.«

In seinem Buch schreibt er dazu: »Ein Jahr nach dem Ende der DDR eröffnete die Justiz der Bundesrepublik auch gegen mich sechs Verfahren. Die BRD, die mit Hilfe der CoCom und ihrem Alleinvertretungsanspruch uns an der Teilhabe an der internationalen Arbeitsteilung und dem wissenschaftlich-technischen Fortschritt hinderte, wodurch uns riesiger materieller Schaden entstand, wollte mich (und andere) dafür bestrafen, weil ich dies hatte verhindern wollen, indem ich meine Aufgaben als Außenhändler erfüllte. Das war nur der Anfang einer Reihe von Strafverfahren, die gegen mich eröffnet wurden.«

Seine politischen Auffassungen am Schluss des Buches sind klar und deutlich. »Die DDR als selbständiger sozialistischer Staat konnte nur mit der Sowjetunion existieren. Man sagt, dass ein Staat mindestens 10 Millionen Menschen zählen und sichere Einnahmequellen – aus wirtschaftlicher Tätigkeit oder aus anderen Verrichtungen – haben muss, um leben zu können. Die DDR mit knapp siebzehn Millionen Bewohnern war dazu aus mehreren Gründen nicht in der Lage. Zu diesen Gründen gehörte die Last der Geschichte, der Kalte Krieg und die nationale Frage, aber eben auch das Faktum, dass der sozialistische Internationalismus mitunter zur Einbahnstraße geriet.

Wir sind nicht als DDR untergegangen, sondern als Teil eines Ganzen, das einem Sozialismusmodell folgte, welches sich in toto als nicht lebensfähig erwies. Inzwischen sind wir alle klüger und wissen, woran es mangelte. Daher sehen wir auch die Gebrechen der jetzigen Gesellschaft schärfer. (…)

Natürlich macht es mich, bei aller Gelassenheit des Alters, die mir durchaus zugewachsen ist, unverändert wütend, wenn ich mir verdeutliche, dass wir eine einzigartige historische Chance, die uns in einem Teil der Welt mit dem kollektiven Sieg über das Hitlerreich gegeben war, derart jämmerlich verspielt haben. Sie wird so nicht wiederkommen. Will ich hoffen, denn der Krieg ist keineswegs verbannt und diese Option ist immer möglich. (…) Der Krieg ist im Kapitalismus immer noch das wirksamste Konjunkturprogramm. Und natürlich auch der Nachkrieg, wenn aufgeräumt werden muss und die Konsumenten wieder konsumieren wollen …

Ich bin von der Lebensfähigkeit der sozialistischen Idee unverändert überzeugt, selbst wenn es augenblicklich so ausschaut, als läge ihre Zukunft bereits hinter ihr. (…) Auch wenn derzeit das Mittelmaß in allen Ländern regiert, wenn die Massen mehrheitlich geduldig den Herrschenden hinterhertrotten, weil sie der Mut und die Zivilcourage verlassen haben, muss und wird das nicht bis zum Ende aller Tage so sein.«

In einem Interview, das Gerhard Beil der Zeitung *Junge Welt* (Sonnabend/Sonntag, 10./11. April 2010, Nr. 83) gab, wird eine interessante Problematik angesprochen: »*Welche innere Position hatten die DDR-Verantwortlichen mit Westkontakten zu deren Spitzen?*

Die Revolution findet im Kopf statt. Ich war mir bei jedem Gespräch bewusst, mit wem ich da verhandelte, was nicht ausschloss, dass ich diesen und jenen Partner menschlich sympathisch fand. Sie werden es gewiss vermuten: Zu manch ehemaligem Konzernboss unterhielt ich nach 1990 noch Kontakte. Dennoch gab es eine klare Grenze, der man sich immer bewusst sein musste. Objektiv vollzogen sie die Geschäfte unseres Gegners, sie waren Vollstrecker eines kollektiven Willens, und der lautete: Die DDR muss weg!

Das, so schien mir, geriet auch manchem Genossen angesichts der inszenierten Freundlichkeit mitunter aus dem Blick. Ich habe Erich Honecker bei allen Staatsbesuchen in die kapitalistischen Länder begleitet. Ich las in seiner Mimik, in seiner Haltung, was in ihm vorging. Ich teilte seinen Stolz, der ihn durchströmte, wenn gekrönte Häupter, Präsidenten und Regierungschefs auf vier Kontinenten ihm direkt oder verklausuliert die Hochachtung zu verstehen gaben, die sie vor dem Land und dessen Leistungen hatten, deren erster Repräsentant er war. Allerdings übersah ich auch nicht, dass es ihm nicht immer gelang, manche diplomatische Höflichkeit als jene Schmeichelei zu durchschauen, als die sie gedacht war.

Aber trotz dieser vernünftigen Wertschätzung durfte man die Interessen der Gegenseite nie aus dem Blick verlieren. Nicht jeder, das sagte ich schon, wollte uns schaden. Aber am Ende stand eben doch die Klassen- und Machtfrage. Und da entschieden sich alle so, wie sie sich nach 1990 entschieden haben. Standesgemäß. Und noch immer wollen sie uns weismachen: Alle Menschen sind Brüder, und Klassen gibt es nicht mehr.«

Im Gegensatz zu manch anderen, die von »gleichberechtigten Partnern« und Vereinbarungen »im gegenseitigen Interesse« sprechen, benennt Gerhard Beil klar die Interessenlage der »Partner«: Klassenkampf zur Vernichtung der DDR und des Sozialismus. Diese im Jahr 2010 getroffene Aussage ist beachtlich. War das politische Handeln der führenden westlich orientierten Politiker in der DDR auch immer davon geprägt?

## Der Versuch einer politischen Gesamtwertung

Wenn man die authentischen Berichte der Hauptakteure der DDR-Wirtschaftspolitik zur Kenntnis nimmt, wenn man die Aussagen mit Dokumenten und Fakten vergleicht, wenn man das Handeln in die historischen Bedingungen einordnet, wenn man aus einer gewissen persönlichen Kenntnis über Charakter und Motive der Handelnden verfügt, ergibt sich doch eine relativ klare Aussage zur Titelfrage: *Wer verkaufte die DDR?* Und: Wurde sie überhaupt »verkauft«?

Die Wurzel liegt nicht allein bei den handelnden Personen. Die Wurzel liegt in der objektiven Bedingung der DDR, die ökonomisch und politisch untrennbar mit der Sowjetunion verbunden war. Wer seine Wirtschaft von vornherein – im Ergebnis des Zweiten Weltkriegs – auf die Belange des »großen Bruders« einzustellen hat, wer seine Rohstoffe vorrangig vom »großen Bruder« bezieht, wer mit diesem annähernd ein Drittel des gesamten Handels abwickelt, wer darüber hinaus politisch voll in ein sozialistisches Lager integriert ist, kann diese Verbindungen bei Strafe des Untergangs nicht kappen. Insofern ist es unbillig, wenn Mittag über eine »Betonfraktion« im Politbüro sinniert, die gerade diese festen Verbindungen wie einen Augapfel hütet.

Eine andere Frage ist, wie der Staat DDR auf die sich eindeutig abzeichnenden ökonomischen und politischen Verfallserscheinungen bei diesem »großen Bruder UdSSR« hätte reagieren sollen und können. Das politische Übel besteht darin, dass es im politischen Führungsgremium – dem Politbüro der SED – zwar Beratungen über die Versorgung mit Senf gegeben hat, aber keine Grundsatzdebatten zur politisch-ökonomischen Ausrichtung des Landes. Die Führungsschwäche des Generalsekretärs, verbunden mit dem Beharrungsvermögen der meist greisen Mitglieder dieses Gremiums, hat es verhindert, rechtzeitig notwendige Weichen zu stellen.

Wenn Mittag und die wenigen »Berater« aus seinem Umfeld, zu denen meines Erachtens Claus Krömke, Schalck und Beil zählten, in dieser Situation zu der Erkenntnis gekommen sind, mit der Sowjetunion kann die DDR ihre Position als entwickeltes Industrieland nicht länger halten, ist das verständlich, legitim und richtig. Bei allem Verständnis für die persönlichen politischen Risiken war es aber falsch, dieses Gedankengut nur im kleinsten, elitären Personenkreis zu diskutieren und viele hochqualifizierte und engagierte Leiter zu Erfüllungsgehilfen und dummen Jungs zu degradieren.

Mit der vorsichtigen, aber zunehmenden Öffnung nach Westen wurden Spitzenkader der DDR – Mittag, Beil, Schalck, aber auch Minister, Generaldirektoren und Außenhändler – zunehmend mit den »Errungenschaften« westlicher Wirtschaft konfrontiert. Auch Mitglieder des Politbüros waren davon nicht ausgenommen.

Die DDR konnte sich ihre geografische und damit politische Lage an der Grenze zur hochgepäppelten Bundesrepublik, deutschsprechend und vielfach verwandtschaftlich »verbandelt«, nicht aussuchen. Die Bürger der DDR – Volk und Führungskräfte – wurden ständig mit den »Errungenschaften« des Westens konfrontiert.

Schalck meinte für die achtziger Jahre: »Dafür dass die Bedürfnisse größer und die Konsumwünsche ausgefallener wurden, gibt es meiner Meinung nach einen einfachen Grund: Die Mitglieder des Politbüros reisten seit Ende der siebziger Jahre häufiger in den Westen als in den Jahrzehnten zuvor. Und das vielseitige Angebot in der Welt des Klassenfeindes löste (auch bei mir und Sigrid) entsprechende Konsumbedürfnisse aus. Gerade die Kinder und die Enkelkinder der Politbüromitglieder entwickelten Begehrlichkeiten nach Computern, Videospielen, Sportkleidung. Die jungen Leute artikulierten immer neue Wünsche.«[78] Natürlich waren diese Wünsche nicht nur auf die Führungskräfte konzentriert.

In der »Mittag-Fraktion« wurde die Diskussion über eine deutsch-deutsche Konföderation als politischer Ausweg geführt. Es wurde offensichtlich nicht zu Ende gedacht, was das sein soll: eine Konföderation zwischen der sozialistischen DDR und der kapitalistischen BRD. Ich bezweifle, dass die hochrangigen Verhandler mit westdeutschen »Partnern« immer klar vor Augen hatten, dass der »Partner« kein Partner, sondern der Gegner ist, der die DDR und das sozialistische Lager liquidieren will, auch oder gerade wenn sie sich smart und eloquent darstellten.

Leitungsorganisatorisch wurde mit der Schaffung des Bereichs KoKo die Grundlage für eine Verselbständigung der Marktwirtschaft in der Planwirtschaft geschaffen. Es ist nicht kritikwürdig, dass es einen Bereich gab, der das westliche Kapital mit dessen eigenen Methoden ausplünderte. Kritikwürdig ist, dass dieser Bereich sich unkontrolliert entwickeln und aufblähen konnte, wodurch marktwirtschaftliche Methoden der finanziellen Unordnung, Bereicherung und Bestechung in diesen Bereich Einzug halten konnten. Kritikwürdig ist, dass dem Leiter dieses Bereichs eine unkontrollierte Machtfülle zugestanden wurde, die dieser nicht nur für die Schaffung von Devisen für das Land, sondern auch zur ständigen eigenen Profilierung und Machtanmaßung missbrauchte.

Verwerflich ist, dass dieser Bereich seine kapitalistischen Methoden zur Bereicherung nicht nur gegen das ausländische Kapital anwandte, sondern auch in erheblichem Umfang gegen die eigene Staatswirtschaft. Nicht zu tolerieren ist, dass dieser Bereich die angehäuften Mittel in der »Stunde der Entscheidung« nicht zum Nutzen des Staates einsetzte, sondern diese verheimlichte und stattdessen in panikmachenden Berichten eine Situation dramatisierte, die so nicht vorhanden war.

So kam es, wie es kommen musste: Konzeptionslos schlitterte die DDR in die politische und ökonomische Krise und Endzeit. In dieser Umbruchsituation sahen sich die westlich ambitionierten Spitzenkader der DDR offensichtlich veranlasst, ihre Vorstellungen zu einer generellen politischen Änderung in der DDR umzusetzen.

In diesem Kontext ist das »Schürer«-Papier zu werten, nicht als Einzeldokument. Es hatte das Ziel, politischen Druck auf die neue Führung unter Egon Krenz und Hans Modrow auszuüben. Es vermittelte den Eindruck, dass die DDR allein finanziell nicht mehr überlebensfähig sei. Mit dieser Diktion wurden wesentliche Milliardenreserven an Valuta- und Markbeträgen verschwiegen. Die direkte Verantwortung dafür trägt Alexander Schalck. Aber man kann Gerhard Schürer und Gerhard Beil und die anderen Miteinreicher nicht völlig von ihrer Verantwortung freisprechen. Es trifft sicher zu, dass sie Einzelheiten in den Geheimkonten von Schalck nicht kannten und auch nicht kennen durften. Dass aber solche existierten, war für sie kein Geheimnis. Sie hätten darauf hinweisen und deren Aufdeckung verlangen müssen.

Eine Rettung der DDR wäre damit nicht zu erreichen gewesen, jedoch ein würdevollerer und zeitlich gestreckter Beitritt zur BRD war verhandelbar. Es ist durchaus eine Groteske, wenn Hans Modrow bei Helmut Kohl um einige Milliarden betteln muss – und natürlich abgewiesen wird – oder Schalck den unmittelbaren Devisenbedarf der DDR mit 10 Milliarden beziffert, und 30 Milliarden VM irgendwo versteckt sind, davon knapp 10 Milliarden VM sofort verfügbar.

Alfred »Ali« Neumann sieht – sicher nicht unbegründet – die Hauptverantwortung für diese Entwicklung beim ersten Mann im Staate, dem Generalsekretär: »Immerhin im Westen wurde Honecker 1987 hofiert. Er fuhr zu Kohl 1987 ohne eine Konzeption. Dabei hatte er selber 1971 festgelegt, dass alle politischen Reisen von Führungskadern nach Westdeutschland nicht ohne Konzeption und ohne anschließenden Bericht erfolgen durften. Er selbst legte für seine Reise weder ein Konzept im Politbüro vor noch gab er anschließend exakt Auskunft darüber, was er in der Bundesrepublik besprochen hatte.

Da er aus dem Saargebiet kam, glaubte er, auch für die Westdeutschen akzeptabel zu sein. Ich weiß nicht, ob er nicht manchmal mit dem Gedanken spielte, einmal Landesvater von beiden Teilen Deutschlands zu werden. Auszuschließen ist gar nichts. Der hatte verrückte Ideen und riss alles an sich. Die Steuerung des politischen Einflusses auf Westdeutschland, die nahm er auch unter seine Kralle.

Nach meiner Überzeugung hatte sich Honecker schon vom Osten ab- und an den Westen angekoppelt. Seine Reise nach Westdeutschland war ein Indiz dafür, dass er sich dem Kommando der Westdeutschen bereits unterordnete.

*Wirklich? Ganz klar.* Die Westdeutschen hatten so viel Fingerspitzengefühl, dass sie ihm nicht die Emaille abkratzten. Man hatte einen ideologischen Burgfrieden geschlossen, warum wohl wollten sie alle mit ihm sprechen. In Berlin und in Bonn.

*Wenn ich deine Andeutungen und Vermutungen richtig verstehe, hat Honecker durch seine Politik in den 80er Jahren die deutsche Einheit vorbereitet?* Wenn ich alles zusammen nehme, hat er gewusst, was er macht. Die Reise nach Bonn war Teil dieser Strategie, die sicher auch anderen bekannt war. Ich staune, wenn ich jetzt höre, welche Aufträge Schalck hatte. Von solchen Aufträgen wusste ich nichts. Schalck saugt sich das bestimmt nicht aus den Fingern.

Die Tätigkeit des Schalck-Untersuchungsausschusses des Bundestages hat dazu geführt, dass die CDU die Akten sperren ließ. 1988 habe es zwischen Schalck und Schäuble Verhandlungen gegeben, wie man zu einer konföderativen Lösung kommen könnte. Solche Gespräche fanden ohne Wissen und Genehmigung durch das Politbüro statt.

*Aber Honecker muss doch davon gewusst haben?* Der hat sie initiiert. Über die Details will ich mit dir nicht sprechen, weil da viel Spekulatives dabei ist. Aber eins sage ich dir: Honecker hat über Jahrzehnte mit Konsequenz auf dieses Ziel hingearbeitet. Alles, was er vorhatte mit der DDR, war Teil eines abgekarteten Spiels. Das ist meine Überzeugung.

1988/89 bemerkte Honecker, dass er die DDR nicht mehr halten könne. Verständlich also, unter diesen Umständen, mit einer gewissen Rest-Stärkeposition, über eine konföderative Lösung zu reden. Angesichts des Umgangs mit Ostdeutschland und den Ostdeutschen seit 1990 wäre das die bessere Lösung gewesen.

Er hat offensichtlich solche Dinge eingeleitet. Wie er das machte, das war ein Verbrechen. Er hätte darüber im Politbüro sprechen müssen. Er hätte sagen müssen: ›Genossen, die Lage ist sehr ernst. Wir müssen gemeinsam überlegen, wie wir da herauskommen.‹«[79]

## Das Erbe der DDR-Wirtschaft – für die Modrow-Regierung unlösbar?

*Hans Modrow will »nicht Marktwirtschaft statt Planwirtschaft«*
Die Regierung Modrow (13. November 1989 bis 12. April 1990) stand vor schier unlösbaren Aufgaben. Die Grenze zur BRD war geöffnet. Teile der Bevölkerung der DDR hatten sich vom System DDR abgewandt. Sie akzeptierten zwar die Person Hans Modrow, hatten aber kein Vertrauen zu einer Führung mit »Altkadern«. Der Einfluss und der Druck des Westens wuchsen. Teils sporadisch, teils gezielt und gesteuert, artikulierten DDR-Bürger zunehmend die Losungen »Wir sind ein Volk«, »Kommt die DM bleiben wir – kommt sie nicht, geh'n wir zu ihr«. Der Strom der »Übersiedler« in den Westen nahm beachtliche Ausmaße an.

Die Regierung wurde gebildet einerseits von Personen, die von der praktischen DDR-Wirtschaft keinerlei Ahnung hatten, aber nun ihre Wirtschaftstheorien in die Praxis umsetzen wollten. Andererseits fühlten sich viele »Altkader« der DDR-Wirtschaft »befreit« vom autoritären Leitungssystem Günter Mittags und den starren Planvorgaben. Sie strebten nach Selbständigkeit, und einflussreiche Köpfe ließen an der Planwirtschaft der DDR kein gutes Haar, belegten in Studien und Analysen die verhängnisvollen Mängel des Wirtschaftssystems, häufig zugespitzt, einseitig, oberflächlich.

Die Situation unter den Führungskadern der Modrow-Regierung war diffus. Hans Modrow spricht von drei Gruppen: Gruppe 1: Altkader aus dem Kabinett Stoph; Gruppe 2: Spezialisten aus der früheren zweiten Reihe; Gruppe 3: Newcomer, die erstmals zentrale Funktionen bekleideten.

Die Wirtschaft der DDR wurde in immer graueren Farbtönen dargestellt. Die Informationsempfänger mussten den Eindruck einer zusammenbrechenden Wirtschaft bekommen. Da die Newcomer kaum über eigene fundierte wirtschaftliche Informationen verfügten, waren diese auf Zuarbeiten der frustrierten »Alteliten« angewiesen. »Wie das Erbe auf wirtschaftlichem Gebiet aussehen würde, davon hatte ich bei meinem Amtsantritt eine vage Vorstellung – oder, besser, eine böse Ahnung. Sie wurde dann aber von der Realität weit, weit übertroffen«, meint Christa Luft.[80]

Viele der »Neuen« wussten sowieso schon immer alles besser und waren glücklich, »nun zum Zuge zu kommen«. Dem Wesen nach drängte alles zur Marktwirtschaft.

## Wie wir in der Metallurgie »Marktwirtschaft« betrieben

Ich bekenne freimütig, dass auch ich in dieser Zeit Vorstellungen hatte, durch stärkere Beachtung marktwirtschaftlicher Elemente in der DDR-Wirtschaft Effektivität zu fördern und Verschwendung zu drosseln. Das entsprach der Auffassung vieler meiner Ökonomen-Kollegen, die das starre Planungssystem und die doktrinäre Administration der Zentrale, insbesondere Mittags Diktat, satthatten.

Das theoretische Rüstzeug für die stärkere Beachtung ökonomischer, auch marktwirtschaftlicher Aspekte in der praktischen Wirtschaftsführung der DDR-Metallurgie hatte ich gemeinsam mit Peter Welzel – Generaldirektor des AHB Metallurgiehandel – in unserer Anfang der 80er-Jahre an der Bergakademie Freiberg verteidigten Dissertation erarbeitet. Es lief darauf hinaus, die »Tonnenideologie« und den »Warenproduktionsfetischismus« in der praktischen Wirtschaftsführung zu überwinden und stärker marktwirtschaftliche Gesichtspunkte in die praktische Wirtschaftsführung einfließen zu lassen. Unsere Vorschläge sahen vor, statt starrer Tonnenpreise, die Preisbildung von Kriterien der Veredlung – leichtere Produkte, Einsparung von Material – abhängig zu gestalten. Dieses Vorhaben wurde mit Unterstützung der Plankommission, dem Amt für Preise und dem Ministerium der Finanzen relativ unbürokratisch in die Tat umgesetzt. Die interne Preisgestaltung und Leistungsstimulierung der Betriebe erfolgte vorrangig nach der »Nettoproduktion« (= Verkaufserlös minus Aufwand an Material/Energie), wobei in die Verkaufserlöse Zuschläge für die Stimulierung der Veredlung in beachtlichem Ausmaße einbezogen wurden.

Der wirtschaftliche Zuwachs konzentrierte sich überwiegend auf die Veredlung zu Lasten der Tonnage und herkömmlichen Warenproduktion.

Ich habe keine einzige Planberatung bei Gerhard Schürer oder seinen Stellvertretern erlebt – in Anwesenheit der anderen zuständigen Ministerien –, in der derartige volkswirtschaftlich vernünftige Vorschläge nicht gebilligt wurden.

Etwas schwieriger und noch nicht praktisch umsetzbar gestaltete sich die theoretisch durchaus begründbare, aber praktisch schwerer handhabbare Berücksichtigung der realen Marktlage bei der Produktionsgestaltung. Es kam durchaus vor, dass metallurgische Erzeugnisse exportiert wurden, die noch nicht einmal den darin enthaltenen Importaufwand für Rohstoffe und Energie deckten. Dafür hatten wir zwar theoretisch vorgesehen, einen »Exportpass« einzuführen, der genau diesen Nachweis führt. Das scheiterte weniger an methodischen, sondern an den bereits dargelegten inhaltlichen Problemen des »Exports um jeden Preis«.

Tabelle 26: Auswirkungen der Stimulierungszuschläge auf Zuwachsraten der Metallurgie 1981/80 in %:

| | Gesamt | davon ohne Stimulierungszuschläge(n) | davon mit Stimulierungszuschläge(n) |
|---|---|---|---|
| Industrielle Warenproduktion | 5,8 | 4,8 | 1,0 |
| Nettoproduktion | 12,3 | 6,9 | 5,4 |
| Grundmaterialkosten je 100 Mark IWP | - 2,2 | - 1,0 | - 1,2 |

Quelle: Blessing/Welzel: »Beitrag zur volkswirtschaftlich optimalen Entwicklung der Schwarzmetallurgie«. Dissertation an der Bergakademie Freiberg, April 1981.

Für die Entwicklung der Metallurgie besonders bedeutungsvoll waren die Aktivitäten des Ministers persönlich und seiner »Technischen Stellvertreter« zur Ausnutzung des nationalen und internationalen Marktes für umfassende technische Erneuerungen in der Metallurgie. Es trifft eben nicht zu, dass sozialistisches Wirtschaften nicht innovativ ist. In der Metallurgie der DDR wurden im Zusammenwirken mit wissenschaftlichen Einrichtungen, insbesondere dem Forschungsinstitut Manfred von Ardenne in Dresden, Neuerungen entwickelt und eingeführt, die Weltneuheiten darstellten: zum Beispiel in Freital das Plasmaschmelzen von Stahl, in Bad Salzungen das Elektronenstrahlbedampfen von Stahlblech zur Einsparung hochwertiger Metalle.

Als Abteilungsleiter Maschinenbau wurde ich bei fast jedem meiner Kombinatsbesuche mit neuen wissenschaftlich-technischen Forschungsergebnissen und Ideen konfrontiert – der FCKW-freie Kühlschrank im Kombinat Haushaltsgeräte, die praktisch unendlich brennende Glühbirne im Kombinat NARVA. Das Problem war nicht, dass es keine Innovationen gab, sondern dass dafür aus den dargelegten Gründen die finanziellen und materiellen Bedingungen häufig nicht zu schaffen waren.

Von besonderer Bedeutung war, den kapitalistischen Markt zur Erneuerung des Produktionsapparates der Metallurgie auszunutzen. Eine Vielzahl hochmoderner Anlagen wurde in den 80er-Jahren aus technisch hochentwickelten Industrieländern wie Japan, Frankreich, BRD, Österreich importiert, die heute noch für den Profit des Kapitals arbeiten. In der Metallurgie in Eisenhüttenstadt, Ilsenburg, Unterwellenborn, Hennigsdorf und anderswo. Wie bereits an anderer Stelle betont, lieferte sich die DDR dadurch aber nicht dem internationalen Kapital aus. Dieses investierte keinen Dollar, Yen, Schilling oder DM, sondern errichtete die Anlagen schlüsselfertig und bekam sie durch DDR-Waren – meist aus der Anlage – bezahlt.

Diese Erfahrungen waren natürlich alles andere als »Marktwirtschaft pur«. Sie waren das Einfließen und Nutzen marktwirtschaftlicher Aspekte in sozialistische Wirtschaftsführung, die durchaus hätten weiter ausgebaut werden können. Niemals und unter keinen Umständen kam es mir und Gleichgesinnten jedoch in den Sinn, dass dafür die Umwandlung metallurgischer Kombinate in private Eigentumsformen – Aktiengesellschaften, GmbHs – notwendig wäre. Nicht daran zu denken war, dass kapitalistische Unternehmen durch »Beteiligungen« ihren Profit durch Ausbeutung der DDR-Werktätigen erzielen könnten. Niemals hätten wir gefordert, dass diese gewaltigen Investitionsvorhaben aus der Eigenerwirtschaftung der Mittel durch die Kombinate zu finanzieren waren, was praktisch unmöglich ist. Unter keinen Umständen hätten wir akzeptiert, dass ausländische Mächte und Finanzinstitutionen darüber zu bestimmen haben, was in der DDR wirtschaftlich und sozial zu machen oder zu unterlassen ist. Eine sozialistische Marktwirtschaft verstand sich für uns als eine Wirtschaft, in der durchaus Elemente und Mechanismen des Marktes – insbesondere das echte Rentabilitätsdenken und -handeln – stärker Einzug halten sollten, aber staatliches Eigentum und staatliche Planung zur Durchsetzung gesamtvolkswirtschaftlicher Maßnahmen zu dominieren hatten.

### Regierungserklärung Modrow: »Wir wollen eine sozialistische Marktwirtschaft«

In ähnliche Grundrichtung ging die am 17. November 1989 von Hans Modrow abgegebene Regierungserklärung. Er erklärte: »Wir bekennen uns zu den Leistungen der Werktätigen in all den vergangenen Jahrzehnten. Immer wieder kommt in diesen Tagen der Wille zum Ausdruck, das in harter Arbeit Geschaffene zu erhalten, nichts aufzugeben, die Mühe all der schweren Jahre nicht in den Rauch zu schreiben. Im Gegenteil – diese Substanz, das große Eigentum des Volkes in der Industrie wie in den anderen Wirtschaftsbereichen, wollen wir nutzen und leistungsfähiger machen.

Aus den Positionspapieren aller politischen Parteien unserer Koalition ist die Übereinstimmung zu entnehmen, dass Wirtschaftsreform nicht Abschaffung der Planung bedeutet. Wohl aber sollte die neue Regierung bei der Wirtschaftsreform sich ebenso deutlich davon leiten lassen, den Markt mit seinen Ware-Geld-Beziehungen zum organischen Bestandteil sozialistischer Planwirtschaft zu machen. Nicht Planung ohne Markt, nicht Marktwirtschaft statt Planwirtschaft.

Die Preise müssen den volkswirtschaftlich begründeten Aufwand widerspiegeln und Druck auf die Kostensenkung ausüben. Der Nettogewinn muss viel mehr zum ›Zünglein an der Waage‹ werden, auf effektive und bedarfsgerechte Produktion lenken.«

Die Regierungserklärung war – wie Modrow berichtete – mit allen Parteien der Koalition und einigen Ministern abgestimmt. Die Arbeitsweise seiner Regierung ließ aber offenkundig keine einheitliche Umsetzung zu. Modrow beschreibt das so: »Das Ergebnis war Unmut, beleidigtes Abwarten, verständnisloser Trotz. Es herrschte eine Atmosphäre zwischen bockigem Gesundbeten und kopfloser Hektik. Genervte Zerstrittenheit, regsam-regloses Getrippel, Forcieren und Blockieren, Vernachlässigung und Dumpfheit, ringsum Gläubige, die ihre Hoffnungen aufgegeben hatten. Die ständigen Sticheleien in der Koalition zeigten: Die Regierung wandelte sich zusehends in eine vibrierende Stressgemeinschaft.«[81]

### Christa Luft will Marktwirtschaft »als historische Errungenschaft der menschlichen Zivilisation« etablieren

Die Diktion der Regierungserklärung mit dem Kernstück einer »marktorientierten Planwirtschaft« entsprach nicht den Vorstellungen seiner Wirtschaftsministerin. Sie wollte mehr. Sie wollte eine voll entfaltete Marktwirtschaft bei Dominanz des Privateigentums.

Christa Luft bekennt: »Gleich den anderen Newcomern im Ministerrat machte ich die erste Bekanntschaft mit der Erklärung des Ministerpräsidenten, als er sie vor der Volkskammer abgab. Es wäre aber bestimmt missdeutet worden und verwirrend gewesen, hätte ich schon kurz nach Amtsübernahme eine der tragenden Formulierungen in der Antrittsrede des Ministerpräsidenten öffentlich in Zweifel gezogen. Persönlich war mir jedoch klar, dass der Akzent einer ›Marktorientierung‹ dem notwendigen grundlegenden Wandel der bisherigen Wirtschaftsordnung der DDR nicht gerecht wurde.

Bei mir hatte sich im Laufe der Jahre die Erkenntnis von der Notwendigkeit eines qualitativ neuen, auf Wettbewerb beruhenden Wirtschaftssystems verdichtet. (…) Der Markt müsste gegenüber seiner bisherigen plakativen Rolle, die ihm der Plan zugestanden hatte, unter einem völlig neuen Aspekt zum Tragen kommen: als historische Errungenschaft der menschlichen Zivilisation. (…)

Jahrzehntelang war von der Propaganda Marktwirtschaft mit Kapitalismus als historisch überlebter Gesellschaftsordnung gleichgesetzt und das Privateigentum an Produktionsmitteln einseitig als Grundlage von Ausbeutung charakterisiert und letztlich diskreditiert worden. (…) Marktwirtschaft bedeutet für mich das Bestehen von Eigentumspluralismus, der ein autonomes, auf hohe ökonomische Effektivität gerichtetes Handeln der Betriebe, Firmen, Unternehmen möglich macht. Sie existiert damit nicht unabhängig von ganz bestimmten Eigentumsformen, darunter von einem leistungsfähigen privaten Sektor und auch dessen Dominanz.

Denn es bedeutete ja, sich kompromisslos zur Chancengleichheit vielfältiger Eigentumsformen zu bekennen, einschließlich der privaten, zum Wettbewerb aller Marktteilnehmer als Grundprinzip des Wirtschaftens, zur Preisbildung im freien Spiel von Angebot und Nachfrage bei Begrenzung der staatlichen Hoheit auf wenige definierte Bereiche, zur außenwirtschaftlichen Öffnung der Volkswirtschaft, also zur Aufhebung des staatlichen Außenhandelsmonopols, zur Konvertierbarkeit der Landeswährung, zur Herausbildung eines Arbeits-, Kapital- und Wohnungsmarktes. Das kam zweifelsohne einer Zäsur, einem vollständigen Bruch mit dem bisherigen Verständnis von Wirtschaftsleitung gleich.

Natürlich bedurfte ich keiner Belehrung, dass Marktwirtschaft ohne Privatisierung nicht zu haben ist. (…) Und natürlich war an den Konditionen für den Verkauf eines Teiles des Staatseigentums an ausländische Interessenten und der günstigsten Art und Weise dafür zu arbeiten. (…) Damit es nicht zu Missverständnissen kommt: Keine Wirtschaftsordnung hat so wie die Marktwirtschaft Kreativität, Individualität, Produktivität gefördert und dazu beigetragen, Bedürfnisse breiter Schichten der Bevölkerung zu befriedigen. Insofern kann es weder um ihre Verunglimpfung noch gar um ihre Überwindung gehen. (…) Dieses System zu beklagen oder abzulehnen, sich ihm zu versagen, ist kein brauchbarer Vorschlag.«

Diese Auffassungen bedeuten Marktwirtschaft pur, verbunden mit der Illusion einer sozialen Abfederung. Sie stehen nicht nur im Widerspruch zur Regierungserklärung, sondern auch zur zu diesem Zeitpunkt noch gültigen Verfassung der DDR und eindeutigen Forderungen des Runden Tisches.

# Verfassung der DDR

## Artikel 10

Das sozialistische Eigentum besteht
als gesamtgesellschaftliches Volkseigentum
als genossenschaftliches Gemeineigentum werktätiger Kollektive sowie
als Eigentum gesellschaftlicher Organisationen der Bürger.

## Artikel 12

(1) Die Bodenschätze, die Bergwerke, Kraftwerke, Talsperren und großen Gewässer, die Naturreichtümer des Festlandssockels, größere Industriebetriebe, Banken und Versicherungseinrichtungen, die volkseigenen Güter, die Verkehrswege, die Transportmittel der Eisenbahn, der Seeschifffahrt sowie der Luftfahrt, die Post- und Fernmeldeanlagen sind Volkseigentum. Privateigentum daran ist unzulässig.

(2) Die Nutzung und Bewirtschaftung des Volkseigentums erfolgt grundsätzlich durch volkseigene Betriebe und staatliche Einrichtungen. Seine Nutzung und Bewirtschaftung kann der Staat durch Verträge genossenschaftlichen oder gesellschaftlichen Organisationen und Vereinigungen übertragen.

## Artikel 13

Die Geräte, Maschinen, Anlagen, Bauten der landwirtschaftlichen, handwerklichen und sonstigen sozialistischen Genossenschaften sowie die Tierbestände der landwirtschaftlichen Produktionsgenossenschaften und das aus genossenschaftlicher Nutzung des Bodens sowie genossenschaftlicher Produktionsmittel erzielte Ergebnis sind genossenschaftliches Eigentum.

## Artikel 14

**(1) Privatwirtschaftliche Vereinigungen zur Begründung wirtschaftlicher Macht sind nicht gestattet.**

Um die Privatisierungen einzuleiten, bedurfte es einer Verfassungsänderung. Durch Gesetz vom 12. Januar 1990 wurde nach Artikel 14 folgender Artikel neu eingefügt:

**Art. 14a (1)** Die Gründung von Unternehmen mit ausländischer Beteiligung durch Kombinate, Betriebe, Einrichtungen, Genossenschaften sowie Handwerker, Gewerbetreibende und andere Bürger ist auf der Grundlage der Gesetze und anderer Rechtsvorschriften zulässig. Die Mitbestimmung der Werktätigen an der Leitung der Unternehmen mit ausländischer Beteiligung wird gewährleistet.

### Die Beratung mit Generaldirektoren

Am 9. Dezember 1989 veranstaltete Hans Modrow gemeinsam mit Christa Luft eine Beratung mit Generaldirektoren. Sichtlich erleichtert vom Mittagschen Kommandostil nahmen diese die Ausführungen des Ministerpräsidenten auf. Die Darlegungen waren jedoch gegenüber der Regierungserklärung bereits verwässert. Nun sprach auch Modrow von einer vollen Entfaltung des Marktes und der Vielfalt der Eigentumsformen. Dankbar nahmen die Generaldirektoren zur Kenntnis, dass ihnen künftig weitreichende Rechte bei der Verwendung ihrer eigenerwirtschafteten Mittel zugestanden werden sollten. Sie erwarteten, nun endlich als »Herrscher ihres Kombinates« entscheiden zu können und nicht nur Befehlsempfänger und Auftragsausführer der Zentrale zu sein.

In dem von Christa Luft vorbereiteten Referat erklärte Modrow: »Die Kernfrage wird sein, dass sich in unserer Wirtschaft ein leistungs- und funktionsfähiger Markt mit voller Entfaltung der Ware-Geld-Beziehung herausbildet. Langfristig vorausschauende Planung ist mit der regulierenden Funktion des Marktes zu verbinden. Für das eigenständige Wirken der Wirtschaftseinheiten mit voller wirtschaftlicher Rechnungsführung sind durch den Staat die gesamtgesellschaftlichen Rahmenbedingungen zu sichern.

Zu den Hauptrichtungen, in denen die Veränderungen weiter zu vollziehen sind, gehören: Entfaltung der Vielfalt der Eigentumsformen unter Berücksichtigung der unterschiedlichen Bedingungen in den verschiedenen Bereichen der Volkswirtschaft.«

Die Reaktionen der Generaldirektoren waren überwiegend zustimmend und positiv. Sie erhofften sich die seit langem ersehnte Eigenverantwortung im wahrsten Sinne für *ihr* Kombinat. Peter Freyer – Generaldirektor des Bau- und Montagekombinates Ost – brachte es auf den Punkt: »Als Generaldirektor will ich für alles, wofür ich Verantwortung trage, die uneingeschränkte Vollmacht haben, um notwendige Entscheidungen treffen zu können.«[82]

Nur wenige legten den Finger in die Wunde und erklärten mehr oder weniger offen, dass vor Regelungsmechanismen inhaltliche Strukturpolitik gehört. Hans-Hermann Gehrcke – Generaldirektor des Kombinates ORSTA-Hydraulik Leipzig – erklärte: »Gewährleistung einer auf den Ressourcen der DDR begründeten Strukturpolitik und Sicherung bzw. Wiederherstellung der proportionalen Entwicklung der Volkswirtschaft als entscheidende zentrale Aufgabe.«

Das wäre in der Tat die entscheidende, aber nicht angepackte, Aufgabe gewesen. Angesichts der Zerfallserscheinungen des sozialistischen

Lagers und der UdSSR hatte die DDR die historische Chance, ihre Industriestruktur von den material- und energieintensiven Strukturen für den Bedarf der UdSSR zu lösen. Ein modernes Produktionsprofil für den Binnen- und Außenmarkt wäre möglich und notwendig gewesen – zweifellos eine schwierige und längerfristige Aufgabe. Die Zeit dafür stand nicht zur Verfügung. Aber der Inhalt hätte an die Spitze einer »Wirtschaftsreform« gehört.

Versuche, vorrangig durch Wirtschaftsmethoden eine Änderung der Grundrichtungen der Wirtschaftspolitik durchzusetzen, waren schon mehrfach gescheitert. Eine strukturelle Umgestaltung einer Volkswirtschaft erfordert ein hohes Maß an zentralisierter Entscheidungsgewalt und eben nicht die Alleinbestimmung durch die Kombinate. Das hatten nach dem Krieg nicht nur sozialistische, sondern auch tiefkapitalistische Länder – wie Japan – durchaus erkannt und entsprechend gehandelt.

### Konzepte für die Marktwirtschaft

Die Entwicklung nahm einen anderen Lauf. Jörg Roesler stellt unter der Überschrift »Auftakt zum Ausverkauf« fest: »Anfang Januar stellte Christa Luft die ersten Ergebnisse der Beratungen im Wirtschaftskabinett ihren dort versammelten Ministerkollegen vor. Darin betonte sie *nicht*, wie noch Modrow in seiner Regierungserklärung, den Bruch mit der zentralistischen Kommandowirtschaft oder ihren Umbau zu einer marktorientierten Planwirtschaft, sondern begründete engagiert den ihrer Meinung nach unvermeidlichen ›Übergang zu einer sozialen Marktwirtschaft mit ökologischer Orientierung‹.

So weit wollten einige der anwesenden Minister nicht gehen und äußerten heftigen Widerspruch. Es gelang der Wirtschaftsministerin, ihre Kritiker davon zu überzeugen, dass sie durchaus auch für Planung im Sinne von langfristiger Vorausschau, strukturpolitischer Konzeptionen und Förderung bestimmter Branchen aus staatlichen Mitteln eintrete. Nach mehrtägiger intensiver und kontroverser Debatte war im Wirtschaftskabinett Konsens erzielt.«[83]

Am 13. Januar 1990 wurde am Institut für Unternehmensführung in Berlin-Rahnsdorf die erste deutsch-deutsche Wirtschaftskonferenz durchgeführt. Christa Luft berichtet darüber: »Ich hatte vor dieser illustren Gesellschaft das Hauptreferat zu halten. Das vollzog sich im Beisein der Medien. Erstmals sprach ich öffentlich von einem notwendigen radikalen Kurswechsel in der Ökonomie. Als Ziel der Modrow-Regierung nannte ich eine Marktwirtschaft, die ökonomisch effizient gestaltet wird und sich als international wettbewerbsfähig erweist, die sozialen und ökonomischen Erfordernissen gleichermaßen Rechnung trägt und zu ständiger Erneuerung fähig ist.

Tyll Necker, der mit einer vorbereiteten Rede gekommen war, meinte, er könne sie nun weglegen. Ratschläge, die er uns hätte geben wollen, habe er zumeist in dem soeben gehörten Vortrag bereits verankert gefunden. Edzard Reuter erklärte den Medien gegenüber, er sei beeindruckt von der Klarheit des Wirtschaftskonzepts.

Ich bin später oft gefragt worden, wie ich mich denn in diesem Kreis von dreißig Männern des Kapitals als einziger Frau gefühlt hätte. Hinter den Männern hätten doch Milliarden, hinter mir aber eine desolate Wirtschaft gestanden.

Es hat mir selber Spaß gemacht. Ich hatte mich zu diesem neuen Konzept durchgerungen, und insofern war es auch wichtig, zu merken, wie dieses Konzept ankam. Dass ein Herr Hahn vom Volkswagenwerk, ein Herr Ruhnau von der Lufthansa, ein Herr Pieper von der Salzgitter AG meinten, ja, wenn dieses Konzept in die Praxis überführt werden könnte, dann wäre die DDR schon auf einem richtigen Wege und dann würde das auch das Kapital anziehen, das gab mir durchaus Sicherheit.«

Hans Modrow hat für das »segensreiche« Wirken und freundliche Gehabe der westdeutschen Wirtschaftseliten eine andere Wertung. Er findet sie schlicht und ergreifend »zum Kotzen«. »Gespräche mit den Herren der westdeutschen Wirtschaft trugen gleichfalls einen sehr formalen Charakter. (…) Wenn für die Regierung der Gesang von den Brüdern und Schwestern allmählich verklang, warum sollten die Unternehmen da nicht an den wachsenden Profit denken, der mit einem neuen Markt verbunden sein würde. So herrschte bei diesen Gesprächen eine Freundlichkeit, die ich zum Kotzen fand.«[84]

Die klare Position von Gerhard Beil habe ich schon zitiert: »Objektiv vollzogen sie die Geschäfte unseres Gegners, sie waren Vollstrecker eines kollektiven Willens, und der lautete: Die DDR muss weg!«

Ende Januar wurde das »Regierungskonzept zur Wirtschaftsreform in der DDR«, in dem »Zielstellung, Grundrichtungen, Etappen und unmittelbare Maßnahmen zur Wirtschaftsreform« aufgelistet waren, dem Ministerrat vorgelegt und von ihm gebilligt. Das Konzept sah »einen radikalen, schnellen Übergang von der Kommandowirtschaft einer zentralistischen Direktivplanung zu einer sozial und ökologisch orientierten Marktwirtschaft bei entfalteter Wirtschaftsdemokratie vor«.[85]

Dieses war unter Leitung von Wolfram Krause – einem zu DDR-Zeiten bei Günter Mittag in Ungnade gefallenen und gemaßregelten Ökonomen – erarbeitet worden. (Auszüge siehe Anlage 8) Es liest sich wie ein Leitfaden der reinen kapitalistischen Marktwirtschaft:

- Alle Beschränkungen gegen Privateigentum sind zu beseitigen.
- Es sind Freiräume für das Unternehmertum in allen Eigentumsformen zu schaffen.
- Kombinate und Betriebe erhalten selbständiges Entscheidungsfeld, eigenständige Finanzmittel und Eigenverantwortung in der außenwirtschaftlichen Tätigkeit.
- Die Preise sind nach den Markterfordernissen zu gestalten.
- Die Staatliche Versicherung wird auf unternehmerische Basis gestellt.
- Ausländische Beteiligungen sind zu fördern.
- Die Konvertierbarkeit der Währung ist herbeizuführen.

Verpackt wurde das marktwirtschaftliche Radikalprogramm in Illusionen über Vollbeschäftigung und soziale Sicherheit.

Dieser Maßnahmeplan bildete die Grundlage für eine Vielzahl grundsätzlicher Verordnungen und Gesetze, die die Planwirtschaft im Wesentlichen außer Kraft setzten und der Privatwirtschaft freien Raum schafften. Von besonderer Bedeutung waren:
- die »Joint-Venture-Verordnung« vom 25. Januar 1990
- und die »Verordnung zur Umwandlung von volkseigenen Kombinaten, Betrieben und Einrichtungen in Kapitalgesellschaften« vom 1. März 1990. § 2 (1): Betriebe sind in eine Gesellschaft mit beschränkter Haftung (GmbH) oder eine Aktiengesellschaft (AG) umzuwandeln.
- der »Beschluss zur Gründung der Anstalt zur treuhänderischen Verwaltung des Volkseigentums«(Treuhandverordnung) vom 1. März 1990: § 3: Die Treuhandanstalt ist berechtigt, juristische oder natürliche Personen zu beauftragen, als Gründer und Gesellschafter von Kapitalgesellschaften zu fungieren.
- das »Gesetz über die Gründung und Tätigkeit privater Unternehmen und über Unternehmensbeteiligungen« vom 7. März 1990: § 1 (4): Bedingungen für die Gründung und den Erwerb von privaten Unternehmen durch Ausländer und private Unternehmen mit ausländischer Beteiligung in der DDR sowie deren Tätigkeit bestimmen sich nach den dafür erlassenen Rechtsvorschriften.

Warum mussten die im Register der volkseigenen Wirtschaft eingetragenen Wirtschaftseinheiten in Kapitalgesellschaften verwandelt werden? Warum mussten mit dem Argument, »das Volkseigentum zu wahren« (§ 1 der Treuhandverordnung), Gesetze erlassen werden, die
gerade dieses unterbanden und dem Eindringen westlichen Auslands-
kapitals Tür und Tor öffneten? Warum musste man eine »Treuhand«
gründen, mit dem Recht, private Kapitalgesellschaften zu bilden? Warum musste man durch Streichung der volkseigenen Kombinate aus
dem Register der volkseigenen Wirtschaft die juristische Grundlage für
die Privatisierung der gesamten volkseigenen Wirtschaft der DDR schaffen?

### Die praktischen Wirtschaftsergebnisse können sich sehen lassen

Die praktischen Wirtschaftsergebnisse unter der Regierung Modrow
können sich sehen lassen. Sie zeugen davon, dass die DDR-Wirtschaft
trotz offener Grenzen funktionsfähig und alles andere als desolat, bankrott oder pleite war. Sie beweisen, dass das stark kritisierte sozialistische
Wirtschaftssystem unter hohem persönlichen Einsatz der sozialistischen
Leiter an der Basis in Kombinaten und Betrieben funktionsfähig war.
Sie zeugen von der Handlungsfähigkeit der Regierung unter schwierigsten Bedingungen.

Der Wirtschaftshistoriker Jörg Roesler bilanziert »Modrowsche Rekonvaleszenz«: »Von wegen katastrophale Lage! Die DDR-Regierung
entwickelte eine solide Wirtschaftspolitik und präsentierte im April 1990
schwarze Zahlen. Nach den ermittelten Wirtschaftsdaten war die Industrieproduktion der DDR, die in den Jahren 1986 bis 1989 noch Jahr für
Jahr moderat gestiegen war, erstmals im November 1989 um 1,4 Prozent
gesunken und im Dezember noch einmal um einen weiteren Punkt.
Gemessen an den Rückgängen der beiden Vormonate fiel der Januar
1990 mit einem weiteren und kräftigeren Rückgang – um 3,2 Prozent –
tatsächlich auf. Doch stieg die Industrieproduktion im Februar
(+ 2,2 Prozent) und März (+ 1,2 Prozent) wieder an. So erreichte die
Industrie in der DDR wieder den Dezemberwert von 1989 bzw. das 1988
monatsdurchschnittliche Niveau. Die Industrie war das Rückgrat der
sozialistischen Wirtschaft, und dem weiteren Rückgang der Industrieproduktion war Einhalt geboten worden.

Die Stabilisierung der DDR-Wirtschaft gelang ohne ein Spardiktat
durch die Regierung, ohne eine Reduzierung des Lohn- und Rentenni-
veaus. Im Gegenteil: Die Nettogeldeinnahmen der Bevölkerung waren
im ersten Quartal 1990 um 4,3 Milliarden Mark höher als im gleichen

Quartal 1989, d. h. um zehn Prozent. Der Präsident des Statistischen Amtes führte das Ergebnis auf eine Rentenerhöhung im Dezember 1989, auf Zuschläge zum staatlichen Kindergeld zur Kompensation des Wegfalls von Subventionen für Kinderkleidung usw. sowie auf Lohnerhöhungen in einigen Wirtschaftsbereichen zurück. Die Sparguthaben wuchsen seit Jahresbeginn um drei Milliarden Mark, während die Bargeldbestände der Bevölkerung um 3,5 Milliarden Mark auf 13,5 Milliarden Mark zurückgingen.

Überschüsse im Außenhandel: Nicht nur das Wachstum der Industrieproduktion, auch die Ergebnisse des Außenhandels sprachen dafür, dass eine Rekonvaleszenz der DDR-Wirtschaft im ersten Quartal 1990 eingeleitet worden war. Der Außenhandel der DDR schloss mit einem Überschuss von 2,26 Milliarden Valutamark. Im Handel mit den Mitgliedsländern des Rats für gegenseitige Wirtschaftshilfe konnte ein Exportüberschuss von 2,4 Milliarden Mark erzielt werden. Dem stand zwar ein Importüberschuss bei den westlichen Industrie- und den Entwicklungsländern von 184 Millionen Mark gegenüber. Von einer in der Presse behaupteten rasant ansteigenden weiteren Verschuldung der DDR – Ende 1989 hatte die Nettoverschuldung der DDR laut Deutscher Bundesbank 19,9 Milliarden Valutamark betragen – konnte aber keine Rede sein. Das im Schürer-Papier im September 1989 für 1990 vorausgesagte Moratorium (Umschuldung) wegen unmittelbar bevorstehender Zahlungsunfähigkeit der DDR konnte vermieden werden.«[86]

### Bei Kohl: Demütigung statt »Solidarhilfe«

Die BRD stand bei der DDR in ökonomischer Schuld. Sie hatte seit Bestehen beider deutscher Staaten alles nur Mögliche getan, um der DDR ökonomischen und damit politischen Schaden zuzufügen. Es begann mit der Missachtung des Potsdamer Abkommens bezüglich eines »einheitlichen Wirtschaftsraums«, ging weiter mit Embargo- und Wirtschaftsboykott, kulminierte in der Auswanderung und Abwerbung von über 3 Millionen – überwiegend arbeitsfähigen – Menschen in Zeiten der offenen Grenzen und fand später 1989/90 im Raub des Volksvermögens seinen Höhepunkt. Wesentlicher Bestandteil einseitiger Belastung der DDR-Wirtschaft waren bereits die Reparationsleistungen, die fast ausschließlich durch die DDR bezahlt wurden. Der Bremer Historiker Professor Arno Peters hat diese gemeinsam mit einem Forscherkollektiv mit 737 Milliarden DM (Wert 1989) beziffert. Meine Berechnungen über die Gesamtschulden der BRD – niedergelegt in *Die Schulden des Westens* – gegenüber der DDR führten zu mehreren Billionen DM.

# Nicht „Hilfe" — sondern „Treugut zurückgeben"

## Biedenkopf: Lastenausgleich von vielen in BRD akzeptiert

Bonn (ADN). Der Grundgedanke eines Lastenausgleichs, den die BRD an die DDR zu zahlen verpflichtet sei, werde heute von vielen in der BRD akzeptiert, betonte Prof. Biedenkopf weiter. „Es ist ja offensichtlich, daß die DDR fast allein die Last der Reparationen getragen hat", sagte er zu der Tatsache, daß 98 Prozent der Reparationslasten von den DDR-Bürgern aufgebracht wurden. „Mir geht es darum, deutlich zu machen, daß wir, wenn wir jetzt der DDR Ressourcen zur Verfügung stellen, das nicht unter der Überschrift ‚Hilfe' oder gar ‚altruistische Hilfe' subsummieren können, sondern daß es für uns eine Verpflichtung gibt."

Die Bundesrepublik hat nach Ansicht des CDU-Abgeordneten dadurch, daß die DDR die Reparationen allein getragen habe, auch noch mittelbar einen Vorteil gehabt. Sie sei entlastet worden. Man müsse, so Prof. Biedenkopf, die Bundesrepublik in diesem Fall als einen „Treuhänder" ansehen für die Bevölkerung der DDR in bezug auf dieses gewissermaßen ersparte Kapital, „mit dem wir ja arbeiten konnten. Und dieses Treugut muß man natürlich zurückgeben."

Auf die Frage, ob er die Berechnungen von Dr. Peters bestätigen könne, daß jeder DDR-Bürger 16 124 Mark Belastung tragen mußte gegenüber nur 126 Mark für jeden BRD-Bürger, sagte der CDU-Politiker: „Das habe ich nicht nachgeprüft. Aber was ich sagen kann, ist, daß die Menschen in der DDR ein Vielfaches dessen haben aufwenden müssen, was wir aufgewendet haben."

*Prof. Dr. Kurt Biedenkopf: Es gibt eine Verpflichtung zu zahlen. Meldung von ADN in: Neues Deutschland, 2./3. Dezember 1989*

Kurt Biedenkopf unterstützte einen Lastenausgleich als »Rückgabe von Treugut« an die DDR (siehe Faksimile). Kohl allerdings nicht.

Hans Modrow flog am 13. Februar mit seiner gesamten Regierung nach Bonn. Er erneuerte auch die Forderung nach einer »Solidarhilfe« der BRD in Höhe von 15 Milliarden DM. Er berichtet in seinen Memoiren (S. 423 f.): »Völlig richtig erkannte Helmut Kohl an diesem 13. Februar in Bonn: Mein Eintreten für Reformen war auf eine Umgestaltung der DDR als sozialistischer Staat gerichtet. Meine Positionen zur Vereinigung der beiden deutschen Staaten würden konsequenter von den Interessen der Bürger der DDR ausgehen, als dies inzwischen von der

Sowjetunion zu erwarten war. In seinem Buch *Ich wollte die Einheit Deutschlands* erinnert sich Helmut Kohl an unser Gespräch vom 13. Februar nur mit einem einzigen Gedanken: Es sei unerquicklich gewesen; ich hätte noch immer die Unverschämtheit besessen, eine zweistellige Milliardensumme zu verlangen, was er in Davos schon abgelehnt hätte, weil diese Summe nur irgendwo versickern würde. Die 15 Milliarden D-Mark wurden nicht als fiktive Größe genannt; es lag eine konkrete Verwendungskonzeption vor, unter anderem sollte die Bundesrepublik mit 5 Milliarden D-Mark an jenen Verlusten der DDR beteiligt werden, die aus dem Abkauf von Waren über den noch immer künstlich hochgehaltenen Wechselkurs zu Lasten unseres Landes entstanden waren.«

Christa Luft fragt in ihrem Buch (S. 166 f.): »Warum brüskierte man nur derartig die oppositionellen Kräfte, die – wie auch die Vertreter der etablierten Parteien – am Runden Tisch einen Solidarbeitrag Bonns in Höhe von 10 bis 15 Milliarden D-Mark für angemessen hielten? Hatte Bonn nicht seit fast zwei Jahrzehnten der unter Honecker doch wohl weit weniger legitimierten DDR-Regierung als der jetzigen nach dem Eintritt der acht Oppositionellen Milliardenbeträge zukommen lassen – bis hin zu Kopfgeldern für freigelassene politische Häftlinge? Anstatt laut die Menschenrechtsverletzungen anzuprangern, hatte man ein lautloses kommerzielles Geschäft vorgezogen. Damals sei es angeblich um die Menschen in der DDR gegangen. Und was war jetzt mit den Brüdern und Schwestern? Warum behandelte man uns nicht wie Partner?«

Die Antwort auf diese Frage ist allerdings sehr einfach: Weil die DDR und ihre Repräsentanten nie gleichberechtigte Verhandlungspartner, geschweige denn »liebe Brüder und Schwestern« waren. Sie waren Objekte und Subjekte der Begierde des westdeutschen Kapitals und seiner politischen Repräsentanten. Der westdeutsche Wolf hatte im Angesicht der verschüchterten DDR-Schafsherde seinen Schafspelz abgelegt und seine unverhüllte Fratze gezeigt.

## Konnte Hans Modrow und seine Regierung die DDR aus der Krise führen? *von Walter Siegert*

Im Herbst 1989 waren wir, die sich seit ihrer Jugend für diesen sozialistischen Staat DDR engagiert hatten, ratlos, wie es weitergehen könnte. Die Führung und Presse gab hinhaltende Texte von sich. Die Bürgerproteste wurden immer massiver. Es ging um Reformen, mehr Offenheit und Mitgestaltung in unserer Gesellschaft und die sogenannte Reisefreiheit. Im Kollegium unseres Finanzministeriums versuchten wir eine Einschätzung der Lage zu finden. Rolf Mager, der zuständige Stellvertreter für den RGW, sagte: »Die DDR befindet sich im freien Fall, so sehen das meine Moskauer Genossen.«

Im Oktober löste sich dann die Starre, als Honecker, Mittag und Herrmann aus dem Politbüro geschickt wurden. Egon Krenz wurde der neue Generalsekretär und Staatsratsvorsitzende. Er postulierte eine »Wende«. Am 8. und 9. November 1989 tagte die 10. Tagung des ZK. Dort verkündete ausgerechnet Günter Ehrensperger: »Wir haben über unsere Verhältnisse gelebt«. Die lange kontrovers erörterte Reiseregelung für die Bürger wurde auf diesem Plenum gebilligt. Am 9. November abends las Günter Schabowski auf der Pressekonferenz von seinem Notizzettel irritiert eine Information ab, die wie ein Blitz über alle Kanäle ging – und wenige Stunden später die Öffnung der Grenzübergänge in Berlin und anderswo bewirkte. Die massive Grenze zur BRD – eine unserer schwersten politischen Lasten – war plötzlich offen. Die zuständigen Minister Mielke, Keßler waren verstummt und nichts passierte. Beherzte Grenzsoldaten retteten in eigener Verantwortung die Situation und verhinderten Schlimmes! Das war der Zustand der Staatlichkeit und Staatsmacht DDR. Da hörte man sagen, »die Regierung der DDR war am 7. November 1989 zurückgetreten, also es gab ja gar keine Führung mehr«. Nein, unsere Verantwortung für diesen Staat und seine Menschen blieb, für unsere Finanzen wie auch für alles andere. Was für ein klägliches Zeugnis der Flucht aus der Verantwortung.

Im Ministerium der Finanzen erledigten wir unsere Arbeit wie bisher. Noch funktionierten die Einnahmen, der Kassenvollzug und das sensible System unserer republikweiten Datenverarbeitung normal. Noch hatten uns die Probleme, die Mehrausgaben für zahlreiche neue Grenzübergänge, die Stützungen für die Millionenumsätze der Bundesbürger in Gaststätten und Läden im grenznahen Raum (sie nutzten die billigen Preise der DDR reichlich), nicht erreicht. Aber die landesweiten Turbulenzen, die Demos und Proteste um Veränderungen aller Art, die anschwellende Fluchtwelle destabilisierten die innere Ordnung. Das bekamen wir zunehmend zu spüren. Es war ein strammes Tagespensum zu erledigen und über die Zukunft und Veränderungen nachzudenken. Im Finanzministerium – wie auch in unserem Forschungsinstitut – hatten wir kreative Mitarbeiter. Und endlich konnte man frei über Reformen nachdenken. Wir hatten in der »NÖS-Zeit« der 1960er-Jahre viele Szenarien in Richtung »Plan und Markt« durchgespielt. Am Ende war das meiste in den Papierkorb gewandert. Jetzt war die Frage, wie muss man künftig den marktwirtschaftlichen Rahmen für die Betriebe gestalten, um den notwendigen Schub im ökonomischen Handeln und der Eigenverantwortlichkeit für Leistung und Gewinn zu fördern. Drei Punkte waren fixiert: Die VEB werden selbständige Rechtssubjekte sein, sie werden Steuern an den Staat zahlen und man muss, da die Leitung durch die Ministerien und die detaillierten Planvorgaben schon im Vorfeld der Modrow-Regierung obsolet waren, neue Formen der Leitung und Kontrolle der Betriebe finden. Dabei war unbestritten: Das Volkseigentum muss weiterhin unantastbar sein!

Am 13. November 1989 erhielt Hans Modrow von der Volkskammer den Auftrag als Ministerpräsident für die Regierungsbildung. Damit übernahm ein erfahrener, in der Vergangenheit oft gerügter Mann die schwere Aufgabe der Krisenbewältigung. Die neue Regierung wurde eine Regierung aus allen Parteien der DDR – wobei die Blockparteien auch neue Köpfe in die Regierung schickten. Im Finanzministerium hieß die neue Ministerin Uta Nickel – bis dahin bereits als Stellvertretende Ministerin in unserem Haus tätig. Sie blieb es bis Mitte Januar 1990. Ich arbeitete weiter als Staatssekretär, dann als Minister.

Die neue Regierung bekam mit dem Aufruf »Für unser Land«, den am 26. November 1989 Christa Wolf, Stefan Heym, Friedrich Schorlemmer und weitere Persönlichkeiten unterzeichnet hatten – bis Januar folgten 1,1 Millionen Unterschriften –, mit auf den Weg, was besorgte Bürger der DDR dachten und wollten. »Für den Fall einer Wiedervereinigung befürchten wir den Ausverkauf unserer moralischen und materiellen Werte. (…) Noch haben wir die Chance, in einer gleichberechtigten Nachbarschaft zu den Staaten Europas eine sozialistische Alternative zur BRD zu entwickeln. (…)«. Es gab also in der Elite und in allen Schichten Kräfte, die die DDR erhalten wollten.

Und im gleichen Sinne äußerten sich zu dieser Zeit noch der französische Präsident Mitterrand und die britische Premierministerin Thatcher, die weiterhin zwei deutsche Staaten als Partner bevorzugten, weil sie eine »großdeutsche Wirtschaftsmacht« fürchteten.

Am 3. Dezember 1989 tagte das erste Mal der »Runde Tisch« – die Vertretung der oppositionellen Gruppen und neuen Parteien – im Bonhoefferhaus in Berlin. Die Vertreter der Bürgerbewegung und Parteien, die dort versammelt waren, wollten von uns wissen, wie die Lage ist, und Aufklärung über vieles, was »geheim« war, zum Beispiel über die Verschuldung der DDR. Auch was mit Schalck ist, der an diesem Tag die DDR verlassen hatte. Diese Befragungen und Auskünfte wurden zu einer regelmäßigen Veranstaltung bis in den Januar 1990. Das war zum Teil sehr turbulent, aber es musste über diese Debatte Vertrauen entstehen.

Es fällt schwer, all die Probleme und Aktivitäten darzustellen, mit denen wir täglich in der Regierung und in unserem Ministerium konfrontiert waren. Der Druck nahm immer mehr zu. Mehrere Tausend Leute verließen täglich die DDR Richtung Westen. Die westdeutschen Parteien und Medien nutzten ihren Einfluss auf das Geschehen. Es kamen die Händler aus dem Westen und boten Gebrauchtwagen, Südfrüchte und alles andere feil. Was Wunder, dass sie gute Geschäfte in Millionen Mark der DDR machten. Zunehmend griff Unsicherheit und Instabilität auf die Wirtschaft über. Arbeitsplätze blieben leer. Betriebsdirektoren, die um die Zukunft bangten, versuchten mit Partnern im Westen neue Perspektiven auszuhandeln. Es lockte die hoffnungsvolle Verbindung des »Joint Venture« für den Technologietransfer und neue Märkte. Ich hatte sowohl Besucher aus der DDR als auch der BRD, die ganz schnell so eine Verbindung wollten. Die Regierung reagierte und schuf dazu eine entsprechende Regelung. Es wurde also schnell reagiert – und lebensnah.

Eine Frage wurde aber immer mehr zur zentralen Forderung: die D-Mark! Diese Währung war für viele und immer mehr DDR-Bürger die Inkarnation des Wohlstands – die Medien aller Kanäle beschrieben es täglich! Bald stand auf Wänden: »Kommt die D-Mark, bleiben wir, kommt sie nicht, geh'n wir zu ihr!« Drohung und Ultimatum! Das war rasch von der Politik der BRD als Schlüssel ausgemacht, um unsere politischen Bemühungen um Stabilisierung zu kontern. Gegen diese Attacke – bei einem täglichen Strom von Leuten über die offene Grenze – hatte kein Argument der Besonnenheit und Vernunft Chancen.

Als Hans Modrow am 13./14. Februar 1989 nach Bonn fuhr – im Gefolge auch sechs Minister, die aus den neuen Parteien und der Bürgerbewegung kamen –, gab ihm Bundeskanzler Helmut Kohl keine Zusage zu den erbetenen 15 Milliarden DM Soforthilfe (wir brauchten sie vor allem, um die Bürger mit Reisedevisen auszustatten), sondern er bot ihm an, demnächst Verhandlungen über eine Währungsunion BRD/DDR aufzunehmen. Ein weitreichender politischer Wurf des Bundeskanzlers Helmut Kohl, der 1990 vor einer Bundestagswahl stand. Kohls Wiederwahl als Bundeskanzler war keineswegs sicher. In den eigenen Reihen hatte er Widersacher, und die SPD gewann in Umfragen an Zustimmung!

In der Wirtschaftsreformkommission der Modrow-Regierung hatten wir ganz andere – der Realität Rechnung tragende – Schrittfolgen. Erst stabile sanierte Wirtschaft, dann konvertierbare Mark und so weiter. Also Schritte über zwei bis drei Jahre, die beherrschbar waren.

Die nun als politisches Angebot stehende Währungsunion ad hoc hieß doch auch: Abgabe der Währungshoheit, dem wichtigsten Pfeiler unserer politischen Selbständigkeit! Unsere Wirtschaftsministerin, Prof. Dr. Christa Luft, wies sofort auf die Konsequenzen hin, die der DDR-Wirtschaft und Bevölkerung drohten, wenn die DDR sich a tempo auf ein solches Unternehmen einließ. Harte D-Mark und wirtschaftlicher Crashkurs der Anpassung – wie geht das zusammen? Aber in dieser angespannten politischen Lage war Nachdenken und Bedenken schwer.

In der BRD gab es warnende Einwände gegen ein-Hals-über-Kopf-Währungsunion. Bundesbankpräsident Pöhl hatte sie gerade in einem Gespräch mit dem Staatsbankpräsidenten der DDR, Horst Kaminsky, vermittelt. Aber, wie man heute weiß, alledem lag der im Bundesfinanzministerium erarbeitete Fahrplan zugrunde.

Gleich wie – wir griffen dieses Angebot zu Verhandlungen auf. Warum? Die Regierung Modrow, ohnehin nur auf Zeit bis zu den auf den 18. März vorgezogenen Wahlen legitimiert, musste alles tun, um »Druck aus dem Kessel der Demos und Attacken« zu nehmen. Und in den Gesprächen mit den einstigen Moskauer »Brüdern« hatte Hans Modrow von Gorbatschow persönlich das Signal bekommen, dass es »keine Einwände mehr gegen Gespräche über eine Wiedervereinigung« gibt. Am 1. Februar 1990 hatte er daraufhin bekanntlich in der Volkskammer seine Rede zum Thema »Deutschland einig Vaterland«(so hieß ja die vierte Zeile der Nationalhymne der DDR, die seit 1972 verboten gewesen war) gehalten.

Deshalb nahmen wir dieses Verhandlungsangebot an und bereiteten uns auf das erste Gespräch mit der Delegation der BRD vor. Am 25. Februar 1990 fand es in Berlin statt. Die DDR-Delegation führte Dr. Walter Romberg, Minister ohne Geschäftsbereich in der Regierung. Er gehörte der SPD-Ost an und hatte bis dahin in der Akademie der Wissenschaften der DDR als Mathematiker gearbeitet. Horst Kaminsky, Prof. Dr. Stoll, Prof. Dr. Lebig und ich gehörten ebenfalls zur Delegation der DDR. Die BRD-Delegation stand unter Leitung von Dr. Horst Köhler, Staatssekretär im Bundesfinanzministerium.

Die Gespräche verliefen sachlich, und die DDR-Seite versuchte, ihre Sicht von den wirtschaftlichen und sozialen Konditionen des Vorhabens darzustellen. Dr. Köhler hatte für seinen Vortrag ein von den Experten Dr. Haller und Dr. Sarrazin erarbeitetes Papier »Einbeziehung der DDR in das Währungsgebiet der D-Mark« als Grundlage, das schon den Segen des Bundesfinanzministers Dr. Waigel und des Bundeskanzlers erhalten hatte. Der Plan enthielt alle Maßnahmen und Einschätzungen zu ihren eventuellen Konsequenzen. Die wirtschaftlichen und sozialen Anpassungsprobleme der DDR wurden zwar gesehen, aber – wie immer bei Erfolgskonzepten – als mit »Hilfen« beherrschbar eingeschätzt. Die Realität kam später!

Wir erfuhren diese Dinge nach und nach. Und wir haben – was blieb uns in unserer Lage übrig – versucht, Punkt für Punkt uns auf dieses alternativlose Verfahren mit eigenen Überlegungen einzustellen. Es entstand daraus ein gemeinsamer Bericht der Expertenkommissionen BRD/DDR mit dem Datum 13. März 1990 – als Vermächtnis für die neue DDR-Regierung.


Es waren damit Fakten geschaffen worden, die unsere Währung, ihr Verfallsdatum, sowie alle Folgen für unsere Wirtschaft und Gesellschaft betrafen. Das angedachte Prozedere bis zur Währungsunion, bis zu der damit gekoppelten Einflussnahme der Bundesbank auf unsere Banken und Finanzwirtschaft, der Anpassung der Rechtsvorschriften an marktwirtschaftliche Bedingungen, beinhaltete zugleich schon wesentliche Elemente der Aufgabe der Staatlichkeit der DDR. Dazu sei gesagt, dass alle zu diesen Verhandlungen zur Währungsunion später verfassten kritischen Kommentare und Schuldzuweisungen an die Adresse des Bundesfinanzministeriums nicht die Realität treffen. Bonn nutzte schlicht seine historische Chance!

Die DDR war im Januar 1990 in eine so instabile Lage gekommen, in der das Ziel der Modrow-Regierung, die Krise aufzuhalten, nicht mehr zu erreichen war. Es blieb also kein anderer Weg, als das Angebot des Bundeskanzlers anzunehmen, um den Versuch einer Beruhigung der Lage zu machen. Dass die Regierung Modrow sich so entschieden hat, kann vor der Geschichte bestehen. Niemand konnte die weitere Eskalation der politischen Stimmung und ihre Folgen absehen. Noch immer standen auf dem Gebiet der DDR überall sowjetische Truppen.

### Ergebnisse der Wahlen vom 18. März 1990 besiegeln das Ende der DDR

Der 18. März 1990 ergab ein klares Votum für die strikte Orientierung auf die Wiedervereinigung und natürlich die baldige Verfügbarkeit der D-Mark. 93 Prozent der Bürger der DDR hatten an der Wahl teilgenommen, und fast 50 Prozent hatten für die »Allianz für Deutschland« gestimmt. Die neue Koalitionsregierung, bestehend aus der Allianz und der SPD, hatte also eine satte parlamentarische Mehrheit. Die PDS und die Bürgerrechtler waren in der Opposition. Diese Wahl und ihre Resultate – das wird bei heute rückschauender Betrachtung oft vergessen – belegen, dass die Mehrheit der DDR-Bürger »für die D-Mark und die Wiedervereinigung votiert hat«. Freilich nicht wissend, was auf sie mit den »Segnungen« der sozialen Marktwirtschaft alles noch zukäme. Und kaum jemand hat damals vor der Wahl gesagt, dass die Bundesrepublik in einem »konjunkturellen Tief« war, zwei Millionen Arbeitslose hatte und die Unternehmungen Absatzgebiete suchten – auf keinen Fall aber Konkurrenten im Osten brauchten. Aber, wer sagt Wahrheiten vor Wahlen?

Ministerpräsident Lothar de Maizière sagte in seiner Regierungserklärung, dass das Hauptziel seiner Regierung die Verwirklichung der deutschen Einheit ist. »Über den Weg dahin werden wir ein entscheidendes Wort mitzureden haben. Diese Einheit muss so schnell wie möglich kommen, aber ihre Rahmenbedingungen müssen so gut, so vernünftig und so zukunftsfähig sein wie nötig.« Das hat dieser Mann, der Musiker und Jurist war und in der Wendezeit an die Spitze der DDR-CDU gewählt wurde, nie in die Politik wollte, so gemeint, wie er es gesagt hat. Und er hat sich in den folgenden 199 Tagen seiner Regierung redlich dafür eingesetzt, dass er seine Versprechen einlöst.

Mit meiner Entlassung aus der Verantwortung als »amtierender« Minister der Finanzen war für mich – so hatte ich mich entschieden – meine Tätigkeit im Finanzministerium der DDR beendet. Aber dennoch, statt einer ungewissen Zukunft mit gerade 60 Jahren, lag mir schon am Herzen,dass die begonnene Vorbereitung der Währungsunion weiter vorankam.

Als ich von Walter Romberg und Lothar de Maizière gefragt wurde, ob ich meine Sachkunde in die weiteren Verhandlungen der Währungsunion einbringen wolle, habe ich zugestimmt. Mit mir haben auch andere, wie Siegfried Wenzel, Prof. Dr. Stoll, Prof. Dr. Lebig, sich so entschieden.

An der Seite von Finanzminister Dr. Walter Romberg, mit dem ich schon seit Februar enge Arbeitsbeziehungen hatte, habe ich als Staatssekretär im Finanzministerium alle Arbeiten zur Währungsunion geleitet. Das schloss die Veränderungen im Steuersystem, der Haushaltswirtschaft und vieles andere mehr ein.

In etwa einem Monat wurde bis zum 14. Mai 1990 der unterschriftsreife Erste Staatsvertrag über die Währungs-, Wirtschafts- und Sozialunion BRD/DDR erarbeitet. Ein Prozess, in dem vor allem zwei Fragen weittragende politische, wirtschaftliche und soziale Wirkung hatten: die Umtauschmodalitäten für die Bürger der DDR und die Wirtschaft und die Regelung der Restitutionsansprüche von BRD-Bürgern an Eigentum in der DDR. Die Resultate sind allgemein bekannt.

Die Konditionen für die Bürger beim Umtausch ihres Bargeldes oder ihrer Sparguthaben waren nach allerhand Protest und Streit in etwa optimal. Für die Wirtschaft waren die Folgen einer über Nacht mit neuer Währung zu gestaltenden neuen Betriebswirtschaft ein Schock. Und je nach Branche und Kundenkreis im In- und Ausland kamen Probleme zutage, die nur in wenigen Fällen lösbar waren. Die Folge war eine rasch anschwellende Arbeitslosigkeit.

Die Nichtzustimmung der BRD-Seite zur sofortigen Ablösung der Altkredite, die im Grunde Resultate der betrieblichen Finanzplanung und der Nettogewinnabführung an den Staat waren und überhaupt nichts mit marktwirtschaftlichen Bankkrediten gemein hatten, machte weitere Chaosfaktoren mobil. Die Treuhandanstalt – nunmehr der zuständige Treuhänder und Helfer – war von alledem völlig überfordert. Dazu sind schon »Bände« aufgeschrieben worden– ich will es dabei belassen.

Die Regelung der Restitution nach dem Prinzip Rückgabe vor Entschädigung – anstelle Entschädigung statt Rückgabe – war in den Verhandlungen zum 1. Staatsvertrag von der FDP als Koalitionspartner der CDU durchgesetzt worden. Die DDR-Regierung – der Ministerpräsident selbst – hat dagegen hart und auf allen Ebenen gestritten, ohne Erfolg. Für mich eine schlimme Erfahrung, wie Machtpolitik gegen die Interessen der Bürger gesetzt wurde. Damit wurde der Besitzstand westdeutscher Bürger ohne Not zu Lasten der ohnehin von den Kriegsfolgen und der Teilung stärker betroffenen DDR-Bürger weiter verbessert. Bis heute sind in der ehemaligen DDR unzählige Streitfälle entstanden und in der Regel zuungunsten der Ostdeutschen entschieden worden.

Ich schließe an dieser Stelle meinen Zeitzeugenbericht. Denn alles, was die Regierung de Maizière bis zum 2. Oktober 1990 noch zu tun hatte und wie ihre Mitglieder darüber denken, ist in zahlreichen Publikationen nachlesbar. Es war eine schwierige Zeit, in der sich in dieser Regierung die Mehrheit der Mitwirkenden ehrlich gemüht hat, das zu tun, was notwendig und noch möglich war. Auch Berater aus der BRD, die uns halfen, Problemlösungen zu finden, haben sich dabei mit Wissen und Anstand eingebracht. Wie überall – es gab auch da natürlich Unterschiede!

Zum Schluss zitiere ich meinen Freund und Weggefährten Siegfried Wenzel. In seinem Buch *Was war die DDR wert?* schrieb er: »Die DDR war nicht pleite, aber sie hatte keine Perspektive«, das bringt unsere Situation des Jahres 1990 auf den Punkt! Insgeheim habe ich mir damals gewünscht, wir hätten mit diesem Eifer und der Chance eines Erfolges früher die Möglichkeit gehabt, neue Wege zu gehen, um der DDR eine Perspektive zu geben. Aber die Verhältnisse – die waren nicht so!

# Die Währungsunion – eine ökonomische Atombombe

Die »Wölfe« der BRD hatten ganz anderes im Sinn. In eitler Selbstüberschätzung plauderte Thilo Sarrazin, der sich für den »Erfinder der Währungsunion« hält, am 20. Jahrestag ihrer Einführung – am 1. Juli 2010 – über die wahren Gründe:

*»20 Jahre deutsch-deutsche Währungsunion. War sie ein Fehler, Herr Sarrazin?«*[87]

Sarrazin: »Damals war für mich als zuständigen Beamten die Währungsunion ein unverzichtbarer Baustein auf dem Weg zur deutschen Einheit. Es ging in diesen Monaten darum, die DDR in einer Weise zu binden, die nicht mehr aufgehoben werden konnte. Denn es stand doch die große Gefahr eines ›dritten Weges‹ im Raum. Die DDR als weiterer Staat deutscher Zunge. Es kam darauf an, in diesen Monaten vollendete Tatsachen zu schaffen. Und das zugleich mit einer DDR-Führung, die zwar taumelte, aber noch funktionierte. Mit der Währungsunion kam ja im Paket die Übernahme unseres Wirtschaftssystems. Das bedeutete die vollständige Entmachtung der DDR-Führung. Außerdem haben wir der DDR vor der Einheit unser gesamtes Wirtschafts- und Sozialrecht übergestülpt. Wir haben sie in allen wichtigen Punkten vollständig entmachtet. Die Währungsunion war mit der Einführung des Rechtsrahmens der Bundesrepublik in der DDR verbunden. Das war der Anschluss an die Bundesrepublik.«

Was Sarrazin allerdings verschweigt, ist die Tatsache, dass die Währungsunion nicht seine Erfindung ist, sondern über Jahrzehnte vorbereitet wurde. Träger war der »Forschungsbeirat für gesamtdeutsche Fragen«. Bereits am 28. April 1953 hatte die »Forschungsstelle zum Vergleich wirtschaftlicher Lenkungssysteme« ein Dokument unter dem Titel »Das Problem der west- und mitteldeutschen Währungsvereinheitlichung« vorgelegt. Ich füge Auszüge daraus bei (siehe Anlage 9).[88]

In diesem Material werden fünf Modelle einer möglichen Währungsunion mit ihren Vor- und Nachteilen untersucht:

Modell I: Sofortige und unmittelbare Währungsvereinheitlichung mit einem Umstellungskurs 1:1.

Modell II: Sofortige Währungsvereinheitlichung zu einem festgesetzten Kurs.

Modell III: Sofortige Währungsvereinheitlichung mit Quotenverfahren und differenzierten Kursen.

Modell IV: Währungsvereinheitlichung nach Maßgabe eines freien Wechselkurses.

Modell V: Währungsvereinheitlichung in Verbindung mit außenwirtschaftlicher Abschirmung.

Die Untersuchung kommt zu dem Resultat: »Nach den dieser Untersuchung zugrundeliegenden Annahmen über die zum Zeitpunkt der Wiedervereinigung in Mitteldeutschland gegebenen Verhältnisse scheint die Anwendung des Modells III am zweckmäßigsten.

Der Inhalt dieses Verfahrens: Alle DM-Ost sind auf Sperrkonten einzuzahlen. In Mitteldeutschland werden sofort Kopf- und Betriebsquoten freigegeben. Die Freigabe der restlichen Quoten erfolgt zu einem später zu bestimmenden Kurs. (…) Vorteile unter anderem: Durch die Handhabung der Freigabe der Quoten kann eine gewisse Verbrauchssteuerung betrieben werden. Insbesondere ist es möglich, zu erwartenden Nachfragestauungen nach westlichen Gütern entgegenzuwirken. Nachteile unter anderem: Die Konkurrenznachteile der mitteldeutschen Betriebe wirken sich aus, sofern sie nicht durch ordnungspolitische oder materielle Starthilfemaßnahmen behoben oder kompensiert werden.«

Letzteres wollten aber das bundesdeutsche Kapital und die ihn tragenden Politiker keinesfalls. Sie wollten, wie Sarrazin enthüllt, die DDR annektieren, so schnell wie möglich und unumkehrbar.

Am 5. Februar hatte sich in der DDR der Runde Tisch mit der Währungsunion befasst. Der Runde Tisch gab der DDR-Regierung die salomonische Antwort mit auf den Weg: Währungsunion ja – nein zum Sozialabbau! Eine verhängnisvolle Illusion!

Um keine weiteren Debatten zuzulassen, fällte Kohl bereits am 6. Februar 1990 die Entscheidung zur Durchführung der Währungsunion zu seinen Bedingungen. Im Kanzleramt wurde zwischen den Parteivorsitzenden (Kohl, Waigel, Graf Lambsdorff) entschieden, der Modrow-Regierung ein »Verhandlungsangebot« zur Einführung der Währungsunion zu unterbreiten. Er knüpfte es an die Bedingungen: Zulassung von Privateigentum, freie Märkte, Gewerbefreiheit, Neuordnung des Geldwesens, konsequente Öffnung für privates Investitionskapital von außen, kurz und gut: die unumkehrbare Einführung der Marktwirtschaft.[89]

Anderslautende Vorstellungen von Bundesbankpräsident Karl Otto Pöhl wurden nicht zur Kenntnis genommen. Pöhl war am 6. Februar in Berlin vor die Presse getreten: »Eine Währungsunion gehört unter den gegebenen Bedingungen in die Welt der Phantastik.«

Die Verhandlungen zur Währungsunion wurden daraufhin Hans Tietmeyer (CDU) – Staatssekretär im Bundesfinanzministerium und persönlicher Berater von Helmut Kohl – übertragen. Bereits am 1. Mai legte dieser der bundesdeutschen Koalitionsrunde unter Vorsitz von

Kohl das Währungskonzept vor und ließ es absegnen. Danach wurden Löhne, Renten, Mieten und Gehälter im Verhältnis eins zu eins getauscht. Für alle anderen Forderungen und Verbindlichkeiten galt eine generelle Umstellung im Verhältnis zwei zu eins. Als Ausnahmeregelung wurde festgelegt, dass DDR-Bewohner Bargeld und Bankguthaben zwischen 2.000 Mark (Ost) (bis zum Lebensalter 14 Jahre), 4.000 Mark (bis 59 Jahre) und 6.000 Mark (für Sechzigjährige) ebenfalls im Verhältnis eins zu eins umtauschen konnten.

Damit wurde die brutalste aller vom Forschungsbeirat untersuchten Varianten realisiert. Die »Forscher« hatten konstatiert: »Die Nachteile ›unerwünschte Geldverteilung‹ und ›Konkurrenznachteil‹ bleiben bestehen. Die Lasten der Währungsvereinheitlichung gehen also vornehmlich auf Kosten Mitteldeutschlands.«

Die DDR-Bürger wurden um 60 Milliarden Sparguthaben betrogen, die DDR-Betriebe gingen der Pleite entgegen. Letzteres muss erläutert werden: Aufgrund der Tatsache, dass in der DDR dem Export je 1.000 Valutamark 4.400 Mark DDR-Aufwand gegenüberstanden, ergab sich die Situation: Aus rein währungstechnischer Sicht kostete ein DDR-Produkt, das bis zum 30. Juni 1990 für 1.000 DM auf dem Weltmarkt zu haben war, ab 1. Juli 1990, 0 Uhr, 4.400 DM.[90]

Das verkraftet keine Volkswirtschaft der Welt. Der damalige Wirtschaftsminister Jürgen Möllemann erklärte vor amerikanischen Gästen Gleiches: »Wenn der Dollar um 300 bis 400 Prozent aufgewertet wäre, hätte auch eine ausgesprochen konkurrenzfähige Wirtschaft beträchtliche Rückschläge erlitten.« Ausländische Medien vergleichen die Währungsunion zu den Bedingungen von Kanzler Kohl mit einer ökonomischen Atombombe, der keine Volkswirtschaft der Welt gewachsen wäre.[91]

Die Lüge von der Alternativlosigkeit der gewählten Form der Währungsunion jedoch ist entlarvt. Es hätte durchaus bereits vorgedachte Möglichkeiten einer »weichen Landung« gegeben. Das widersprach aber den politischen und ökonomischen Interessen der Herrschenden in der BRD. Die Wirkung: »Die ab 1. Juli 1990 mit der Wirtschafts- und Währungsunion wirksam werdende Schocktherapie in Verwirklichung neoliberaler Grundsätze des Wirtschaftens führte dann innerhalb des Monats Juli zu einem Abfall der Industrieproduktion um 34,9 Prozent. Im August schrumpfte sie sogar auf 47,9 Prozent des Niveaus von 1989 bei einem raschen Ansteigen der Arbeitslosenzahl. Sie wuchs gegenüber dem letzten Monat der Modrow-Regierung von 38.300 auf 361.300, also auf fast das Zehnfache. Dabei sind die 1,5 Millionen Kurzarbeiter – im März 1990 hatte es noch keine gegeben – nicht mitberücksichtigt.«[92]

## Die Regierung de Maizière – eine Übergabeadministration

Im Ergebnis »freier Wahlen« vom 18. März 1989 ließ sich die »Allianz für Deutschland« als Sieger feiern. Übersehen wird geflissentlich, dass trotz des Einsatzes der geballten Kraft des gesamten Partei- und Regierungsapparats der BRD von den 12,4 Millionen Wahlberechtigten der DDR nur 5,5 Millionen Wahlberechtigte die »Allianz für Deutschland« wählten. Der SPD-Politiker Egon Bahr charakterisierte wie folgt diese Wahlen: »Die laut Helmut Kohl erste wirklich freie Wahl nach 58 Jahren wurde zu der schmutzigsten, die ich je in meinem Leben beobachtet hatte.« Die »freien« Wahlen nach westlichem Muster bestanden offensichtlich darin, dass es Kohl frei und unbenommen war, den Bürgern der DDR Versprechungen zu machen, »dass es keinem schlechter gehen werde«, an die er sich – wie bei »freien« Wahlen üblich – nach der Wahl nicht mehr erinnern musste. Viele Menschen in der DDR waren in der Tat an so viel »Freiheit« nicht gewöhnt und fielen darauf herein.

Die »Allianz für Deutschland« verfügte auch über keine Mehrheit in der Volkskammer. Von 400 Sitzen entfielen 192 Sitze auf die »Allianz für Deutschland«. Dennoch bestimmte die »Allianz für Deutschland« Struktur und Niveau dieser Volkskammer.

Die erste »frei« gewählte Volkskammer wurde zum Abnickorgan westdeutscher Interessen degradiert, mit dem Auftrag, sich selbst und die DDR abzuschaffen. Heerscharen von »Beratern« flogen in die DDR ein, mit dem Hauptziel, sich selbst zu bereichern.

Am 17. Juni 1990 beschloss diese Volkskammer, dass die mit Volksentscheid von 1968 verabschiedete sozialistische Verfassung der DDR außer Kraft gesetzt wird und für die DDR an das kapitalistische Grundgesetz der BRD angepasste »Verfassungsgrundsätze« gelten. Kiloweise fasste diese Volkskammer Beschlüsse zur Übergabe der DDR an die BRD, die die »Rechtsgrundlage« für den Anschluss der DDR, das Überstülpen des Rechtssystems der BRD und die Enteignung ihrer Bürger wurden.

Für die Regierung de Maizière gab es unter diesen Bedingungen nicht mehr viel zu »regieren«. Sie wurde zur Abwickeladministration westdeutscher Interessen. DDR-Gesetze wurden in Bonner Regierungsstuben geschrieben.

Das wirtschaftliche Ergebnis bilanziert Jörg Roesler[93]: »Die Ergebnisse waren verheerend. Die dem Modrow-Kabinett nachfolgende Regierung von Lothar de Maizière übernahm am 12. April 1990 eine funktionierende, wenn auch problembehaftete Volkswirtschaft. Allerdings konzentrierte die neue Regierung ihre ganze Aufmerksamkeit auf wirtschaftlichem Gebiet vom ersten Tage an auf die von Bonn geforderte Wirtschafts- und Währungsunion, die Modrow erst für die Zeit nach Abschluss des Wirtschaftsreformprogramms ins Auge gefasst hatte.

Generell muss der Leser aus den wirtschaftswissenschaftlichen Darstellungen, die der deutschen Vereinigung gewidmet sind, den Eindruck gewinnen, dass es schon Jahre vorher, spätestens aber nach der Maueröffnung im November 1989, mit der DDR-Wirtschaft nur noch abwärts gegangen ist. Was zunächst noch fehlte, war eine diese Darstellung unterstützende Meinung eines ostdeutschen Wirtschaftsexperten. Die fand man 1992, als das ›Schürer-Papier‹ vom September 1989 im Westen wiederentdeckt wurde, in dem dieser die Wirtschaftssituation in der DDR als äußerst kritisch geschildert hatte.«

Damit war der Kreis geschlossen. Der »Schürer-Bericht« musste wieder als Alibi herhalten, um die Abwicklung der DDR-Wirtschaft zu begründen. Offenkundig war dessen Aussage und die Beratung durch enttäuschte DDR-Wirtschaftskader auch die Grundlage für die nachfolgende Einschätzung von Lothar de Maizière: »Die DDR war pleite … Die Wirtschaft war mit 240 Mrd. Mark verschuldet, die Bevölkerung hatte 160 Mrd. DM Spareinlagen, die nur das Papier wert waren, die DDR musste sich jährlich 10 Mrd. DM Kredite mit kriminellen Methoden ergaunern und Fachleute – welche? – sagten ihm, die DDR stehe noch 1990 vor der Zahlungsunfähigkeit. Das habe ihn veranlasst, zu Kohl an den Wolfgangsee zu reisen und diesen zu bitten, den Anschluss der DDR an die BRD zu beschleunigen, weil sonst Kohl Weihnachten die Bundeswehr nach Leipzig schicken müsste, damit die Straßenbahn fährt.«[94]

Offensichtlich daraus leitete er seine politischen Handlungen ab. Was folgte, ist an Würdelosigkeit kaum zu unterbieten. Helmut Kohl erinnert sich an den 2. August 1990 besonders gut. In seinen Memoiren berichtet er: »Der DDR-Ministerpräsident wollte mich persönlich sprechen und befand sich bereits mit Günther Krause auf dem Weg zu mir. (…) Er schilderte mir eindringlich, dass seine Regierung die Situation in der DDR nicht mehr bis zum 2. Dezember – dem anvisierten Wahltag – beherrschen könne. Trotz der Bonner Milliarden rechne er mit dem baldigen wirtschaftlichen Kollaps seines Landes. Alles werde im Chaos versinken. Als Ausweg schlug er nun vor, in der darauffolgenden Woche vor die Volkskammer zu treten und den Beitritt der DDR zur Bundesrepublik bereits für den 14. Oktober zu verkünden. (…) Ich erinnere mich, dass sich Günther Krause ans Klavier setzte und herrliche Melodien spielte, zu denen wir nach einigen Schoppen Wein gemeinsam sangen. Alles in allem endete der Abend in einer prächtigen Stimmung.«[95]

Herauskam dann der 3. Oktober. Helmut Kohl hatte dafür sogar den Deutschen Wetterdienst bemüht: Das Gutachten zeigte, dass Anfang Oktober in der Regel gutes Wetter ist, denn die Menschen sollten schließlich im Freien feiern. Am 23. August war es dann so weit: Die Volkskammer beschloss den Beitritt der DDR zur BRD nach Artikel 23 des Grundgesetzes. »Die Volkskammer erklärt den Beitritt der DDR zum Geltungsbereich des Grundgesetzes der Bundesrepublik Deutschland gemäß Artikel 23 des Grundgesetzes mit der Wirkung vom 3. Oktober 1990.« Sie löste sich und die DDR auf. Der sozialistisch orientierte Staat DDR hörte auf, zu existieren. Er wurde politisch, ökonomisch und juristisch in die voll entwickelte kapitalistische BRD integriert.

Formal war der Beitritt nach Artikel 23 ein Trick. Dieser Artikel war für den Beitritt des Saarlandes zur Bundesrepublik vorgesehen gewesen und hatte sich damit 1957 erledigt. Für die Wiedervereinigung hielt das Grundgesetz Artikel 146 bereit. Dieser Weg erschien dem damaligen Innenminister Wolfgang Schäuble, dem eigentlichen Architekten der Wiedervereinigung, zu kompliziert – er hätte bedeutet, eine neue, gesamtdeutsche Verfassung auszuarbeiten.[96]

Das Volk der DDR wurde nie darüber befragt, ob es diesen Beitritt zur BRD wünscht. Das sei besonders denjenigen ins Stammbuch geschrieben, die lautstark über »Annexion« schreien, wenn über 90 Prozent der Bevölkerung der Krim den Beitritt zu Russland fordern.

»Das Volk« wurde auch nie darüber befragt, ob es auf die Ausarbeitung einer neuen Verfassung verzichtet, die sowohl die Erfahrungen der gesellschaftlichen Entwicklung der DDR wie auch die der BRD berücksichtigt; ob die Bürger der DDR bereit sind, die in der BRD angehäufte Schuldenlast mitzutragen; ob sie zustimmen, dass die Verfassung der DDR von 1968 außer Kraft gesetzt wird und kapitalistische Verfassungsgrundsätze gelten; ob die Volkswirtschaft der DDR wieder zu privatisieren ist, was der Enteignung der Bevölkerung der DDR gleichkam; ob korrespondierend zur Privatisierung des Vermögens der Volkswirtschaft der DDR das Prinzip Rückgabe vor Entschädigung angewandt wird; ob die Bürger der DDR bereit sind, auf unbestimmte Zeit in der BRD Bürger zweiter Klasse zu werden und sich für Löhne, Gehälter, Renten und andere Sozialleistungen bei gleichen Arbeitsleistungen gravierend niedrigere Zahlbeträge ergeben als für Bürger der BRD; ob das Territorium der DDR integrierender Bestandteil der NATO wird und damit an allen militärischen Aktionen der NATO beteiligt ist.

## Konkursverwalter: Treuhand

Über die »Arbeit« der Treuhand gibt es eine Vielzahl von Publikationen.[97] Ihre Tätigkeit wird mit Halunken, Verbrecher, Räuber, Abzocker und vielen anderen »edlen« Bezeichnungen charakterisiert. Die letzte – in diesem Verlag erschienene – Veröffentlichung zum Thema »Treuhand« stammt von Klaus Behling und trägt den Titel: *Die Treuhand. Wie eine Behörde ein ganzes Land abschaffte.*

Insgesamt wird mit diesen Publikationen der Eindruck erweckt, als wäre die Treuhand der Hauptschuldige am Desaster Ost. Zweifellos spielte die Treuhand eine wichtige, auch verbrecherische Rolle bei der Vernichtung der DDR-Wirtschaft. Sie war jedoch nur ein – wenn auch gewaltiges – Rad im Gesamtgetriebe.

Es wird im Allgemeinen deklariert, dass die Einrichtung einer Treuhand-Anstalt die Idee des Runden Tisches war. Das ist nur bedingt richtig. Am 6. Dezember 1989 hatte sich eine Gruppe unter dem Namen »Freie Forschungsgemeinschaft Selbstorganisation« konstituiert. Führende Kräfte: ein Theologe (Wolfgang Ullmann), ein Ingenieur (Matthias Arzt) und ein Physiker (Gerd Gebhardt). Diese »Wirtschaftsexperten« kreierten ein Papier mit dem Titel »Zukunft durch Selbstorganisation«, in welchem auch »die Institutionalisierung einer Art treuhänderischer Funktion« enthalten war.

Am 12. Februar 1990 befasste sich der Runde Tisch mit der Vorlage 12/29, die den Vorschlag des »Freien Forschungskollegiums« zur umgehenden Bildung einer Treuhandgesellschaft (Holding) enthielt. Durch die Errichtung einer »Treuhandgesellschaft« als Kapitalholding sollte die Rechtslücke ausgefüllt werden, die – jedenfalls für das »Volkseigene Vermögen« als einheitliche Vermögensmasse – bei einer Angliederung der DDR an die Bundesrepublik Deutschland befürchtet wurde, weil die Rechtsordnung der Bundesrepublik das Institut des »Volkseigentums« nicht kannte.[98]

Inwieweit diese »Wirtschaftsexperten« mit ihrem Gedankengut Anleihe bei den Alt-Nazis des Forschungsbeirates genommen haben, kann nicht belegt werden. Ich habe jedoch eingangs dargelegt, dass diese die Einrichtung einer Oberen Behörde (Treuhand) in einer Übergangsphase als unumgänglich für die Umwandlung des Volksvermögens in Privatbesitz betrachteten.

Hans Modrow definiert die Aufgabe der Treuhand, so wie sie unter seiner Regierung beschlossen wurde, folgendermaßen:

»Erstens galt es, das Volkseigentum, die Eigentumsrechte des Volkes am Produktionsvermögen der DDR zuverlässig und dauerhaft zu schützen. Zweitens musste ein Weg eingeschlagen werden, der es gestattete, Volkseigentum – nicht wesentlich anders als Privateigentum – unter den Bedingungen der Marktwirtschaft agieren zu lassen. Drittens schließlich wurde angestrebt, die Organisation der Wirtschaft so zu gestalten, dass ihre Attraktivität für neue, einschließlich ausländische, Kapitalinvestitionen und ihre Konkurrenzfähigkeit erhöht und die Gefahren von ersatzlosem Stellenabbau und Arbeitslosigkeit verringert werden.«[99]

Dass diese drei Ziele offenkundig nicht zusammengingen, wurde bald deutlich. Oberstes Ziel war, wie im Regierungsbeschluss explizit hervorgehoben wurde, die »Wahrung des Volkseigentums«. Das war aber ein Lippenbekenntnis.

Auch das Modrowsche Treuhandgesetz beinhaltete – wie dargelegt – die Umwandlung der sozialistischen Betriebe in Kapitalgesellschaften. Paragraph 3 lautet: »Die Treuhandanstalt ist berechtigt, juristische oder natürliche Personen zu beauftragen, als Gründer und Gesellschafter von Kapitalgesellschaften zu fungieren oder die sich aus den Beteiligungen ergebenden Rechte und Pflichten wahrzunehmen.« (siehe Anlage 10)

Die nachfolgende Regierung de Maizière verschärfte unter bundesdeutschem Druck am 17. Juni 1990 diese Festlegung im neuen Treuhandgesetz. Statt dem Bekenntnis zur »Wahrung des Volkseigentums« wurde die »Privatisierung des Volkseigenen Vermögens« zur Aufgabe der Treuhandanstalt erklärt.

Die Ergebnisse und Methoden der Treuhandarbeit sind umfassend dokumentiert. »Nach Jahresgutachten der sogenannten ›Fünf Weisen‹ betrug der Anfangskapitalbestand der ostdeutschen Unternehmen zum 30. Juni 1990 rund 584 Milliarden DM.

Innerhalb von vier Jahren verkaufte die Treuhand 6.546 Unternehmen sowie 22.340 Gaststätten, Hotels und Verkaufseinrichtungen. 1.734 Apotheken, 481 Kinos und 475 Buchhandlungen. Der Erlös betrug 73 Milliarden DM, von denen bis zur Auflösung der Treuhand 37 Milliarden DM tatsächlich eingegangen waren. Laut Bericht des THA-Untersuchungsausschusses wurden, abgesehen von geringfügigen Restbeständen, die Energiewirtschaft und die Bergbaubetriebe für 1,946 Mrd. DM, die Chemieindustrie für 4,752 Mrd. DM, die Stahlindustrie und der Maschinenbau für 2,059 Mrd. DM und die Elektrotechnik und Feinmechanik für 1,872 Mrd. DM verkauft, die Immobilien stets eingeschlossen. Berücksichtigt man, dass die Aufwendungen der Treuhand 333,0 Mrd. DM betrugen, dann schloss sie mit einem Defizit von 256,0 Mrd. DM ab.

Zwischen 584 Milliarden eingebrachtem Treuhandvermögen und 256 Milliarden Abschlussverlust liegt eine Differenz von 840 (!) Milliarden. Das hielt Kohl nicht davon ab, von einer historisch einmaligen Leistung der Treuhand zu sprechen.

Die Hauptursache für das grandiose Minusgeschäft, die Verschleuderung der Volkseigenen Betriebe, ist nicht in Missmanagement und Schlamperei der Treuhandanstalt, sondern in dem ihr erteilten politischen Auftrag zu suchen. Dieser zwang sie, in kürzester Frist eine komplette Volkswirtschaft zu verkaufen, auf einem Markt, der nicht vorhanden war, und zu Preisen, die statt vom tatsächlichen Substanzwert von dem nach der Währungsunion de facto auf Null gesenkten Ertragswert bestimmt wurden.«.[100]

Der Untersuchungsausschuss des Deutschen Bundestages stellt fest: »Die Bundesregierung und Treuhandanstalt haben ihre unerlässliche Aufsichtspflicht verletzt und die parlamentarische Kontrolle in einem Ausmaß außer Kraft gesetzt, wie es keine demokratisch legitimierte Regierung in Deutschland nach 1846 gewagt hat.«

# Epilog: Wo steht der Osten heute?

Wurde 2009 im Bericht zur Deutschen Einheit noch ausgesagt, dass der Osten Deutschlands wirtschaftlich sehr gut aufgestellt ist, steigerte sich der Bericht 2010 zu der Behauptung, dass es sich im Osten Deutschlands um ein »kleines Wirtschaftswunder« handelt. Danach wurden die Werturteile etwas bescheidener. Immerhin spricht die Bundesregierung in ihrer Hochglanzbroschüre »25 Jahre Freiheit und Einheit« nur noch von der »Erfolgsstory Ost« und resümiert im Jahresbericht 2015: »Ostdeutschland hat seit der Wiedervereinigung eine beachtliche Steigerung seiner wirtschaftlichen Leistung erreicht. Das reale Bruttoinlandsprodukt (BIP), das den Gesamtwert aller Wirtschaftsleistungen nach Abzug der Preissteigerung misst, hat sich seit 1991 mehr als verdoppelt. Wettbewerbsfähige Unternehmen und Arbeitsplätze sind entstanden, die Verkehrsinfrastruktur wurde grundlegend erneuert und ausgebaut, die Wohnsituation hat sich spürbar verbessert und der Verfall der Innenstädte wurde gestoppt. Der Aufbau Ost, der Aufbau einer sozialen und ökologisch orientierten Marktwirtschaft in den ostdeutschen Ländern, ist insgesamt gelungen.«

Die reale Entwicklung gibt keinerlei Anlass, dieser euphorischen Wertung zuzustimmen.[101] Unbestritten ist: Die Bundesrepublik bleibt ein wirtschaftlich und sozial gespaltenes Land mit geringen Aussichten, aus diesem Dilemma herauszukommen. Zweifellos gab und gibt es für viele ehemalige DDR-Bürger neue und bessere Lebensbedingungen. Allein der Besitz einer stabilen und konvertierbaren Währung war ein gewaltiger Fortschritt – allerdings mit verheerenden Folgen für die Wirtschaft des Ostens. Die Modernisierung des Wohnungsbestands vor allem in den Städten hat die Lebensqualität mancher Bürger verbessert, allerdings können sich viele die schönen neuen Wohnungen finanziell nicht leisten. Obdachlosigkeit – zu DDR-Zeiten ein Fremdwort – ist für manchen real geworden. Die Umweltbelastungen wurden in Ostdeutschland drastisch gesenkt, überwiegend durch Betriebsstilllegungen.

Mit der bisherigen Wirtschaftspolitik der Marktwirtschaft ist es aber nicht gelungen, das wirtschaftliche und soziale West-Ost-Gefälle zu verringern, im Gegenteil – es zeichnet sich ab, dass der Osten Deutschlands an Wirtschafts- und Sozialkraft weiter verlieren wird.

Das dramatischste Ergebnis nach 25 Jahren »Wiedervereinigung« ist das Ausbluten Ostdeutschlands. Seit 1989 haben über drei Millionen DDR-Bürger ihre Heimat verlassen müssen, um im »Westen« eine Arbeit und Perspektive zu finden. Bei den »zurückgebliebenen« Arbeitsfähigen ist trotzdem die offizielle Arbeitslosigkeit doppelt so hoch wie im Westen – real sind mindestens eine Million Menschen ohne Arbeit. Die Bevölkerung ist geschrumpft und vergreist zunehmend.

Die Menschen der DDR sind in einer Gesellschaft angekommen, in welcher deutsche Männer – vorwiegend aus dem Osten – in Kriege für Kapitalinteressen ziehen müssen, Kriminalität, Drogen, Prostitution haben verheerende Ausmaße angenommen. Angst um den Arbeitsplatz, die Zukunft, die Rente ergreifen immer breitere Kreise.

Im Zuge der Privatisierungspolitik und der Deindustrialisierung verschwanden Anfang der neunziger Jahre zwei Drittel der industriellen Arbeitsplätze, etwa 2,5 Millionen. Die Industriearbeiterklasse wurde so nicht nur entmachtet, sondern auch regelrecht abgewickelt.

In den Ministerien der Länder, in der Verwaltung und an den Universitäten, in den bundeseigenen Behörden usw. besetzten in den neunziger Jahren 35.000 Westbeamte alle wichtigen Positionen. Etwa eine Million Staatsangestellte der DDR wurden entlassen, darunter ein Viertel der Lehrer und mehr als die Hälfte der Hochschullehrer. 1994 kamen 61 der 62 Staatssekretäre in den ostdeutschen Ländern aus Westdeutschland. Abgewickelt wurden etwa 70 bis 80 Prozent der wirtschaftsnahen Forschung (86.000 Personen). Von den zwischen 1994 und 1999 berufenen 1.878 Professoren kamen 95 Prozent aus Westdeutschland. Westdeutsche besetzten in den neunziger Jahren alle Intendantenpositionen in Funk und Fernsehen.

Die DDR wurde zu einer grundrechtsverdünnten Zone mit einem niedrigeren Sozialstandard als Westdeutschland, mit zunehmender sozialer Ungleichheit und Prekarität überall. Gegen 105.000 Funktionsträger und Bürger der DDR wurden strafrechtliche Ermittlungsverfahren eröffnet. Im September 2015 war die Arbeitslosigkeit in Ostdeutschland mit 8,7 Prozent 55 Prozent höher als in Westdeutschland. Zahlreiche Rentenansprüche werden bis heute nicht anerkannt. Nach 25 Jahren sind die Löhne immer noch niedriger, und die Rentenwerte liegen 8 Prozent unter denen der Westdeutschen.[102]

Wolfgang Kühn hat in unserem Buch *Die zementierte Spaltung* faktenreich dargelegt, wie sich das West-Ost-Gefälle in 25 Jahren entwickelt hat. (Auszüge siehe Anlage 11)

Selbst die Bundesregierung muss zugeben – zumindest mit Fakten –, dass der »wirtschaftliche Aufholprozess« des Ostens seit Mitte der neunziger Jahre quasi zum Stillstand gekommen ist und bei annähernd zwei Drittel des Westniveaus stagniert.

Dazu ist zu bemerken: Der gesamte »Aufholprozess« startete nach

Darstellung der Bundesregierung im Jahr 1991. Bis dahin war aber die DDR-Wirtschaft komplett »abgewickelt« und um fast 40 Prozent abgestürzt. Nimmt man das Endjahr der DDR-Wirtschaft – 1989 – zum Ausgangspunkt, beginnt der »Aufholprozess« bei 50 Prozent Ostanteil am Westniveau. In 25 Jahren auf 67 Prozent angewachsen zu sein, ist wahrlich keine Erfolgsstory!

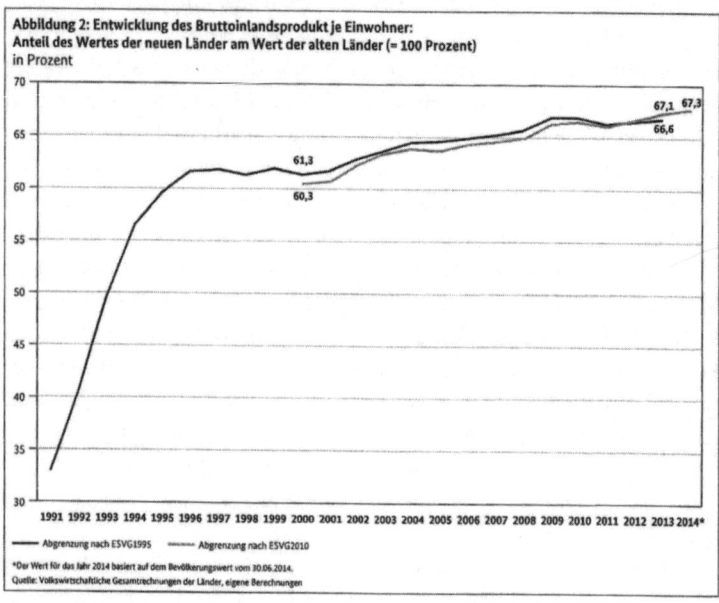

Quelle: Bericht Deutsche Einheit der Bundesregierung

Der nächste Aspekt dieses »Aufholprozesses« ist: Der Wirtschaftszuwachs konzentriert sich auf ominöse »Finanzdienstleistungen«. Allein diese Leistungen der Abzocker in Versicherung, Vermögens- und Wirtschaftsberatung, Vermietung stiegen gegenüber 1989 auf das 7-Fache. Die Industrie (heute Verarbeitendes Gewerbe genannt) blieb davon weitgehend unberührt und erreichte ab 2008 gerade das Niveau des letzten DDR-Jahres 1989!

Ursache dieser unzureichenden Entwicklung ist, dass im Osten zwar kräftig gebaut (Verkaufscenter, Bürokomplexe, Straßen, Gebäude), aber kaum produktiv investiert wurde. Das Niveau lag stetig unter dem der alten Bundesländer.

Das »Beschäftigungswunder« blieb aus. Nachdem die Zahl der Erwerbstätigen von 1989 bis 1991 um über zwei Millionen Menschen abgestürzt war, gab es auch in den Folgejahren kaum Zuwachs. Die Zahl der Arbeitsstunden ging im Osten kontinuierlich zurück.

Die Folge ist, dass die Sozialleistungen und das soziale Niveau auch nach 25 Jahren deutlich hinter dem »Westen« hinterherhinken. Das »Rentenwunder Ost« ist eine Legende. Seit dem Jahr 2000 haben die Ostrentner bis 2012 real fast 10 Prozent eingebüßt.

Die Bundesregierung gesteht ein, dass die ostdeutschen Vermögen noch nicht einmal 50 Prozent Westniveau erreicht haben. Die Folge des sozialen Zurückbleibens ist ein im Osten deutlich höheres Armutsrisiko.

Der Mediziner und Christ Dr. Dr. Gerhard Heine, der uns bereits bisher bei der Auseinandersetzung und Demaskierung des Bundespräsidenten Joachim Gauck[103] wesentlich unterstützt hat, wendet sich aktuell in einem offenen Brief[104] an diesen. Er schildert aus ethischer Sicht das Leben vieler Bürger in diesem Land und die Verblendung des Bundespräsidenten dazu:

»Wenn dieser Bundespräsident schwärmerisch, euphorisch sein Empfinden über dieses, unser Land beschreibt, muss ich vermuten, dass er auf der sorglosen Grundlage seines feudalen Schloss-Lebens als verheirateter Pastor mit seiner Gefährtin mit dem gemeinsam genießenden Luxus einschließlich seiner auf Kosten des Volkes finanziell unverhältnismäßig hohen Versorgung, auch schon vor diesem Amt, spricht, dass er unser Land mit den so vielen bedauernswerten, sorgenbeladenen Menschen gar nicht richtig kennt, mit den Millionen Arbeitslosen, mit den vielen in finanzieller Abhängigkeit befindlichen, bei Ämtern betteln müssenden Menschen, mit den vielen Millionen Armen, mit der Zunahme der Kinder- und Altersarmut, der sich immer mehr spreizenden Schere zwischen Reichen und Armen, den täglich in den Medien aufgezeigten unzählbaren beschämenden, mangelhaften sozialen Bedingungen, den vielen Obdachlosen, den vielen bezahlbare Wohnungen Suchenden, den vielen Analphabeten, der mangelhaften medizinischen Versorgung, besonders in den ländlichen Gebieten, der Zwei-Klassen-Medizin, der mangelhaften Besetzung der Bürgerämter, der Polizeieinrichtungen, der Gerichte, den dringend renovierungsbedürftigen, teilweise hygienisch unzumutbaren Schulen und den Unterbesetzungen mit Lehrkräften, den teils katastrophalen Zuständen in den Pflegeeinrichtungen, dem Fehlen von ausreichendem geschultem Pflegepersonal, den Schwierigkeiten, KITA-Plätze mit ausreichendem geschultem Personal zu bekommen und, und, und, und …

Und das in einem summarisch so reichen Land, aber eben mit so extrem unterschiedlicher Verfügbarkeit. Wo bleibt die notwendige humanitäre wirksame Einflussnahme dieses Bundespräsidenten Pastor Gauck für alle Menschen in Deutschland?

In welch einer Welt lebt dieser mit Steuergeldern überschüttete Bundespräsident mit seiner so hoch gelobten, selbst voll auskosten könnenden Freiheit, die sich nicht jeder leisten kann?

Sein Verhalten hinterlässt bei mir den Eindruck, dass er vermutlich nur unzulänglich informiert ist über so viele begründete Sorgen und Benachteiligungen der Bürger, wie die Verbrechenszunahme mit den wachsenden Brutalitätsausmaßen (auch ganz in der Nähe seines so gut geschützten Schlosses), über die unter dem Schutz seiner so hoch gelobten Freiheit stehende unvorstellbare Verbreitung von Gewaltfilmen und Gewaltvideos, vielleicht sogar wegen ›seiner Freiheit‹ wissend und tatenlos bleibend, bis hinein in die sogenannten Privat-Sender und sogar in die Öffentlich-Rechtlichen Sender, und das, nicht mehr hinnehmbar!, auch zu sehr frühen Abendstunden, was wissenschaftlich belegt, nicht ohne negativen Einfluss besonders auf die Entwicklung von Kindern und Jugendlichen bleibt, über die zunehmenden Kindesmisshandlungen bei nicht ausreichender personeller Besetzung mit dafür notwendigem Fachpersonal, über die zunehmende Drogenproblematik, die zunehmenden Verschuldungen von Familien und einzelnen Menschen, über das zunehmende Empfinden der Bevölkerung einer sich weiter vertiefenden Kluft zu den Politikern mit ihren vielen Privilegien und ihrem Recht, die Bürger ihrer Willkür aussetzen zu dürfen (belegbar), über die vielen Bürger, die die zunehmende Militarisierung mit den Gefahren für neue Kriege nicht wollen und auch nicht die hassgeprägten pastoralen Hetzauftritte gegen andere Völker und Menschen und seinen dadurch behindernden Einfluss auf das so notwendige Zusammenwachsen unseres Volkes und eines gesunden Europas und, und, und, und …«

Die Gesamtaussage lautet: Diese innerdeutschen Probleme können keineswegs wie noch andere vor der deutschen Gesellschaft stehenden Aufgaben mit den bisherigen Methoden der Wirtschaftspolitik bewältigt werden. Die in Deutschland praktizierte neoliberale Variante der Marktwirtschaft hat versagt, wenn es um die Angleichung der Lebensverhältnisse aller Landesteile in einem föderal gegliederten Land geht. Die »Herstellung gleichwertiger Lebensverhältnisse im Bundesgebiet« – ein Grundgesetzauftrag der Bundesrepublik Deutschland – wurde bisher selbst nach einem Vierteljahrhundert nach dem Beitritt nicht eingelöst. Es wird von politischen Entscheidungsträgern und Medien zunehmend in Frage gestellt.

Eine Kehrtwende zu einem sozial-ökologischen Umbau in Deutschland, der Europäischen Union und weltweit ist unerlässlich, wenn die Menschheit als Ganzes überleben will. Das bestehende und sich immer noch weitgehend ungehemmt ausbreitende kapitalistische Gesellschaftssystem hat seine Unfähigkeit dazu hinreichend unter Beweis gestellt. Nur grundlegende gesellschaftliche Veränderungen werden auch Ostdeutschland wieder eine Perspektive schaffen.

# Eine Zusammenfassung – Das DDR-Drama in sieben Akten

Es ist falsch, den Ausverkauf der DDR an einem Ereignis, einer Institution oder Person festzumachen. Das Drama lief in sieben Akten ab, hatte Prolog und Epilog.

## *Die verkaufte DDR* – ein Drama in sieben Akten mit einem Prolog und einem Epilog

Prolog: Nazistische Annexionsgelüste – Hauptdarsteller: Alt-Nazis, Konrad Adenauer

1. Akt: Lebensfremde Vision – Hauptdarsteller: Walter Ulbricht
2. Akt: Gefährliche Annäherung – Hauptdarsteller: Honecker, Mittag, Schalck
3. Akt: Die falsche Fährte – Hauptdarsteller: Schürer, Schalck
4. Akt: Fatale Illusionen – Hauptdarsteller: Modrow, Luft, Wolfram Krause
5. Akt: Die ökonomische Atombombe – Hauptdarsteller: Kohl, Waigel, Köhler
6. Akt: Die Hilflosen – Hauptdarsteller: de Maizière, Günther Krause
7. Akt: Einmarsch der Verbrecher – Hauptdarsteller: Waigel, Breuel

Epilog: Die Folgen des Wahnsinns – Hauptdarsteller: Die Bundesregierung

**Prolog: Nazistische Annexionsgelüste.** Das Drama beginnt bereits unmittelbar nach der Entstehung beider deutscher Staaten im Ergebnis des Zweiten Weltkrieges. Auf Anweisung Konrad Adenauers wird der Forschungsbeirat für gesamtdeutsche Fragen ins Leben gerufen. Er arbeitet detaillierte Dokumente und Instrumentarien für den Fall X, die Übernahme der DDR, aus. Der Forschungsbeirat wird geleitet und ist besetzt mit »namhaften« Nazigrößen mit Erfahrung bei der ökonomischen Annexion besetzter Gebiete. Man beeilt sich mit der Arbeit und legt bald Einzeldokumente zur Währungsreform, Beseitigung der Bodenreform, Privatisierung der Wirtschaft, Abbau der Sozialstandards und anderes vor. Der Aufbau der Bundesrepublik wird durch Marshallplan und Millionen Zuwanderer aus Ostgebieten forciert. Die DDR zahlt die gesamtdeutschen Reparationen. Diese bestehen vor allem auch in einer Strukturierung der Wirtschaft der DDR, die mehr den Interessen der UdSSR entspricht. Durch Überakkumulation verliert die DDR in der Zeit der offenen Grenzen mehrere Millionen Arbeitskräfte.

**1. Akt: Lebensfremde Vision.** Trotzdem wird von Walter Ulbricht Anfang der sechziger Jahre das Ziel ausgegeben, die Bundesrepublik innerhalb von 20 Jahren auf dem Gebiet von Produktivität und Konsum nicht nur einzuholen, sondern zu überbieten. Diese lebensfremde Illusion zieht sich als Leitmotiv durch alle Akte des Dramas. Experimente mit dem Neuen Ökonomischen System sollen die Erreichung dieses Zieles unterstützen.

**2. Akt: Gefährliche Annäherung.** Mit der Machtübernahme durch Erich Honecker wird die wirtschaftspolitische Zielstellung in die Formel der »Einheit von Wirtschafts- und Sozialpolitik« gegossen. Nach wie vor wird die Illusion aufrechterhalten, westdeutsches Produktivitätsniveau zumindest erreichen zu können. Die Realität entfernt sich immer mehr von diesen Illusionen. Führungskräfte um Günter Mittag, Alexander Schalck, Gerhard Beil erkennen zunehmend, dass im Verbund des RGW diese Ziele Illusion bleiben. Sie beginnen eine Politik der vorsichtigen politischen und wirtschaftlichen Annäherung an die BRD. Vage, nie zu Ende gedachte Vorstellungen von einer deutsch-deutschen Konföderation entstehen. Dieser Weg wird geduldet und gedeckt vom Generalsekretär Erich Honecker, dem persönliche Ambitionen zu einer Annäherung an die BRD angemessen erscheinen. »Betonköpfe« in der Führung der DDR stellen sich diesem Kurs mehr oder weniger entschieden entgegen, beharren auf der politischen und ökonomischen Bindung an die UdSSR. Politische Grundsatzdebatten über den »richtigen« oder »gangbaren« Weg werden nicht geführt.

**3. Akt: Die falsche Fährte.** Es bilden sich politisch und ökonomisch eigene Machtstrukturen heraus. Besondere Bedeutung dabei hat Wirtschaftssekretär Günter Mittag, der sich unter Ulbricht und Honecker für die Wirtschaft als »unersetzlich« etabliert hat. Unter seiner direkten Unterstellung erlangt der Bereich Kommerzielle Koordinierung und deren Leiter Alexander Schalck-Golodkowski besonderes Gewicht. Ökonomisch drängt dieser im Außenhandel mit kapitalistischen Ländern den Staatlichen Sektor unter Verantwortung von Gerhard Schürer immer weiter zurück, betreibt eigene Milliardengeschäfte auch zu Lasten des Staates DDR und hortet Devisen für den Tag X. Wahrheitsgemäße Informationen zur Devisenlage werden von ihm mit Duldung Mittags unterschlagen. Politisch wird Schalck als Vertrauter des Generalsekretärs für die Öffnung gen Westen immer bedeutungsvoller. Als sich die politische Situation 1989 zuspitzt und eine »neue« Führung in der DDR etabliert wird, leisten Alexander Schalck und Gerhard Schürer den »Offenbarungseid«. Die DDR wird wahrheitswidrig für zahlungsunfähig erklärt. Schalcks Devisenbestände in Höhe von vielen Milliarden werden verschwiegen.

**4. Akt: Fatale Illusionen.** Mit diesem Rucksack belastet ist die Regierung Modrow gegenüber der übermächtigen BRD praktisch handlungsunfähig. Die Treuhand wird mit der Erklärung gegründet, Volkseigentum zu erhalten. Der Versuch Modrows, auf dieser Grundlage eine »sozialistische Marktwirtschaft« zu installieren und die DDR zu erhalten, ist zum Scheitern verurteilt. Von seiner Wirtschaftsministerin Christa Luft werden marktwirtschaftliche Schritte eingeleitet, die über dieses Ziel hinausgehen. Eine Marktwirtschaft pur auf Grundlage des Privateigentums mit der Illusion einer sozialen Abfederung wird anvisiert. Entsprechende Gesetze zur Privatisierung der Volkseigenen Wirtschaft werden verabschiedet.

**5. und 6. Akt: Die ökonomische Atombombe und die Hilflosen.** Das westdeutsche Kapital übernimmt in einer politisch immer labiler werdenden Situation zunehmend die Federführung bei der Umgestaltung der DDR-Wirtschaft. Unter persönlicher Entscheidung von Kohl wird am 1. Juli 1990 die Währungsunion durchgeführt. Damit wird die eigenständige DDR-Wirtschaft liquidiert. Die im Ergebnis von leeren Versprechungen und Illusionen durch »freie« Wahlen gebildete Volkskammer wird zum Vollzugsorgan westdeutscher Interessen. Der Regierung de Maizière und seinem Staatssekretär Günther Krause bleibt die Aufgabe, eine würdelose Angliederung an die BRD zu bewerkstelligen.

**7. Akt: Einmarsch der Verbrecher.** Zur Abwicklung wird im letzten Akt dieses Dramas auf Geheiß von Kohl und Waigel die »Treuhand«-Anstalt zu einem Organ der bedingungslosen Privatisierung umfunktioniert. Birgit Breuel führt diese Aufgabe ohne Rücksicht auf Verluste zur Zufriedenheit ihrer Auftraggeber und zu Lasten von Millionen Menschen der DDR durch. Das von den Bürgern der DDR in jahrzehntelanger entbehrungsreicher Arbeit geschaffene Volksvermögen wandert in die Privattaschen der bundesdeutschen Kapitaleliten. Damit ist die sozialistische DDR in den Schlund der kapitalistischen BRD aufgesogen.

**Epilog: Die Folgen des Wahnsinns.** Alle realitätsfremden Illusionen über Kooperation oder Konföderation sind geplatzt. Die heutigen »neuen Bundesländer« hängen am Tropf der alten. Das wirtschaftliche und soziale Niveau hinkt weit hinter dem der alten Bundesländer zurück. Politisch sind die Menschen dem kapitalistischen System ausgeliefert.

## Lehren und Schlussfolgerungen

Die Beschreibung historischer Abläufe macht dann Sinn, wenn aus ihr Schlussfolgerungen für die Gegenwart und Zukunft gezogen werden. Die Gegenwart ist geprägt von einem sich weltweit weitgehend ungebremst ausbreitenden kapitalistischen System. Die Auswirkungen sind verheerend: Kriege, Terrorismus, Flüchtlinge, Umweltzerstörung, Armut, Hunger. Es liegt auf der Hand, dass grundlegende gesellschaftliche Veränderungen zwingend notwendig sind. Die grundsätzlichen Überlegungen dazu wurden von mir in *Die sozialistische Zukunft* publiziert. Es ist jedoch zweckmäßig, aus der Analyse des Ausverkaufs der DDR einige spezielle Schlussfolgerungen abzuleiten beziehungsweise zu unterstreichen.

### *Eine sozialistische Alternative braucht neue Ziele*

Eine sozialistische Alternative kann nicht im Versuch bestehen, den Kapitalismus mit sozialistischen Methoden zu überbieten. Der Krebsschaden des Ausverkaufs der DDR an die BRD lag in der politischen Grundorientierung, die BRD auf dem Gebiet der Konsumtion und der Produktivität nicht nur einzuholen, sondern zu überholen. Mit dieser Grundorientierung sollte – auch in der DDR – eine Konsumgesellschaft sozialistischer Prägung gestaltet werden. Mit dieser Gesellschaftsphilosophie war die DDR ständig in einer Position des »Hinterherlaufens« gegenüber der auf diesem Gebiet führenden BRD. Dieser Wettlauf konnte nicht gewonnen werden, er war vom Ansatz unrealistisch und damit falsch. Er zog sich jedoch von Ulbricht über Honecker bis zum Ende der DDR als Gesellschaftsdoktrin durch. Die politische Führung der DDR hatte keinen Mut, gegenüber dem Volk zu erklären, oder auch nicht erkannt, dass sie sich damit auf dem Holzweg befindet.

Eine dringend notwendige sozialistische Alternative für Gegenwart und Zukunft muss diese eingeschränkte Herangehensweise überwinden und die eigenständigen Merkmale einer sozialistischen Gesellschaft ins Zentrum stellen: Frieden, Solidarität, Gerechtigkeit, Gleichheit, Arbeit. Die Abrichtung des Menschen zum »Konsumtrottel« muss überwunden und der denkende Mensch in die Gestaltung der Gesellschaft aktiv einbezogen werden.

Mit dieser Auffassung bin ich weder theoretisch noch praktisch alleinstehend. Der verstorbene DDR-Ökonom Harry Nick kam zu der Aussage:»In den sozialistischen Planwirtschaften war kein Kraut gegen die Kraft und Macht wirtschaftlicher Antriebe gewachsen, wie sie die kapitalistischen Marktwirtschaften hervorbringen. Ob das überhaupt möglich ist, bezweifle ich heute. [Ich auch. K. B.]

Entscheidend wird künftig nicht das Tempo des Wirtschaftswachstums und der technologischen Entwicklung sein, sondern eher im Gegenteil eine gesamtwirtschaftliche und in globalen Maßstäben kontrollierte, gelenkte Entwicklung.

WIE WOLLEN WIR LEBEN? Es ist die Frage aller Fragen, auch die aller sozialistischer Wertvorstellungen, Bewegung und Ziele. (…) Sie permanent vernachlässigt zu haben, gehört zu den Erbsünden der Linken. (…) Der einzige und zugleich naheliegende, ja selbstverständliche Weg wurde nicht beschritten. (…) Die zentrale Frage jedenfalls, die in der Wendezeit dem Volke nicht nur zur Diskussion, sondern auch zur Entscheidung hätte vorgeschlagen werden müssen, hätte nur lauten können: Wie wollen wir leben? Was müssen wir tun, verändern, wenn wir dieses Gemeinwesen erhalten wollen? Was wollen und müssen wir aufgeben für die Segnungen der Marktwirtschaft, die ›harte D-Mark‹?

Nicht die Gesellschaften mit der größeren Kinderfreundlichkeit und mehr sozialer Gerechtigkeit haben gesiegt auf dem Felde des Wirtschaftswachstums und der technologischen Entwicklung, sondern die Gesellschaften, die Gier und Angst als Antriebe verwenden.

Die marxistisch orientierte Linke muss ihr Verständnis von Produktivkraftentwicklung und gesellschaftlichem Fortschritt überprüfen. Es gilt, Wege, Kriterien zu finden, die Produktivkraftfortschritt als Erleichterung, Verbesserung menschlichen Lebens ansehen, anstreben. An der Steigerung des BIP gemessenes Wirtschaftswachstum, an üblichen Kriterien gemessene technologische Fortschritte jedenfalls entfernen sich immer mehr vom wirklichen Maß des Produktivitätsfortschrittes.

Am Anfang aller Überlegungen über eine lebenswürdige und lebensfähige sozialistische Gesellschaft muss die Frage stehen: Wie wollen und wie können wir leben? Mit dem in den kapitalistischen Marktwirtschaften durch Profitgeilheit und aggressive Reklame induzierten, exzessiven Konsumismus ist jeder Sozialismus undenkbar, nicht machbar.«[105]

Auch Margot Honecker erklärte in einem aktuellen Interview dazu[106]: »Offensichtlich haben wir es nicht verstanden, den tatsächlichen gesellschaftlichen Fortschritt gegenüber der auf Ausbeutung, Unterdrückung und Krieg beruhenden kapitalistischen Gesellschaft den Menschen überzeugend bewusst zu machen. So meinten viele, die glitzernde Warenwelt des Kapitalismus und die soziale Sicherheit des Sozialismus miteinander verbinden zu können.«

Wenn sich Linke endlich zu dieser alternativen Auffassung mit allen daraus notwendigen Konsequenzen durchringen können, müssen sie auch ihre Wertungen und Schlussfolgerungen darauf ausrichten. Es macht wenig Sinn, einen derartig menschlichen Sozialismus nach kapitalistischen Werturteilen von Mangelwirtschaft, Produktivitäts- und Effektivitätsrückständen zu beurteilen.

Es ist erfreulich, dass es Länder in der Welt gibt, die dieses erkannt haben. Rafael Correa – Präsident Ecuadors – schätzt berechtigt ein: »Der vielleicht größte Fehler des traditionellen Sozialismus war es, das kapitalistische Entwicklungskonzept nicht in Frage zu stellen – man wollte dasselbe nur schneller und gerechter. – Unser Konzept ist das gute Leben, das Leben in Einklang mit der Natur, in Würde, mit Gleichheit.«

Der Botschafter der Republik Ecuador in Deutschland sagte mir in einem Gespräch:

*Blessing: Möchten Sie noch etwas besonders hervorheben?*

Botschafter: Ja, das »Buen Vivir«, unser Konzept des guten Lebens. Es ist ein weiterer Unterschied des anderen Weges.

*Blessing: Das ist meines Erachtens der entscheidende Unterschied.*

Botschafter: Ja, das stimmt. Es gibt nicht nur physische Grenzen des Wachstums. Nicht jeder sollte seinen eigenen Wagen besitzen oder gar mehrere. Maximaler Konsum kann nicht das Lebensziel sein. Wir haben uns auf unsere Wurzeln zurückbesonnen. Unsere indigene Gesellschaft hat seit Jahrtausenden eigene Kulturen, die älter als Inkakulturen sind. Diese haben immer einen Weg gesucht, im Gleichgewicht mit der Umwelt zu leben. Das ist das Hauptmerkmal des »guten Lebens«. Ecuador ist ein gesegnetes Land mit vielen Ressourcen. Darauf könnte sich ein gutes Leben aufbauen, wenn wir nicht auch in das Konsummodell gedrängt werden.

### Wichtigster Schritt: Finanzkapital entmachten

Die Zerschlagung der DDR-Wirtschaft durch eine »gemeinsame« Währung unterstreicht die tödliche Wirkung einer Einheitswährung bei grundsätzlich unterschiedlichem Wirtschaftsniveau. Damals wie heute wird diese ökonomische Waffe vom internationalen Kapital zielgerichtet eingesetzt, um national unterentwickelte Volkswirtschaften zu zerschlagen. Es bleibt die Notwendigkeit, in sozialistisch orientierten Volkswirtschaften eine gemeinsame sozialistische Währung zu etablieren, die der Kapitalspekulation entzogen wird.

Es ist angebracht, hieraus hochaktuelle Gedanken aus der »Griechenlandkrise« abzuleiten. Die »Griechenlandkrise« ist keine Krise

Griechenlands. Es ist die Krise des Systems und der Versuch des Kapitals und der von ihm abhängigen Politik zu testen, wie weit die Ausbeutung ganzer Staaten getrieben werden kann. Es ist deshalb alarmierend, dass die Diskussion über die »griechischen Verhältnisse« sich an Erscheinungen und Personen festmacht, ohne in das Wesen der Probleme einzudringen. Die unterschiedlichen und häufig kontrovers diskutierten »Lösungsvorschläge« bewegen sich innerhalb systembedingter Denkweisen (Grexit, Schuldenschnitt, Schuldenstreckung …) und lenken von den grundlegenden Problemen ab. »Linke« Debatten verfolgen meist das gleiche Muster.

Die dem griechischen Volk durch die EU-Instanzen auferlegten Lasten und im Gegenzug zugestandenen neuen Kredite lösen keines der Probleme, sondern verschärfen diese für die nächste Zeit: Die Schuldenlast steigt weiter, die Wirtschaftsleistung sinkt, die Belastungen des Volkes werden immer unerträglicher. Ausreichung neuer Kredite mit Verzinsung zur Tilgung alter Kredite bei gleichzeitig extremen Sparauflagen sind ein perverses Paradoxon. Dem darf nicht gefolgt werden. Der ukrainische Ministerpräsident – sicher kein Sympathieträger –, der vor ähnlichen Problemen steht, erklärt: Sein Land wird keine weiteren Schulden aufnehmen, um alte Verbindlichkeiten zu tilgen. Das wurde offenkundig von den »Geldgebern« aus politischen Gründen akzeptiert, die linke griechische Regierung wurde stattdessen erpresst.

Jede linke Regierung, die legitim an die Macht kommt, sollte, lernend aus der griechischen Erfahrung, als ersten Schritt für das Land Kapitalverkehrskontrollen beschließen. Der Abfluss des Reichtums in das Ausland und die Abhebung großer Geldbeträge für dunkle Geschäfte sind dadurch zu unterbinden. In nachfolgenden Schritten sollten die übergroßen Reichtümer abgeschöpft und für die Allgemeinheit nutzbar gemacht werden.

Gleichzeitig sind die aufgelaufenen Staats-»Schulden« zu analysieren. Schulden, die durch Erpressung, Korruption, auf Druck ausländischer Mächte und anderer unlauter Methoden entstanden sind, sind als nicht tilgbar zu deklarieren und auszusondern. Erfahrungen lateinamerikanischer ALBA-Staaten könnten dafür genutzt werden.

Die griechischen Erfahrungen mit der EU und den Finanzorganen zeigen, dass gleichberechtigte Verhandlungen nicht möglich sind. Vernunft und Anerkennung demokratischer Abläufe werden im Interesse des Kapitals außer Kraft gesetzt. Die Macht der Finanzorgane wird zur Erpressung eingesetzt. Die »Schuldnerstaaten« müssen sich deshalb aus der Umklammerung dieser Institutionen befreien und andere Finanzquellen erschließen. Dafür bieten sich vorrangig BRICS-Staaten, insbesondere China und Russland, aber auch andere asiatische Länder und Organisationen an.

Die Befreiung vom Diktat der EU erfordert andere politische Orientierungen. Im Falle Griechenland wären eine stärkere Anbindung an Russland und China, einige Balkanländer und die Verbesserung der Beziehungen zur Türkei politische Optionen, die bei den Machthabern in der EU die Alarmglocken schrillen ließen und diese zu Zugeständnissen zwingen.

Die ständige Beschäftigung demokratisch gewählter Regierungen mit buchhalterischen und juristischen Abläufen hält progressive Regierungen von politischer Tätigkeit ab, was sicherlich auch ein Ziel der »Geldgeber« ist.

Die zeitweilige Einführung einer eigenen, nicht konvertierbaren Binnenwährung zur Sicherung der Versorgung der Bevölkerung und der Stabilität der Preise unter staatlicher Kontrolle wäre durchaus eine Option, mit der ein Land zeitweise leben und eine stabile wirtschaftliche und soziale Entwicklung einleiten kann.

Die notwendigen Importe könnten durch gezielte Währungseinnahmen durch Exporte und im Falle Griechenland vorrangig durch den Tourismus gesichert werden. Durch staatlich festgelegte Umtauschkurse könnte der Tourismus lukrativ gestaltet werden. Angesichts der sich immer mehr verschärfenden Sicherheitslage rund um das Mittelmeer könnte Griechenland umso mehr zu einem touristischen Zentrum werden, je mehr es sich dem Einfluss des westlichen Kapitals und der westlichen Politik entzieht. Dem Terrorismus würde dadurch weitgehend begegnet.

Kein Land kann sich vom Weltmarkt abschotten. Notwendiges Know-how und ausländische Investitionen sind unverzichtbar. Es ist jedoch zu unterbinden, dass dafür ausländisches Kapital in das Land fließt. Aus den Erfahrungen der DDR ist zu nutzen, Objekte und Leistungen als »Kompensationsgeschäfte« durchzuführen. Das heißt: Der ausländische Partner errichtet das Objekt, erlangt aber daran keinerlei Eigentumstitel. Die verausgabten Mittel werden aus den Objekten »refinanziert«.

Da absehbar ist, dass sich die »griechischen« Probleme sowohl in Griechenland selbst als auch in anderen »Schuldnerländern« kurzfristig und verschärft wiederholen, sind internationale Gegenmaßnahmen notwendig. Es wäre notwendig, mit Griechenland, Spanien, Portugal, den ALBA-Staaten und linken Erfahrungsträgern aus Deutschland konsultative Beratungen und Erfahrungsaustausche zu organisieren.

### Mit dem Kapital kann man nicht verhandeln – man muss es erpressen

Die Gesamtentwicklung des Untergangs der DDR zeigt die Rolle des subjektiven Faktors. Vertreter des Kapitals mögen – wenn es dem Zweck dient – durchaus gepflegte Umgangsformen haben und als eloquente Personen auftreten. In Einzelfällen mögen sie auch durchaus redliche Absichten verfolgen. Ihnen aber deswegen auf den Leim zu gehen, sich geschmeichelt fühlen, mit derartigen »Persönlichkeiten« aus Politik und Wirtschaft auf Augenhöhe verhandeln zu können, wie das offenkundig bei mehreren Führungspersonen der DDR der Fall war, ist für die Sache tödlich. Vertreter des Kapitals sind Kapital-Vertreter und haben ein Ziel: dieses Kapital zu mehren. Die Umgangsformen, um dieses Ziel zu erreichen, werden der Lage und dem Kräfteverhältnis angepasst. Im Falle der DDR wahrte man (weitgehend) annehmbare Umgangsformen, man war sich ja seiner Sache noch nicht ganz sicher und musste Leitungskader der DDR mit »Zuckerbrot« für sich und die eigene Sache gewinnen. Brutale Erpressung und Demütigung dabei nicht ausgeschlossen.

Wie letzteres geht, beschreibt der ehemalige griechische Finanzminister Yanis Varoufakis. In seinem Fall waren sich die »Verhandlungspartner« der Sache sicher. Sie hatten alle Trümpfe der Erpressung in der Hand – Zudrehen des Geldhahns. Dann ging es auf Spitzenebene so zu:

»Die Mächtigen sprechen direkt mit dir, und dann ist es so wie man befürchtet, sogar noch schlimmer als man es sich vorgestellt hat. (…) *Worauf spielen Sie an?*

Das vollständige Fehlen demokratischer Skrupel unter den angeblichen Verteidigern der europäischen Demokratie. (…) Und dann schauen dir sehr mächtige Personen in die Augen und sagen: ›Sie haben recht mit dem, was Sie sagen, aber wir werden Sie trotzdem zerquetschen.‹ (…) Sie stellen ein Argument vor, an dem Sie wirklich analytisch gearbeitet haben – um sicher zu gehen, dass es logisch kohärent ist –, und dann schauen Sie lediglich in leere Gesichter. Sie hätten genauso gut die schwedische Nationalhymne singen können – Sie hätten dieselbe Antwort bekommen. (…) Man hat nicht einmal Genervtheit gespürt, es war so, als ob man einfach nichts gesagt hätte. (…) Wolfgang Schäuble war die ganze Zeit konsistent. Seine Sicht lautete: ›Ich diskutiere das Programm nicht – es wurde von der Vorgängerregierung akzeptiert und wir können unmöglich erlauben, dass eine Wahl etwas verändert.‹(!) (…) An diesem Punkt musste ich dazwischen gehen und sagen: ›Okay, dann sollten wir vielleicht einfach keine Wahlen in verschuldeten Ländern mehr abhalten.‹ Und es gab keine Antwort.«[107]

Die Versuche und Illusionen führender Persönlichkeiten der DDR, mit dem kapitalistischen »Partner« gleichberechtigte Verhandlungen und Vereinbarungen »zum gegenseitigen Vorteil« zu führen, haben sich als Bumerang erwiesen. Mit dem Kapital kann man nicht zum gegenseitigen Vorteil »verhandeln«, man muss es erpressen, um zu nützlichen Ergebnissen zu kommen. Die DDR hatte gegenüber der BRD kein Erpressungspotential mehr, sie war durch die politische Entwicklung, Falschinformationen aus den eigenen Reihen und Illusionen einiger Führungskräfte der Erpressung des politischen Gegners mehr oder weniger hilflos ausgeliefert.

Diese Erkenntnis durch bestimmte Personen(-gruppen) der DDR ignoriert zu haben, führte dazu, dass gesellschaftliche Entwicklungen außer Kontrolle gerieten und die DDR letztlich in der BRD landete. Eine gesellschaftliche Kontrolle und Rechenschaft der Führungspersönlichkeiten für ihre Handlungen erscheint zwingend notwendig.

Gerade diese Erkenntnis ist für die Gegenwart offenkundig von gravierender Bedeutung. Die demokratisch legitimierte griechische Regierung erlag offensichtlich auch der Illusion, mit dem Kapital verhandeln zu können. Ihr, dem griechischen Volk und der Welt wurde drastisch vorgeführt, dass es dafür nicht den geringsten Spielraum gab.

»Die Institutionen«, Merkel, Schäuble und Co., diktierten im Auftrag des internationalen Kapitals Inhalt und Spielregeln. Dabei hätte Griechenland erhebliches Erpressungspotential zum Einsatz gehabt: Blockierung von Sanktionen gegen Russland, alternative Finanzierungsquellen aus Russland, China, Ölstaaten und letztlich andere Militärbündnisse als die NATO. Es wurde aus welchen Gründen auch immer nicht eingesetzt.

Die Entwicklung in der DDR – und heute aller vom internationalen Kapital abhängigen Staaten – zeigt: Je höher der Verflechtungsgrad der nationalen Volkswirtschaft mit kapitalistischen Märkten, desto höher die Abhängigkeit von diesen. Daraus folgt *nicht,* nationale Wirtschaften autark zu machen. Daraus folgt aber, möglichst einheitliche sozialistische Märkte zu schaffen. Woraus wieder folgt, dass sozialistische Alternativen nicht in einem Land, sondern nur in größeren Ländergruppen möglich sein werden. Daraus folgt insbesondere, die mit kapitalistischen Ländern unumgänglichen wirtschaftlichen Verflechtungen nicht auf der Basis von Kapitalimporten, sondern des Warenaustausches durchzuführen.

### Volksvermögen erhalten

Die Abwicklung der DDR und die schnelle und gierige Überführung des Volksvermögens in die Privathände bundesdeutscher Kapitalisten unterstreicht die zentrale Stellung des Eigentums bei der Gestaltung der Gesellschaftsordnungen: Privateigentum ist Kapitalismus – gesellschaftliches Eigentum Sozialismus. Es war ein tödlicher Fehler, besonders in der Übergangszeit 1989/90, diese elementare Erkenntnis zu negieren und durch Privatisierung des Volksvermögens dem bundesdeutschen Kapital Tür und Tor zu öffnen. Neue sozialistisch orientierte Gesellschaften benötigen zwingend einen dominierenden Anteil gesellschaftlichen Eigentums in unterschiedlichen Formen.

Das Wüten der Treuhandanstalt bei der Überführung von Volkseigentum in Privatbesitz ist negativ beispielgebend auch für die gegenwärtigen Vorgänge in Griechenland. Es dient allein dem Ziel, die Reste staatlichen Besitzes in die Hände des Privatkapitals zu überführen.

Im Jahr 2011 bat mich die griechische Zeitschrift *Cosmos* um ein Interview über die Tätigkeit der Treuhand und stellte unter anderem folgende Fragen:

*Herr Blessing, wir haben vor allem deshalb über das Wirken der Treuhand gesprochen, weil die DDR damals unter der Schuldenlast zusammengebrochen ist und Griechenland heute vor ähnlichen Problemen steht. Sehen Sie Parallelen?*

Ja und nein. Zunächst einmal, es stimmt nicht, dass die DDR an der Schuldenlast zusammengebrochen ist, auch diese Aussage gehört in das Reich der gezielten Legenden. Nach offiziellen Abschlussdokumenten hatte die DDR gegenüber den kapitalistischen Ländern 1989 eine Verschuldung von 20 Milliarden DM – nachgewiesen von der Deutschen Bundesbank. Dem standen Guthaben in den RGW-Ländern in annähernd gleicher Größenordnung gegenüber. Die DDR hatte also summa summarum überhaupt keine Auslandsschulden. Die Staatsverschuldung betrug – hochgerechnet, es gibt da unterschiedliche Aussagen – maximal 5.000 Euro je Kopf der Bevölkerung. Die größer gewordene Bundesrepublik hat heute eine Schuldenlast von annähernd 25.000 Euro je Kopf der Bevölkerung, die Ihres Landes kennen Sie besser als ich. Die Parallele zwischen der DDR und Griechenland besteht darin, dass in beiden Fällen ausländische Mächte und das internationale Kapital nach den Errungenschaften des Volkes greifen. Im Falle DDR ist das leider gelungen, weil große Teile der DDR-Bevölkerung mit den *politischen* Verhältnissen unzufrieden waren – mangelnde persönliche Freiheiten, ungenügende Einbeziehung des Volkes in politische Entscheidungen.

Im Falle Ihres Landes nutzt das internationale Kapital – soweit ich das beurteilen kann – Ihre Schuldenprobleme, um Zugriff zu staatlicher Souveränität und letztlich Eigentum zu erlangen. Ich muss aus den bit-

# «Η Treuhand σάρωσε

# 8.500 επιχειρήσεις

## και 4 εκατ. εργαζομένους»

Ανάμεσα στα πολλά που διατυπώνονται ως συστάσεις, παραινέσεις ή προειδοποιήσεις, οι Ευρωπαίοι πολιτικοί ζητούν από την Ελλάδα να πάρει ως πρότυπο για τις προβλεπόμενες αποκρατικοποιήσεις τη δράση της Treuhandanstalt στην πρώην Ανατολική Γερμανία, της εταιρείας που ιδρύθηκε από την τελευταία σοσιαλιστική κυβέρνηση και, με στόχο να προστατέψει τη «λαϊκή περιουσία», προχώρησε σε μαζικές ιδιωτικοποιήσεις κρατικών επιχειρήσεων. Ο Γερμανός οικονομολόγος, συγγραφέας και πρώην στέλεχος του καθεστώτος της Ανατολικής Γερμανίας, Κλάους Μπλέσινγκ, έχει καταγράψει λεπτομερώς το «έπος» της Treuhandanstalt και -φυσικά με μια οπτική που υπερασπίζεται τα πλεονεκτήματα της κρατικής ανατολικογερμανικής οικονομίας προ της πτώσης του Τείχους, την οποία ο ίδιος θεωρεί σοσιαλιστική- προειδοποιεί για τις επιπτώσεις που θα είχε μια τέτοια εξέλιξη στην κρατική κυριαρχία και στα κοινωνικά κεκτημένα όχι μόνο της Ελλάδας, αλλά και όλων των ευρωπαϊκών χωρών. Εξηγεί τη λειτουργία της εταιρείας και συγκρίνει την παρούσα κρίση στην Ελλάδα με εκείνην στην Ανατολική Γερμανία πριν από την πτώση του Τείχους. Ανεξάρτητα από το πώς προσεγγίζει κανείς το είδος κρατικής οικονομίας που διέθετε η Ανατολική Γερμανία, η εμπειρία που καταθέτει ο Κλάους Μπλέσινγκ για το πο ευρύ και ταχύ πρόγραμμα ιδιωτικοποιήσεων που έχει γνωρίσει η Ευρώπη είναι άκρως ενδιαφέρουσα.

*συνέντευξη στη ΧΡΥΣΑ ΒΙΑΚΕΝΗ*

---

teren Erfahrungen der Überführung der DDR-Wirtschaft in die Privatwirtschaft – nicht nur, aber doch in starkem Maße durch das Wirken der Treuhandanstalt – davor warnen, die staatliche Souveränität und staatliches Eigentum dem Diktat der EU, des IWF und der Weltbank zu opfern. Die Werktätigen der DDR haben leider nicht die Kraft aufgebracht, um ihr Eigentum und ihre sozialen Errungenschaften zu kämpfen. Sicher auch deshalb, weil sie sich ungenügend mit »ihrem« Eigentum verbunden fühlten. Ich wünsche dem griechischen Volk, dass es die Kraft zur Verteidigung des staatlichen Eigentums und der sozialen Errungenschaften – auch im Interesse und als Beispiel für ganz Europa – aufbringen möge.

*Abschließend: Sie sind also nicht der Meinung, dass man aus dem Wirken der Treuhand Schlussfolgerungen für die Bewältigung der griechischen Krise ziehen kann?*

Doch, die kann man ziehen: Es ist das Beispiel, wie man es *nicht* machen kann und soll. Die »griechische Krise«, die ja keine griechische

Krise ist, sondern die des gesamten vom Kapital dominierten Systems, kann nur bewältigt werden, wenn die Schulden dadurch abgebaut werden, dass das Geld dort abgezogen wird, wo es im nutzlosen Überfluss vorhanden ist. Vor wenigen Tagen wurde mit dem »Global Wealth Report 2011« von Boston Consulting veröffentlicht, dass in der Welt in Depots und auf Konten 122 Billionen Dollar lagern, mehr als in den Jahren vor der Weltwirtschaftskrise. Das sagt alles über Ursachen und Auswege aus der Krisensituation.

### Gesellschaftliche Veränderungen erfordern revolutionäre Umbrüche

Die negativen Erfahrungen aus der Endphase der DDR zeigen, dass ein neues Gesellschaftssystem grundlegende Wandlungen in den Macht- und Eigentumsverhältnissen erfordert. Der politische Gegner hat das – ohne den Marxismus-Leninismus studiert zu haben – verinnerlicht und brutal umgesetzt. Er wusste, wohin die Reise gehen soll. Die sozialistisch orientierte DDR sollte bedingungslos in den Machtbereich der kapitalistischen Bundesrepublik zurückgeholt werden. Die politischen, ökonomischen und juristischen Strukturen wurden von dieser übernommen. Macht- und Eigentumsverhältnisse waren auf diese zu übertragen. Heutige Linke träumen davon, erst einmal auf den Zug aufzusteigen, um dann zu sehen, wohin er fährt. Konkrete Vorstellungen, welches Ziel sie erreichen wollen, haben sie nicht. Es soll ein »demokratischer«, »ökologischer«, »feministischer«, »lustvoller« »Sozialismus 2.0« sein. Wie dieser konkret aussehen soll, bleibt offen. Das trifft auch auf die europäische Linke zu. Das Scheitern der griechischen Syriza ist vorrangig darauf zurückzuführen, dass auch sie nicht wussten, wo die Reise eigentlich hingehen sollte. Das Mitschwimmen im bestehenden System mit dem Ziel, diesem Zugeständnisse im Interesse der Mehrheit der Menschen abringen zu können, erwies sich als Illusion. Sie wird immer eine bleiben.

Der Einverleibung der DDR in den Herrschaftsbereich der Bundesrepublik lagen klare, seit Jahrzehnten vorbereitete Handlungsschritte zugrunde. Das Werkzeug zur Rückführung einer sozialistischen in eine kapitalistische Gesellschaftsordnung lag bereit. Die heutige Linke hat – da sie über kein klares Ziel verfügt – logischerweise auch keine Instrumente zur Verfügung. Das zentrale Problem des Scheiterns der griechischen Bewegung war, dass keine Instrumente vorlagen, um der Allmacht des Finanzkapitals zu begegnen. Man »verhandelte« mit diesem, Ergebnis bekannt. Es ist nicht zu verschweigen, dass in linken (deutschen) Kreisen durchaus theoretische Vorstellungen bestehen, wie man die

Macht des Finanzkapitals eingrenzen könnte. Sie sind aber weder ausgereift noch ausdiskutiert und erst recht nicht den Menschen nahegebracht. Man braucht kein Hellseher zu sein, um vorauszusagen, dass die nächste Finanzkrise in nicht ferner Zeit erneut zuschlagen und auch Deutschland treffen wird. Es wäre Anlass, um Menschen für erste Schritte zu sozialistischen Umgestaltungen zu gewinnen. Dazu liegt jedoch nichts Verwertbares vor.

Ohne Ziel und Weg können aber Menschen nicht mobilisiert werden. Die Aussage der Führung der Partei DIE LINKE: »Wir haben aber keine revolutionäre Situation«, ist eine Tautologie. Von allein kommt diese nicht. Die objektiven Widersprüche werden weiter zunehmen, die Linken stehen diesen mehr oder weniger konzeptionslos gegenüber. Stattdessen buhlt man mit allen Methoden um Regierungsbeteiligung. Glaubt nach den griechischen Erfahrungen jemand ernsthaft, dass mit Regierungsbeteiligung gesellschaftliche Veränderungen im Interesse der Menschen möglich sind?

Heutige Linke negieren diese einfachen und für jeden anhand der historischen Entwicklung nachvollziehbaren Erkenntnisse weitgehend. Ich habe mich mehrfach prinzipiell gegen derartige Auffassungen gewandt.[108] Wirkliche gesellschaftliche Veränderungen sind nur möglich, wenn linke Bewegungen ein klares sozialistisches Ziel verfolgen, Handlungsschritte dazu ausarbeiten und damit Menschen mobilisieren. Von allem sind wir im linken Spektrum meilenweit entfernt. Dabei haben es uns die reaktionärsten Kreise der BRD – assistiert von »verirrten« Linken – doch im negativen Sinne vorgemacht: Ein klares Ziel definieren und »wissenschaftlich« begründete Handlungskonzepte dazu ausarbeiten.

Diese historische Aufgabe muss die linke Bewegung endlich anpacken: Raus aus der ideologischen Sackgasse und Zersplitterung! Wenn die Partei mit dem anspruchsvollen großbuchstabigen Namen DIE LINKE dazu nicht fähig und gewillt ist, sind andere linke Kräfte – auch und besonders außerparteiliche und außerparlamentarische – gefordert.

# Zum »subjektiven Faktor« beim Aufstieg und Fall der DDR
## von Walter Siegert

### Die Ära Ulbricht

In der Literatur zur Geschichte der DDR haben nicht wenige Autoren versucht, das Handeln von führenden Köpfen der SED und der Regierung zu analysieren, um Gründe für das Scheitern der DDR zu finden.

Wir wissen aus der Geschichte, dass beim Handeln der »Mächtigen« stets Charakter und Moral wichtige Faktoren waren. Das war in der DDR auch nicht anders. Die DDR ging vom Anfang bis zum Ende einen schwierigen Weg. Und gerade bei der Bewältigung der immer neuen existenziellen Probleme unseres sozialistischen Gemeinwesens, dem Suchen nach dem richtigen Weg zur Gestaltung der Politik nach innen und außen, waren Persönlichkeiten gefragt, die in ihrer Machtausübung den von uns selbst erklärten Moralnormen gerecht wurden. In diesem Punkt hatten wir leider nicht immer Glück. Die Kader der ersten Stunde kamen meist aus der Emigration – mit sehr unterschiedlichen Erfahrungen und Ambitionen. Die Emigranten aus der UdSSR behielten in den Machtkämpfen um die »richtige politische Linie« der Anfangsjahre die Oberhand und waren zum Teil bis zum Ende in der Führung.

Die ab 1945 nachfolgende Kadergeneration hat im Wesentlichen die politische, wirtschaftliche und kulturelle Gestaltung des Aufbaus der DDR und ihrer weiteren Konsolidierung getragen. Aber auch in der SED sind Karrieristen mit Machtambitionen zum Teil hoch aufgestiegen. Dem kam entgegen, dass wir mehr auf das Maul – das Wort, die ideologische »Korrektheit« – und weniger auf Taten und den Charakter schauten. So sind Leute wie Mittag, Schabowski, Herrmann und andere bis in die Parteispitze gekommen.

Jedoch auch aus der »alten Garde« haben insbesondere Ulbricht, Mielke und Honecker – jeder auf seine Weise – dem Werden und Wachsen der DDR mit ihrem »Verständnis« von Macht und »demokratischem« Zentralismus geschadet. Darin (also nicht nur in den äußeren Bedingungen) liegen auch die Ursachen für die zunehmende Instabilität der Staatlichkeit der DDR, gepaart mit einem rapiden Vertrauens- und Autoritätsverlust Ende der 1980er-Jahre!

Will man dieses subjektive Versagen und die hausgemachten Reibungsverluste in der DDR-Geschichte darstellen, so sollte man dies in Verbindung mit den Problemsituationen beziehungsweise Wendepunkten der DDR-Geschichte tun. Die Schwierigkeiten der Sache bestehen dabei darin, die subjektiven Handlungen der DDR-Politik in richtiger Verbindung mit den Chancen und Zwängen in Ost und West zu werten. Das ist und bleibt trotz Öffnung der Archive schwierig.

Die SBZ/DDR hat nach Kriegsende eine Entwicklung genommen, die vor allem vom Einfluss der sowjetischen Führung und der Ost-West-Attacken im Kalten Krieg geprägt wurde. Dabei muss man von Folgendem ausgehen:

- Die Gründung der DDR 1949 war ein Ergebnis des *offenen Ausbruchs* der Interessengegensätze der Anti-Hitler-Koalition in den Jahren 1945/1946, der zur Gründung der BRD im Mai 1949 führte, die sich institutionell und politisch-kulturell auf »Weimar« stützte, personell und wirtschaftlich-strukturell nahezu unverändert wie vor dem 8. Mai 1945 – einschließlich Personal – weitermachte.

- Die *Absicht Stalins,* unter allen Umständen ein entmilitarisiertes und mit der UdSSR wirtschaftlich und politisch kooperierendes Deutschland (wie die Weimarer Republik) wiederherzustellen und es für den Wiederaufbau und die weitere Industrialisierung zu nutzen, misslang, und die UdSSR musste nun mit der DDR, dem »ungeliebten Kind« (Berija 1949), irgendwie zurechtkommen.

- In der Auseinandersetzung des Westens mit der UdSSR im beginnenden *Kalten Krieg* waren immer die politischen Kräfte in West- und Ostdeutschland wie Spielfiguren auf dem Schachbrett.

- Der Westen benutzte Adenauer, die UdSSR bemühte sich, Ulbricht und Genossen in die richtige Richtung zu bringen (siehe Protokolle der Moskauer Konsultationen bei Semjonow).

- In der DDR hatten die politischen Führungskräfte um Ulbricht etc. objektiv die schlechteren Bedingungen gegenüber dem Westen, weil sie den wirtschaftlich-substantiell ärmeren Teil Deutschlands »geerbt« hatten und dennoch als Konsequenz aus der Katastrophe nach zwei Weltkriegen in diesem strukturschwachen Ost-Deutschland eine radikal veränderte gesellschaftliche Ordnung mit neuen von niemandem vorher erkundeten »sozialistischen Strukturen« schaffen wollten – und das im Galopp mit riskanten Versuchen und vielen Irrungen.

Die DDR war und blieb materiell »arm« und hat nie auch nur annähernd solche außenwirtschaftlichen Partner und Quellen gehabt wie die BRD.

Vom Anfang bis zum Ende der DDR hatte die Führung alles in Moskau vorzulegen und bekam Zustimmung oder Ablehnung, je nach Interessenlage der sowjetischen Politik. Das konnte ein Vorteil sein, wenn man sich auf Erfahrungen und politischen Rundblick der sowjetischen

Führer stützen konnte, das war aber auch immer eine Unterordnung, eine Beschränkung der eigenen Spielräume – politisch und auch wirtschaftlich. Die Vorgaben waren je nach dem *eigenen Kalkül* der Führung in Moskau anders. Und die DDR war Spielfeld der beiden Supermächte.

Anfangs, als die SBZ/DDR noch mit den Kriegsfolgen und der Spaltung zu schaffen hatte, wurden von der UdSSR – weil die Westalliierten die BRD freistellten – die gesamten Reparationslasten, fast 100 Milliarden DM, von uns abgefordert (Mikojan nannte das später den »größten Fehler«).

Die BRD genoss die Segnungen des Marshallplanes. Als neuer Mann in Moskau hofierte Chruschtschow 1955 Adenauer, der sich damit brüsten durfte, die »letzten Kriegsgefangenen« (meist wegen Kriegsverbrechen verurteilte Nazi-Militärs) »heimgeholt« zu haben.

In den folgenden Jahren bis 1961 geriet die DDR zunehmend in die Eskalation des Ost-West-Konflikts mit dem Resultat des Mauerbaus im August 1961. Dieses Ulbricht angelastete Bauwerk war die letzte Notbremse vor dem Dritten Weltkrieg, wie auch von Kennedy später eingestanden wurde. Die DDR trug die enormen Kosten und politischen Lasten dieser Grenze der atomaren Militärblöcke bis 1989 alternativlos. Ulbricht nutzte die »Atempause« nach dem 13. August 1961, um über Reformen in der Wirtschaft und auch im politischen System nachzudenken. Das wurde in Moskau nicht wohlwollend aufgenommen. Schließlich geriet er – mit dem inzwischen zum Wirtschaftssekretär aufgestiegenen Mittag – in »riskante Modernisierungskonzepte«.

Auch der Umgang mit Medien und Kultur wurde immer restriktiver. Die Westgrenze aus Mauer und Stacheldraht wurde immer mehr zu einem militärischen Objekt und zu einem politischen Symbol. Vor allem in der jüngeren Generation, die nicht mehr so bescheiden war wie wir Alten, gab es zunehmend Groll gegen Mauer und Bevormundung. Die vom sogenannten Prager Frühling ausgehenden Signale – man sollte doch versuchen, mehr demokratische Debatte zu wagen – wurden militärisch und »politisch-ideologisch« erledigt. So ging die Ära Walter Ulbricht 1970 mit einem Putsch im Politbüro unter Führung von Honecker, der sich in Moskau dazu die Genehmigung geholt hatte, zu Ende. Wir – die Mitglieder dieser Partei – standen zwischen Ratlosigkeit und Hoffnung auf den »neuen Mann«, der mit einem grandiosen Programm der Einheit von Wirtschafts- und Sozialpolitik antrat. Tatsächlich marschierten wir mit dem schweren Ballast der Teilung, der politischen und wirtschaftlichen Bürden der Isolierung von der kapitalistischen Welt weiter in eine ungewisse Zukunft.

Es gab kaum eine Chance, sich dem Embargo der BRD und EU zu entziehen. Und so blieb die DDR von der beginnenden industriellen Revolution auf Basis der Mikroelektronik isoliert. Zwar kamen die entscheidenden Rohstoffe aus der UdSSR. Aber die »armen Brüder« des RGW waren in keiner Weise eine Quelle für ergiebige Kooperation und wissenschaftlich-technischen Fortschritt.

Also kurz gesagt: In den ersten zwanzig Jahren der Verwirklichung einer Vision von einer »neuen Gesellschaft« hatte die DDR sozial und wirtschaftlich trotz des schweren Anfangs und »holprigen« Weges viel erreicht, doch die politischen Probleme nach außen und innen waren anders, aber nicht kleiner geworden. Die politischen Bocksprünge – 1952 Aufbau der Grundlagen des Sozialismus –, die forcierte LPG-Bildung, Fehlentscheidungen zu Löhnen und Preisen im Frühjahr 1953 und der 17. Juni 1953 hatten der DDR geschadet. Das Trauma des Juni 1953 blieb eine Last für die DDR-Politik – bis zuletzt. Walter Ulbricht, der »autoritäre Tempomacher«, hatte sich Mitte 1953 so isoliert, dass er das Politbüro verlassen sollte. Aber insbesondere Matern und Honecker standen zu ihm. Und Ulbricht überstand die Krise, so dass sein politischer Stil auch weiter wirkte.

Bewährte Kader wie Anton Ackermann, Rudolf Herrnstadt, Wilhelm Zaisser, Hans Jendretzky und Elli Schmidt mussten 1953 gehen. Auch in den Folgejahren gewann Ulbricht immer wieder die Debatten um Personenkult und autoritären Führungsstil. Hervorragende Kader und Köpfe wie Fred Oelßner, Grete Wittkowski, Fritz Selbmann, Karl Schirdewan waren die unterlegenen Kritiker. Gerhard Ziller beging 1957 Selbstmord. Nach Ernst Wollweber bekam Mielke die Führung der Staatssicherheit, eine folgenreiche Entscheidung. Auch Mittag begann seinen Weg vom ZK-Instrukteur bis an die Spitze – 1958 als Sekretär der Wirtschaftskommission des Politbüros.

Fazit aus alledem: Walter Ulbricht, ein zweifellos erfahrener Funktionär der Partei, der alle Tiefen des Moskauer Exils überstand, der jedoch »überheblich, selbstsüchtig und subjektivistisch« agierte (Fred Oelßner 1956), war der über allem stehende Politiker der DDR-Geschichte bis 1970.

Kann man aber daraus einfach ableiten, dass die Entwicklung der DDR mit dieser Führung eine Ansammlung von Fehlern und Misserfolgen war? Eindeutig – nein! Die wirtschaftliche, soziale und kulturelle Entwicklung der DDR belegt, dass von 1949 bis zum Ende der Ära Ulbricht von der Partei und den Bürgern der DDR Enormes geleistet wurde. Die Vision einer anderen Gesellschaft war schon in den 1960er-Jahren an vielem, vor allem aber an der sozialen Sicherheit und unterschiedslosen Bildungschancen erkennbar. In dieser Zeit ist das EKO und die Schwarze Pumpe entstanden, viele im Osten nie vorhandene Betriebe und Produkte sind gebaut beziehungsweise entwickelt worden, zahllose soziale und kulturelle Einrichtungen sowie Wohnungen sind entstanden.

Dafür sind wir die Zeitzeugen, und wir haben keinen Anlass, etwas zu leugnen oder kleinzureden!

Kein Zweifel besteht darin, dass die Reibungsverluste und Fehlentscheidungen (wie der Flugzeugbau in Dresden) uns geschadet haben. Dennoch ist zutreffend, dass die Ära Walter Ulbricht trotz allem mit einer positiven Bilanz schließt.

### *Die Ära Honecker und das Ende der DDR*

Mit Honecker trat ein Mann an die Spitze der Partei und des Staates DDR, der im Gegensatz zu Ulbricht nur wenig Erfahrungen im politischen Agieren hatte. Er war geprägt durch seine kommunistische Jugend, seine schwere lange Haftzeit von 1935/1945 und die Erfahrungen an der Spitze der FDJ. In der Partei hatte er immer einen Platz im ZK und Politbüro. Die Partei stellte – mit Erich Honecker als neuen Generalsekretär – mit der Einheit von Wirtschafts- und Sozialpolitik, die als langfristiges politisches Programm auf dem VIII. Parteitag 1971 beschlossen wurde, die Grundbedürfnisse der Menschen – wohnen, gut leben und sozial abgesichert sein – in den Mittelpunkt, und dementsprechend sollte jeder seinen Beitrag zum Wachsen der Wirtschaft leisten. Dass dieser Zusammenhang funktionierte, war aber durch eine stabile Wirtschaftsentwicklung erst einmal sicherzustellen. Es konnte ja nur das verteilt werden, was erwirtschaftet wurde. Und gerade das war in den 1970er-Jahren durch die weltweite von der OPEC ausgelöste Erdölpreissteigerung und folgenden Krise immer schwerer machbar. Um dennoch der politischen Vorgabe gerecht zu werden, wurde konsumiert zu Lasten der Akkumulation, das heißt der Erneuerung und Erweiterung der materiellen Basis.

Und es wurde immer mehr importiert als exportiert – in Valuten, also mit Schulden. Ulbricht hatte zwei Milliarden DM Auslandsschulden hinterlassen und war in diesem Punkt sehr penibel. Das war nun nicht mehr so.

Wenn ein Partei- und Staatsratsvorsitzender sich nicht in Wirtschaftsfragen auskennt, dann braucht er Fachleute. Die hatte er im ZK und in den Ministerien. Aber im Politbüro unter Erich Honecker entwickelte sich ein Prozess, in dem immer mehr *ein* Mann – Günter Mittag – die Zügel der Wirtschaft in Parteiführung und auch Regierung in die Hand nahm. Bis 1976 im Ministerrat – seit 1971 etwas zurückgesetzt – löste er 1976 Krolikowski als Wirtschaftssekretär ab, und er war wieder direkt an der Macht! Zunehmend wurde er der unumschränkte »Ratflüsterer und Bestimmer« von Erich Honecker in Wirtschaftsfragen.

Mittag verstand es, mit Günter Ehrensperger und der Abteilung Planung und Finanzen des ZK eine Schlüsselstellung und Macht aufzubauen, die ihm im Apparat des ZK, der SPK, dem Finanzministerium, den Banken etc. weitreichendes Wissen über alle volkswirtschaftlichen Vorgänge verschaffte und damit auch die Möglichkeit, Einfluss zu nehmen. Er tat das, wo immer es ihm nutzte, in Kader- und auch in Sachfragen.

Die Wirtschaftskommission des Politbüros, die Mittag ebenfalls leitete, war ein weiteres wichtiges Spielfeld. Zu allen wichtigen volkswirtschaftlichen Fragen wurden Vorlagen erarbeitet, die dort behandelt, das heißt meist mit Monologen von Günter Mittag kommentiert und zerpflückt wurden.

In der Volkskammer war Mittag der Vorsitzende des Ausschusses für Industrie- und Bauwesen. Auch dort gab es kaum Debatten, und es war für die Abgeordneten und die anwesenden Minister eher wie eine Stunde der Zensurenverteilung – aber er hatte kaum Gegenwind.

Es war also in der Ära Honecker gewissermaßen eine gesonderte Wirtschaftsleitung »Mittag« entstanden, die neben dem ZK und dem Ministerrat stand und auf die Wirtschaftsführung bis zur Basis Einfluss nahm. Mittag wurde mit leisem Groll wie ein Pascha respektiert – wer es nicht tat, wie Dr. Herbert Kroker und andere, der wurde abgesetzt.

Immer wichtiger wurde in den 1970er-Jahren die Außenwirtschaft – vorrangig der Handel mit kapitalistischen Ländern und die Kreditaufnahme bei westlichen Banken. Schon 1966 hatte sich die DDR-Regierung – mit dem Ziel der Embargo-Umgehung und zusätzlichen Devisenerwirtschaftung – im Außenhandelsministerium einen besonderen Bereich »Kommerzielle Koordinierung« unter Leitung von Alexander Schalk geschaffen. Dieses Instrument funktionierte in Form von juristisch selbständigen Firmen – mit eigener Kapitalausstattung. Damals hat die Staatliche Finanzrevision in diesen Betrieben die Rechungsführung und die Bilanzen geprüft. Ab 1974 wurde mit einer Weisung von Stoph eine gesonderte »interne« Finanzkontrolle für diese Betriebe angeordnet. Die Geschäftätigkeit von KoKo dehnte sich immer mehr aus und wurde zu einem gesonderten Außenhandel mit dem Ziel der möglichst umfangreichen zusätzlichen Devisenerwirtschaftung für den Import von neuer Technik und Technologie – insbesondere auch Mikroelektronik. Zunehmend wurde diese Möglichkeit auch für den Konsumgüterimport aus dem Westen genutzt. Auch dieser wichtige Bereich des Außenhandels wurde in den 1970er-Jahren immer mehr zu einem Schachbrett für Mittag und Alexander Schalck-Golodkowski, eine Zone außerhalb des Planes, zweifellos mit vielen Transaktionen zum Nutzen der DDR, aber auch mit Grauzonen. Es gibt darüber viele Veröffentlichungen, die gerade dieses geheime weitverzweigte Handelsunternehmen und seine Aktivitäten für die Illustration des »Unrechtstaates DDR« nutzen. Dem muss man entgegenhalten – und ich tue dies aus eigenem Erleben –, dass die DDR aufgrund des umfassenden und gnadenlosen Embargos und der wirtschaftlichen Zwänge, in die die DDR in den 1970er-Jahren geriet – wir mussten neue moderne Technologien beschaffen, wir brauchten Rohstoffe, die uns keiner im RGW lieferte und so weiter –, einen Weg finden musste, der gewissermaßen dem Handel mit dem kapitalistischen Westen adäquat war. Und das geheime Agieren der Firmen von Schalk war lediglich die Antwort auf die agierenden Geheimdienste des Westens, die überall auf der Lauer lagen.

Eine ganz andere Frage ist, ob in diesem Bereich KoKo alles mit *rechten* Dingen und ohne »Schaden für das Volkseigentum« zuging. Als langjähriger Leiter der Staatlichen Finanzrevision der DDR kann ich dazu sagen: Volkseigentum ist ein gar flüchtig Ding, wenn man es nicht immer im Auge behält und streng kontrolliert – denn »Vertrauen ist gut, Kontrolle ist besser«. In meiner Zeit als Revisor habe ich immer wieder erlebt, wie volkseigenes Geld, Material und Güter Begehrlichkeiten erweckten. Die Interessenten waren überall zu finden, und deshalb ist jede Lücke in der Kontrolle und Revision ein Einstiegsloch für Diebe. Ich wage deshalb die Beurteilung, dass die Aktivitäten von Alexander Schalck im wirtschaftlichen Interesse und Nutzen der DDR weitgehend all das überwiegen, was heute an »Bereicherung« dieser oder jener Art aus dem geheimen Firmenimperium bekannt geworden ist.

Im Widerspruch dazu steht natürlich die Frage, warum wir über Schalck und mit seinen Verbindungen zu westlichen Firmen und Politikern immer mehr und zum Teil auch sehr unwirtschaftlich gehandelt haben (Fleischexporte nach Bayern, Lieferungen zu Dumpingpreisen an Quelle etc.). Dazu müssen wir aber auf das politische Konzept verweisen, mit dessen unbeirrbarer Durchsetzung die Anforderungen – wohl in erster Linie von Mittag – an dieses KoKo-Imperium wuchsen. Wir wissen doch, dass inzwischen der Generalsekretär mit seinem »Devisenkonto« Versorgungslücken schloss.

Also die DDR-Wirtschaft, die am Ende der 1970er-Jahre hohe aufgelaufene Valutakredite zu bedienen und zu tilgen hatte, die sie für die eigene Modernisierung und auch für die Maschinenexporte mit Mikroelektronik aus dem Westen brauchte, hatte wachsende Valutabedürfnisse, und die »Überschuldung« wie auch der Kreditboykott klopften schon an die Tür!

In dieser Situation ist die Rolle von Alexander Schalck um noch ein entscheidendes Element erweitert worden: die Kreditabsprachen mit Strauß 1982 und 1984. Damit bekam die DDR zu günstigen Konditionen fast zwei Milliarden DM Kredite. Diese Kredite waren nicht die Ultima Ratio, um den Schuldendienst zu leisten – das schafften wir auch ohne sie –, aber es war die Chance, die Kreditwürdigkeit der DDR zu stabilisieren und die Konditionen für neue kommerzielle Kredite zu verbessern. Auch hier wieder die Frage: Schalck diente oder schadete der DDR? In dieser Situation waren seine seit 1975 bestehenden Beziehungen zu dem Unternehmer und CSU-Schatzmeister März, der 1982 den Kanal zu Strauß eröffnete, für die DDR ohne Zweifel von Nutzen. Auch der weitere Ausbau dieser Beziehungen bis zu Bundeskanzler Kohl und seinem Kabinettsminister Jenninger halfen politisch und wirtschaftlich.

Die DDR hatte in der ersten Hälfte der 1980er-Jahre in der Zuspitzung des Kalten Krieges durch die Reagan-Administration einen schwierigen Stand an der Nahtstelle der Blöcke. Honecker versuchte, durch Kontakte zu Kohl und Carsten sein politisches Gewicht im Sinne der Entspannung durch einen Besuch in der BRD aufzubessern. Schalck spielte auch hier, wie die Archive belegen, eine fördernde Rolle. Im Politbüro gab es einen Mann, Herbert Häber, der breite Kontakte zu politischen Kreisen in der BRD seit Jahren geknüpft hatte. Diese verschiedenen Fäden liefen alle in Richtung der Entspannung. Und das war doch mehr als zeitgemäß und im Sinne der Bevölkerung der DDR. Kohl griff 1983 in einem Briefwechsel Honeckers Formulierung von einer »Koalition der Vernunft« auf. Das war doch ein Zeichen! Ob und wie in diesem Zusammenhang schon die Gedanken bis zu einer Konföderation BRD/DDR gingen, ist in der Literatur nicht eindeutig belegt. Eine geordnete schrittweise Entwicklung in dieser Richtung hätte uns aber vielleicht die Chance eines anderen Weges – in Würde – ermöglicht.

Alle diese Hoffnungen zerplatzten, als Honecker, Häber, Sieber und andere 1984 bei Tschernenko, Ustinow etc. in Moskau zum Rapport erscheinen mussten. Honeckers Versuch einer eigenständigen Politik gegenüber der BRD wurde scharf verurteilt. Dabei mag auch eine Rolle gespielt haben, dass Breshnew an Honecker bereits 1980 beim Krimtreffen die Forderung gerichtet hatte, Mittag abzulösen, weil man ihn für einen Agenten des Westens hielt. Auch Honecker selbst spürte in Moskau die Gefahr des Vertrauensentzuges durch die sowjetische Führung.

Er entließ Herbert Häber. Neue Kontakte zwischen Honecker und Kohl gab es erst am 12. März 1985 nach Tschernenkos Beisetzung in Moskau. Mittag blieb weiter der Vertraute von Honecker, der mehr Zugang zu ihm hatte als jeder andere Führungskader.

Machen wir den Versuch zu werten, wie Mittag in Bezug auf das Scheitern der DDR zu beurteilen ist. Seine Macht und unipolare Rolle in der Wirtschaftsführung der Partei hat er sich selbst geschaffen unter Duldung aller anderen Führungskader – er nutzte den sogenannten Demokratischen Zentralismus auf seine subtile Weise. Mittag hat immer vorgegeben, dass er um Effizienz und Wachstum kämpft und streitet. Dass er dabei in die Pläne und Kombinate hineinregierte, ist damals schon kein Geheimnis gewesen. Welcher Nutzen oder Schaden dabei entstand, ist nie gemessen worden. Die zwei Millionen Tonnen Heizölablösung durch Braunkohleheizanlagen – sehr umstritten – wurden als sein Erfolg gefeiert. Eines bleibt schließlich unbestritten und eindeutig: Mittag hat mit seiner Art, die Parteiführung auf dem Gebiet der Wirtschaft auszuüben, vielen Funktionären und Leitern persönlich und der ganzen Partei übel geschadet. Aber er hat es ungestraft tun können! Das sagt viel aus über die Art und Weise, wie man mit Anstand und Moral in der Parteiführung umging.

# Fußnoten

1 Presse- und Informationsamt der Bundesregierung, Broschüre »25 Jahre Freiheit und Einheit«, Berlin Juli 2014.

2 Vorlage für das Politbüro des Zentralkomitees der SED: »Analyse der ökonomischen Lage der DDR mit Schlussfolgerungen« vom 30. Oktober 1989.

3 Zitiert nach Klaus Behling: *Die Treuhand. Wie eine Behörde ein ganzes Land abschaffte*. Berlin 2015, Seite 458.

4 Siehe: Kusch/Montag/Specht/Wetzker: *Schlussbilanz – DDR. Fazit einer verfehlten Wirtschafts- und Sozialpolitik*. Berlin 1991. Und: Carl-Heinz Janson: *Totengräber der DDR. Wie Günter Mittag den SED-Staat ruinierte*. Düsseldorf/Wien/New York 1991.

5 Harry Nick: *Ökonomiedebatten in der DDR*. GNN Schkeuditz 2011, S. 102.

6 Interview mit Margot Honecker: »Die Vergangenheit wurde zurückgeholt«. In: *Junge Welt*, 11. November 2015.

7 Siegfried Wenzel: *Was war die DDR wert?* Berlin 2000.

8 Ebd., S. 176.

9 Ebd., S. 115.

10 Ulrich Busch: »Zwischen Konvergenz und Divergenz – Zur Entwicklung privater Vermögen in Ost- und Westdeutschland«. In: *Berliner Debatte Initial*, 2/2015, S. 50 ff.

11 Vgl.: Gerhard Heske: *Bruttoinlandsprodukt, Verbrauch und Erwerbstätigkeit in Ostdeutschland 1970–2000. Neue Ergebnisse einer volkswirtschaftlichen Gesamtrechnung*. Zentrum für Historische Sozialforschung – Köln 2005.

12 Kritiker meiner Auffassungen, die ständig bemüht sind, die DDR-Ökonomie schlechter darzustellen, als sie wirklich war, nehmen die Erfassung der Schulden (NSW) und Guthaben (SW) aus zwei unterschiedlichen Jahren – 1989/90 – zum Anlass, zu behaupten, dass die DDR doch erhebliche Auslandsschulden hatte. Siehe: Klaus Steinitz/Christoph Lieber: »Beschränkte ›sozialistische Zukunft‹. Kritische Bemerkungen zu Klaus Blessings ›Streitschrift‹«. In: *Sozialismus* 05/2015. – Ich halte diese Debatte für unverzichtbar, da es in der Wendezeit ohnehin keine eindeutigen Statistiken gab und es um die Tendenz und nicht um eine scheinwissenschaftliche Korrektheit geht.

13 Interview mit Edgar Most. In: *Junge Welt*, 20. Mai 2009.

14 Vgl.: *Die Kombinatsdirektoren: Jetzt reden wir. Was heute aus der DDR-Wirtschaft zu lernen ist*. edition berolina, Berlin 2014.

15 Siehe: Karl Heinz Roth: *Anschließen, angleichen, abwickeln. Die westdeutschen Planungen zur Übernahme der DDR 1952–1990*. edition berolina, Berlin 2015.

16 Ebd., S. 100.

17 Ebd., S. 95 f.

18 Siehe: Herbert Graf: *Mein Leben. Mein Chef Ulbricht. Meine Sicht der Dinge*. edition ost, Berlin 2008. Und: Egon Krenz (Hrsg): *Walter Ulbricht*. Das Neue Berlin, Berlin 2013.

19 Walter Ulbricht in dem Jugendweihe-Buch *Unsere Welt von morgen*. Zitiert nach: Gerhard Schürer: *Gewagt und verloren. Eine deutsche Biografie*. Berlin 2014, S. 398 f.

20 Kusch/Montag/Specht/Wetzker: *Schlussbilanz – DDR*, S. 16.

21 Siehe: Theo Pirker u. a.: *Der Plan als Befehl und Fiktion. Wirtschaftsführung in der DDR. Gespräche und Analysen*. Opladen 1995.

22 Gerhard Schürer in: Ebd., S. 104.

23 Siegfried Wenzel in: Ebd., S. 105.

24 Bickerich/Kampe/Uhlmann: »Es reißt mir das Herz kaputt. *Spiegel*-Gespräch mit dem ehemaligen DDR-Wirtschaftslenker Günter Mittag über seine Politik und seine Fehler«. In: *Der Spiegel* 37/1991.

25 Günter Mittag: *Um jeden Preis. Im Spannungsfeld zweier Systeme*. Berlin 1991 (Neuauflage: Verlag Das Neue Berlin, 2015).

26 Interview mit Günter Mittag. In: Theo Pirker u. a.: *Der Plan als Befehl und Fiktion*, S. 19 ff.

27 Interview mit Günter Mittag. In: *Der Spiegel* 37/1991.

28 Günter Mittag: *Um jeden Preis*, S. 66.

29 Die Aussagen sind, wenn nicht anders gekennzeichnet, aus: Theo Pirker u. a.: *Der Plan als Befehl und Fiktion. Wirtschaftsführung in der DDR. Gespräche und Analysen*. Opladen 1995.

30 Siehe: Carl-Heinz Janson: *Totengräber der DDR. Wie Günter Mittag den SED-Staat ruinierte*. Econ Verlag, Berlin 1991.

31 Interview mit Wolfgang Biermann. In: Theo Pirker u. a.: *Der Plan als Befehl und Fiktion*, S. 213 ff.

32 Interview mit Alexander Schalck-Golodkowski. In: Ebd., S. 143 ff.

33 Zitiert nach: Carl-Heinz Janson: *Totengräber der DDR*, S. 205.

34 Siegfried Prokop (Hrsg.): *Ulbrichts Favorit. Auskünfte von Alfred Neumann*. Berlin 2009, S. 238.

35 Siehe: *Der Spiegel* 37/1991.

36 Günter Mittag: *Um jeden Preis*, S. 139.

37 Ebd., S. 178 ff.

38 Siehe: Klaus Blessing: *Die sozialistische Zukunft*, S. 84 ff.

39 Alfred Neumann in: Siegfried Prokop: *Ulbrichts Favorit*, S. 327.

40 Gerhard Schürer: *Gewagt und verloren. Eine deutsche Biografie*. Berlin 2014, S. 394.

41 Günter Mittag: *Um jeden Preis*, S. 47.

42 Ebd., S. 142 ff.

43 Ebd., S. 117.

44 Zitiert nach: Carl-Heinz Janson: *Totengräber der DDR*, S. 210.

45 Der Informant ist mir bekannt, und er hat schriftlich versichert, dass die verwendeten Aussagen seine Gedächtnisniederschriften unmittelbar nach den Gesprächen darstellen.

46 Siehe: Alexander Schalck-Golodkowski: *Deutsch-deutsche Erinnerungen*. Rowohlt Verlag, Reinbek 2000. – Die im folgenden verwendeten Zitate von Schalck-Golodkowski stammen – sofern nicht anders vermerkt – aus diesen *Erinnerungen*. Aus Gründen der Übersicht verzichte ich hier auf einzelne Fußnoten mit Seitenangaben.

47 Hans Modrow (mit Hans-Dieter Schütt): *Ich wollte ein neues Deutschland*. Dietz Verlag, Berlin 1998, S. 363.

48 Ebd., S. 366 f.

49 Gerhard Schürer: Gewagt und verloren, S. 187 f.

50 Interview mit Günter Mittag. In: *Der Spiegel* 37/1991.

51 Interview mit Alexander Schalck-Golodkowski. In: Theo Pirker u. a.: *Der Plan als Befehl und Fiktion*, S. 143 ff.

52 Siehe: Wolfgang Seiffert/Norbert Trautwein: *Die Schalck-Papiere. DDR-Mafia zwischen Ost und West. Die Beweise*. Wien 1991, S. 311 und 321.

53 Ebd., S. 310.

54 Ebd., S. 312.

55 Zitiert nach: Matthias Judt: *KoKo – Mythos und Realität. Das Imperium des Alexander Schalck-Golodkowski*. edition berolina, Berlin 2015, S. 158.

56   Alexander Schalck-Golodkowski: *Deutsch-deutsche Erinnerungen*, S. 306.

57   Matthias Judt: *KoKo – Mythos und Realität*, S. 165.

58   Matthias Judt: *KoKo – Mythos und Realität. Das Imperium des Alexander Schalck-Go-lodkowski*. edition berolina, Berlin 2015. (Anmerkung: Die Trennung in Plan- und sonstiger Handel kann nicht eindeutig vollzogen werden, da darüber keine offi-ziellen Statistiken existieren.)

59   Ebd., S. 231.

60   Ebd., S. 180 und 231 f.

61   In: *Junge Welt*, 10./11. April 2010.

62   Auszüge aus dem Bericht der Finanzrevision vom 16.2.1990. Bundesarchiv DN 1/38923.

63   Eine Rezension von Manfred Lemaire. Auf: www.luise-berlin.de/lesezei/blz00_08/text51.htm.

64   Nachwort von Herbert Graf. In: Gerhard Schürer: *Gewagt und verloren*, S. 491.

65   Bundestag Drucksache 12/650.

66   Zitiert nach: Wolfgang Seiffert/Norbert Trautwein: *Die Schalck-Papiere*, S. 110.

67   Interview mit Gerhard Schürer. In: Theo Pirker u. a.: *Der Plan als Befehl und Fiktion*, S. 71.

68   Gespräch mit Egon Krenz. In: Gerhard Schürer: *Gewagt und verloren*, S. 19.

69   Interview mit Günter Mittag. In: Theo Pirker u. a.: *Der Plan als Befehl und Fiktion*, S. 23.

70   Interview mit Siegfried Wenzel. In: Theo Pirker u. a.: *Der Plan als Befehl und Fiktion*, S. 79.

71   Wolfgang Seiffert/Norbert Trautwein: *Die Schalck-Papiere*, S. 413.

72   Siehe auch: Klaus Blessing/Wolfgang Kühn: *Der Osten hängt am Tropf. Wie die Re-gierung uns belügt. Fakten kontra Propaganda*. edition berolina, Berlin 2012.

73   Deutsche Bundesbank: »Die Zahlungsbilanz der ehemaligen DDR 1975 bis 1989«. August 1999.

74   Gespräch mit Egon Krenz. In: Gerhard Schürer: *Gewagt und verloren*, S. 10 und 14.

75   Matthias Judt: *KoKo – Mythos und Realität*, S. 236 ff.

76   Gerhard Schürer: *Gewagt und verloren*, S. 387 f.

77   Gerhard Beil: *Außenhandel und Politik. Ein Minister erinnert sich*. Edition Ost, Berlin 2010.

78   Alexander Schalck-Golodkowski: *Deutsch-deutsche Erinnerungen*, S. 215.

79   Siegfried Prokop (Hrsg.) : *Ulbrichts Favorit. Auskünfte von Alfred Neumann*. Berlin 2009, S. 320 ff.

80   Christa Luft: *Zwischen Wende und Ende*. Aufbau-Taschenbuch-Verlag, Berlin 1999. (Alle Zitate von Christa Luft sind dieser Ausgabe entnommen; ich verzichte zur Vereinfachung auf Seitenangaben.)

81   Hans Modrow (mit Hans-Dieter Schütt): *Ich wollte ein neues Deutschland*. Dietz Verlag, Berlin 1998, S. 349 und 397.

82   Arbeitsberatung am 9.12.1989: »Stabilisierung der Volkswirtschaft und nächste Schritte der Wirtschaftsreform. Arbeitsberatung der Regierung der DDR mit Ge-neraldirektoren der zentralgeleiteten Kombinate und Außenhandelsbetriebe.« Verlag Die Wirtschaft, Berlin 1989, S. 69.

83   Jörg Roesler: »Auftakt zum Ausverkauf«. In: *Junge Welt*, 18. November 2014.

84   Hans Modrow: *Ich wollte ein neues Deutschland*, S. 423.- Dietz Verlag, Berlin 1998, S. 349 und 397.

85   Jörg Roesler: »Auftakt zum Ausverkauf«. In: *Junge Welt*, 18. November 2014.

86   Jörg Roesler: »Modrowsche Rekonvaleszenz«. In: *Junge Welt*, 10. April 2015.

87   In: *Frankfurter Allgemeine Zeitung*, 1. Juli 2010.

88 Quelle: Karl Heinz Roth: *Anschließen, angleichen, abwickeln*, S. 125 ff.

89 Wolfram Weimer: *Deutsche Wirtschaftsgeschichte. Von der Währungsreform bis zum Euro*. Hoffmann und Campe, 1998, S. 368.

90 Klaus Behling: *Die Treuhand*, S. 53.

91 Will Hutton, Wirtschaftskolumnist *The Guardian*. Zitiert bei: Daniela Dahn: *Wenn und Aber. Anstiftungen zum Widerspruch. Essays*. Reinbek 2002, S. 175.

92 Jörg Roesler: »Modrowsche Rekonvaleszenz«. In: *Junge Welt*, 10. April 2015.

93 Ebd.

94 Ed Stuhler: *Die letzten Monate der DDR. Die Regierung de Maizière und ihr Weg zur deutschen Einheit*. Ch. Links Verlag, Berlin 2010, S. 141–148.

95 Helmut Kohl: *Erinnerungen 1982–1990*. Droemer HC 2005, S. 450 ff.

96 Auf: www.n-tv.de/politik/Wie-die-Volkskammer-die-DDR-abschaffte.

97 Siehe u. a.: Ralph Hartmann: *Die Liquidatoren. Der Reichskommissar und das wiedergewonnene Vaterland*. Verlag Das Neue Berlin, Berlin 2008. Und: Klaus Huhn: *Raubzug Ost. Wie die Treuhand die DDR plünderte*. Edition Ost, Berlin 2009.

98 Wolfgang Seibel: »Die gescheiterte Wirtschaftsreform in der DDR 1989/l990«. Bundeszentrale für politische Bildung, 4. März 2010.

99 Ralph Hartmann: *Die Liquidatoren*, S. 13.

100 Ralph Hartmann: *Die Liquidatoren*, S. 91.

101 Umfassende Aussagen dazu haben Wolfgang Kühn und ich in unserem Buch *Die zementierte Spaltung. Der Osten bleibt abgehängt. Fakten, Zahlen, Statistiken* (edition berolina, Berlin 2014) getroffen. Ich übernehme einige Aussagen daraus.

102 Vgl.: Ekkehard Lieberam: »Linke Politik für Ostdeutschland im dritten Jahrzehnt der Vereinigung«. Quellen und Zeugnisse linker Politik im Sächsischen Landtag, Heft 6/2012, S. 31 f.

103 Klaus Blessing/Manfred Manteuffel: *Joachim Gauck. Der richtige Mann?* edition berolina, Berlin 2013. Und: Dies.: *Joachim Gauck. Der falsche Mann? Neue Fakten und Merkwürdigkeiten*. edition berolina, Berlin 2015.

104 Auf: www.okv-ev.de.

105 Harry Nick: *Ökonomiedebatten in der DDR*. GNN Schkeuditz 2011, S. 95 ff.

106 Interview mit Margot Honecker: »Die Vergangenheit wurde zurückgeholt«. In: *Junge Welt*, 11. November 2015.

107 Interview mit Yanis Varoufakis: »Sie haben uns in die Falle gelockt«. In: *Neues Deutschland*, 15. Juli 2015.

108 Siehe insbesondere das Schlusswort auf der Konferenz des Ostdeutschen Kuratoriums von Verbänden e. V. (OKV). Dokumentiert in: *Gefährliche Illusionen – die Transformationspolitik in der Kritik*. Verlag am Park 2015, S. 154 ff.

# Anhang

## Anlage 1: Wirtschaftliche Entwicklung der DDR

**Wirtschaftliche Entwicklung in beiden deutschen Staaten (BIP und NEK je Einwohner)**

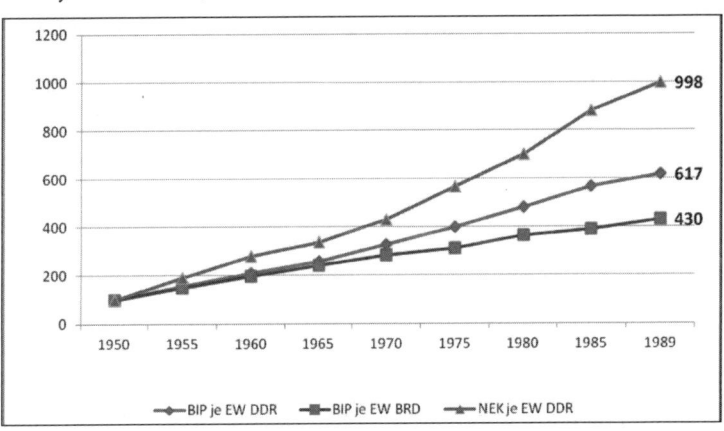

Quelle: Heske und Statistisches Jahrbuch der DDR 1990

**Internationaler Produktivitätsvergleich der DDR-Wirtschaft – umgerechnet Euro 95 je EW**

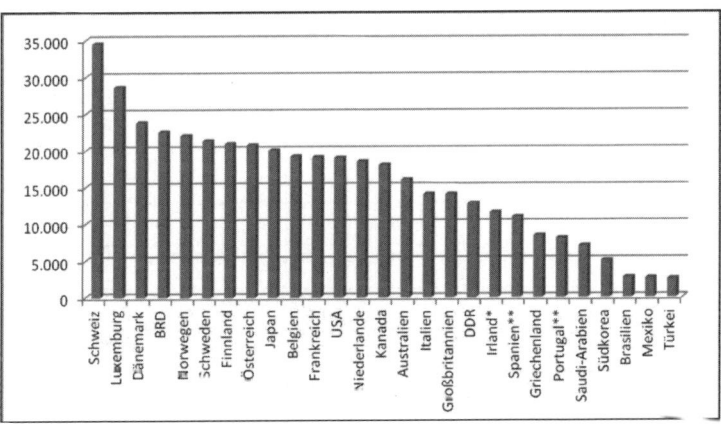

Quellen: Eurostat online für EU, Sozialforschung Köln für BRD/DDR; eigene Berechnungen

## Anlage 2: Entwicklung des Außenhandels der DDR

**Entwicklung des Gesamt-Außenhandelssaldo (SW plus NSW) per Jahresende zu effektiven Preisen in Mrd. US-$**

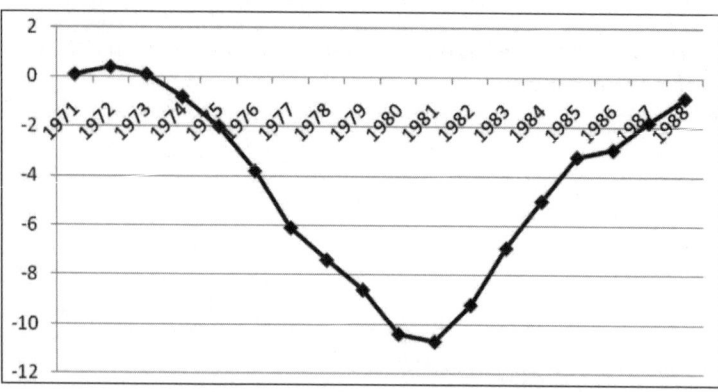

Datenquelle: Internes Material der Zentralverwaltung für Statistik der DDR

Eine aktuelle bundesdeutsche Studie unterstreicht die von mir getroffene Aussage tendenziell. Der Saldo zwischen Exporten und Importen – hier allerdings in Mark der DDR bilanziert – schwankt um den Nullpunkt.

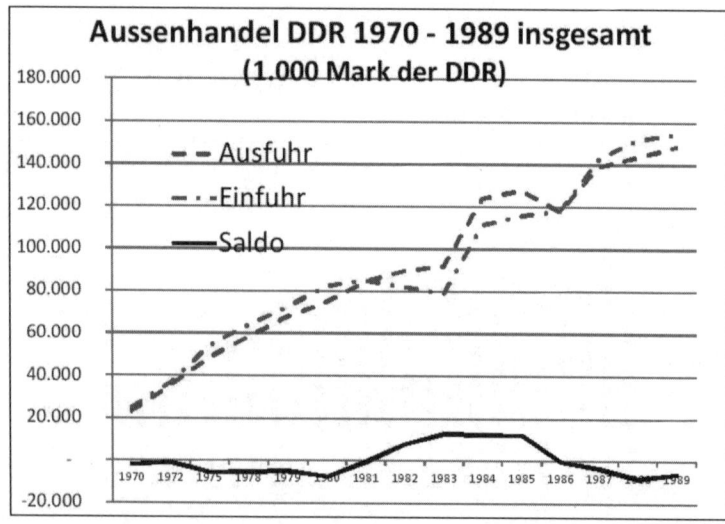

Quelle: Statistisches Bundesamt, Sonderreihe mit Beiträgen für das Gebiet der ehemaligen DDR, Heft 33, Entstehung und Verwendung des Bruttoinlandsproduktes von 1970–1989, Seite 180 ff.

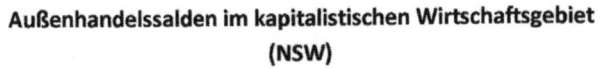

# Außenhandelssalden im kapitalistischen Wirtschaftsgebiet (NSW)

**Jährliche Außenhandelssalden im NSW (+ = Exportüberschuss)**
**in Mio VM**

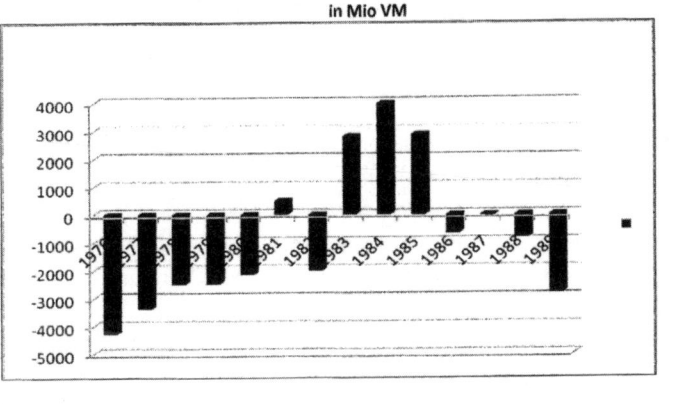

# Entwicklung des negativen Außenhandelssaldo NSW 1975 bis 1989

**in Mrd. VM per Jahresende**

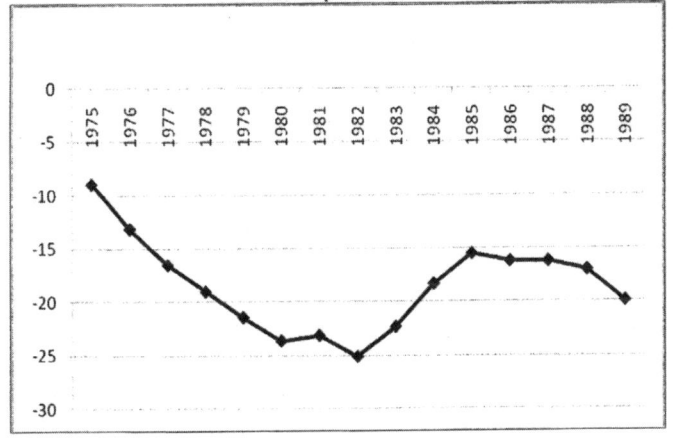

Datenquelle: Bericht der Deutschen Bundesbank, Anlage 7

## Anlage 3: Die Dokumente des Forschungsbeirats für Fragen der Wiedervereinigung Deutschlands

(Auszüge aus Karl Heinz Roth: *Anschließen, Angleichen, Abwickeln. Die westdeutschen Planungen zur Übernahme der DDR 1952–1990.* edition berolina, Berlin 2015.)

### Die Zusammensetzung des Forschungsbeirates

Die Synopse dieser Biographien lässt deutlich werden, welche Persönlichkeiten sich Friedrich Ernst für seinen engsten Forscher- und Beraterzirkel ausgesucht hatte. Vier von ihnen hatten wie er der annexions- und kriegswirtschaftlichen Maschinerie der NS-Diktatur zur Verfügung gestanden, und ebenfalls vier hatten zumindest episodisch in der sowjetzonalen Wirtschaftsverwaltung gearbeitet. Ihre gegen die DDR gerichteten Ambitionen lagen somit klar zutage.

Im Ergebnis dieser Revirements verfügte der Forschungsbeirat gegen Mitte der sechziger Jahre über sieben Ausschüsse, die, unterfüttert durch 37 Arbeitsgruppen und elf Facharbeitskreise, das gesamte Spektrum der Arbeits-, Sozial-, Medien- und Wirtschaftspolitik der DDR mit ihren ständig fortgeschriebenen Analysen und Transformationsplanungen abdeckten.

### Die Abwicklung der Altkader

Die Palette der geplanten Interventionen war außerordentlich breit, denn man wollte gründlich aufräumen und so schnell wie möglich unumkehrbare Fakten schaffen. Dazu erschienen personalpolitische Maßnahmen besonders geeignet, denn die Staatssekretäre rechneten mit der Entlassung von 90 Prozent der öffentlichen Bediensteten in der DDR. Auch der Forschungsbeirat empfahl, die meisten Betriebsleitungen im Produktions- und Handelssektor sofort auszuwechseln, und natürlich waren dabei die aus dem bundesdeutschen Asyl zurückkehrenden Funktionseliten besonders zu berücksichtigen.(Sofortmaßnahmen für den »Tag X« – 43)

### Die Rolle der Treuhand

Natürlich musste die Tätigkeit des nun übe die DDR-Betriebe herfallenden Heers der westdeutschen Treuhänder in der Übergangszeit bis zum Abschluss der Reprivatisierungswelle koordiniert und überwacht werden. Dazu war eine »Obere Behörde« ausersehen. Diese **Treuhandanstalt** hatte die »geschäftsführenden Personen« zu bestellen bzw. abzuberufen, für jeden »modifizierten VEB« eine Aufsichtsrat mit mindestens drei »Sachverständigen« sowie dem »Eigentumsprätendenten« als Mitglieder zu ernennen, Aufsichtspflichten wahrzunehmen und für die Wirtschaftsprüfung sowie die Jahresabschlüsse zu sorgen. Zusätzlich wurde ihr das Recht zugestanden, die jeweiligen »modifizierten VEB« zur Verbesserung ihrer Wettbewerbschancen in mehrere Unternehmen aufzuteilen oder mit anderen »modifizierten VEB« zu fusionieren sowie alle Volkseigenen Betriebe, die nach dem Krieg neu entstanden waren, an Private zu verkaufen.

Waren dagegen bei der späteren Reprivatisierung der Volkseigenen Betriebe längere Eigentumsauseinandersetzungen zu erwarten, so sollten »Treuhänder« in Aktion treten. Mit ihnen hatte man aber in den Besatzungsverwaltungen während des zweiten Weltkriegs nicht immer gute Erfahrungen gemacht. Damit sie es diesmal nicht an der in Umbruchszeiten besonders wichtigen »Entschlussfreudigkeit« mangeln ließen, empfahl der Forschungsbeirat deshalb eine Lockerung der einschlägigen haftungsrechtlichen Bestimmungen.

Als nächstes Objekt der Transformationsplanungen waren die **industriellen Volkseigenen Betriebe** an der Reihe. Die ihnen gewidmeten Richtlinien waren noch detaillierter und nach ebenfalls mehrjähriger Beratung im Dezember 1960 zum handlungsträchtigen Verordnungsentwurf gediehen. Auch sie trugen die Handschrift des ordoliberal gewendeten Naziökonomen Thalheim. Im Gegensatz zum vielschichtigen Handelssektor stellten die VEB den entscheidenden Ansatzpunkt dar, mit dessen Hilfe die gesamte industrielle Planungs- und Reproduktionsstruktur der DR in einem Zug aus den Angeln gehoben werden konnte. Dabei galt es auch hier, in der Übergangszeit größere Produktionsstörungen zu vermeiden. Sobald man die VEB unter der Obhut sofort einzusetzender Treuhänder in eigenverantwortlich wirtschaftende Unternehmen verwandelte (»modifizierte VEB«), verlor die zentrale Planungs- und Leitungsapparatur ihre Existenzgrundlage und konnte unverzüglich abgewickelt werden. Bei den »modifizierten VEB« kam es dagegen darauf an, das Rechnungswesen auf marktwirtschaftliche Prinzipien umzustellen.

Bei den Erneuerungs- und Ausbauinvestitionen des **Transportwesens** ging es vor allem um die Durchsetzung eines von den westdeutschen Agglomerationszentren beherrschten Verkehrsverbunds. Der **Maschinenbau** war vor allem als Adressat umfangreicher westdeutscher Zulieferungen von spezialisierten Vorprodukten ausersehen. Die elektrotechnische Industrie sollte mit der Zufuhr langlebiger Konsumgüter aus der BRD konfrontiert werden.

Auch die **Pharma-Industriellen** erkannten neue Chancen für den Abbau ihrer Überkapazitäten. Da eine Fortsetzung der außenwirtschaftlichen Ressourcenabflüsse in das RGW-Gebiet den innerdeutschen Anpassungsprozess verlangsamen würde, war der Güteraustausch – soweit er eine Chance hatte – in ost-westliche Richtung umzukehren.

Vor allem aber sollte alles getan werden, damit die in Westberlin ausharrenden **Verbrauchsgüterbranchen – Bekleidungsindustrie, Textilindustrie, Elektroindustrie, Genuss- und Lebensmittelerzeugung** – nach dem Anschluss die mitteldeutschen Märkte als Voraussetzung für entsprechende Kapazitätssteigerungen zugeschanzt erhielten. Dem Fahrzeugbau wurden angesichts des riesigen westdeutschen Rationalisierungsvorsprungs nur begrenzte Überlebenschancen eingeräumt, die thüringische **Kaliindustrie** sollte zurückgefahren werden, und selbstverständlich würde die westdeutsche **Stahlindustrie** »jederzeit in der Lage sein, ihre Dienste helfend der Unternehmensführung und der technischen Leitung der eisenschaffenden Werke der SBZ zur Verfügung zu stellen«.

Hinter diesem Elan der wirtschaftspolitischen Restaurationsplaner mochten die **Arbeitsmarkt- und Sozialexperten** des Forschungsbeirats nicht zurückstehen. Auch sie wurden vom Kommissarfieber angesteckt. Unter der Regie Erich Welters und Werner Boschs entfalteten sie seit 1957 eine intensive Tätigkeit, um den zeitlichen Vorsprung aufzuholen, den sich die Ökonomen in den voraufgegangenen Jahren in harter Planungsarbeit erwirtschaftet hatten. Zuerst nahmen sie sich das **Gesundheitswesen** vor und empfahlen unter dem Applaus der westdeutschen Ärzteverbände, schnellstmöglich die freie Arztwahl und ärztliche Niederlassungsfreiheit wiederherzustellen, das staatliche Gesundheits- und Werksarztwesen auf die in der BRD üblichen Funktionen zurückzustutzen, die ärztliche Selbstverwaltung wieder aufzubauen, die ärztlichen Beratungsstellen aufzulösen und die Polikliniken und Ambulatorien mit Ausnahme der Universitätspolikliniken »Gemeinschaften privater Ärzte entgeltlich« zur Verfügung zu stellen.

Danach war die **Sozialversicherung** an der Reihe, worüber am 17. März 1961 grundsätzlich entschieden wurde. Um die nach dem DDR-Anschluss zu erwartenden gesamtdeutschen Massenwanderungen zu erleichtern, sollte das »mitteldeutsche« Einheitsversicherungs- und Leistungssystem so rasch wie möglich an die westdeutschen Verhältnisse angeglichen werden. Die diesbezüglichen Befugnisse des FDGB, der Deutschen Versicherungs-Anstalt und der Vereinigten Groß-Berliner Versicherungsbetriebe sollten erlöschen.

Mit besonderer Intensität betrieb der Forschungsbeirat die Annullierung der **Bodenreform.** Empfehlungen zur Restauration der gesamten Agrarstruktur hatte der Forschungsbeirat aber schon Anfang August 1952 verabschiedet. Danach sollten die Produktionsgenossenschaften so schnell wie möglich »im Wege einer geordneten Liquidation« aufgelöst werden.

Das Kernstück der Anschluss-Planungen: die **Währungspolitik.** Friedrich Ernst war sich ihrer besonderen Rolle bewusst. Die Währungspolitik ist die wichtigste Schnittstelle zwischen ökonomischer und politischer Macht. Politisch repräsentiert sie die Souveränität des Nationalstaats, und ökonomisch legen die in ihr verankerten Instrumente die Rahmenbedingungen für das gesamte Ensemble der Wirtschafts-, Arbeits- und Sozialpolitik fest. Daher rührt auch ihre zentrale Rolle bei allen Annexionsplanungen. Je nach den Entscheidungen über den Zeitpunkt der Währungsangleichung und über die dabei festgelegten Umtauschrelationen zwischen den Währungen der Volkswirtschaften der Annexionsmacht und des Anschluss-Objekts kann der gesamtwirtschaftliche Einverleibungsprozess beschleunigt oder verlangsamt werden. Will man den Übernahmeprozess beispielsweise aus machtpolitischen Gründen so schnell wie möglich durchführen, dann muss die Währungsumstellung sofort vollzogen und die zu beseitigende Währung des Anschluss-Gebiets beim Notenumtausch künstlich aufgewertet werden, um seine Wirtschaft im Fall erheblich geringerer Produktivität schlagartig von ihren Außenhandelsbeziehungen abzutrennen und auch die Binnenmärkte für die Produktions- und Handelskapazitäten der Annexionsmacht zu öffnen.

Auch der in dieser Hinsicht seit der Währungsreform von 1948 durchaus versierte Minister Ludwig Erhard, wussten nur zu gut, dass sie mit dem Zeitpunkt und den Relationen einer künftigen Währungsumstellung ein Instrument in der Hand hatten, dass einen Anschluss der ökonomisch weit unterlegenen DDR in jeder gewünschten Spielart ermöglichte, sobald die machtpolitischen Voraussetzungen dazu gegeben waren. Ihr Credo lag in dieser Hinsicht spätestens seit 1953 fest: Der erste und entscheidende Schritt war die Einbeziehung der DRD in den Hoheitsbereich der D-Mark, und danach konnte man in Ruhe an die übrigen wirtschafts- und sozialpolitischen Probleme herangehen.

Aber auch die künftige **Umtauschrelation (1:1)** für die laufenden Löhne, Gehälter, Rentenzahlungen und einen begrenzten individuellen Umtauschbetrag, dagegen 2:1 für die zu diskriminierenden Guthaben und die sonstigen volkswirtschaftlichen Umstellungen) scheinen genauso wie die sie flankierenden Akzeptanz-Techniken des »Kopfgelds« zu dieser Zeit weit über das Wirtschaftsressort hinaus schon vorgeklärt gewesen zu sein.

Gleitze beschwor die Teilnehmer, trotz der noch ungeklärten Währungsprobleme einer vollen **Angleichung der Preise und Löhne** an die westdeutschen Verhältnisse zuzustimmen.

## Anlage 4: Gründungsdokumente des Bereichs KoKo

**Verschlußsache!**

Vertrauliche Verschluß...
B - 2 - 56/66

1. Ausfertigung    4 Blatt

VORSITZENDER DES MINISTERRATES

Vorsitzender des Ministerrates

Eing. - 4. APR. 1966

Postbuch Nr. VVS 125

V e r f ü g u n g  Nr. 61 /66

Vom    1. April 1966

_____

Zur Sicherung der einheitlichen Leitung und des Auftretens
von Außenhandelsunternehmen und Unternehmen mit Außen-
handelsfunktionen der DDR, die in der Anlage 1 aufgeführt
sind, wird verfügt:

1. Durch den Minister für Außenhandel und Innerdeutschen
   Handel ist die einheitliche Leitung der in der Anlage 1
   genannten Unternehmen mit dem Ziel der maximalen Erwirtschaftung kapitalistischer Valuten außerhalb des
   Staatsplanes zu sichern.

2. Zur Durchführung der in dieser Verfügung festgelegten
   Grundsätze ernennt der Minister für Außenhandel und
   Innerdeutschen Handel einen Bevollmächtigten.

3. Der Bevollmächtigte des Ministers hat insbesondere
   folgende Aufgaben zu lösen:

   - Durchführung der kommerziellen Beziehungen mit
     Religionsgemeinschaften und anderen Institutionen
     gemäß den Verfügungen des Vorsitzenden des Minister-
     rates vom 30. 7. 1965 (VD Nr. 470/65) und vom 11. 3. 19
     (Verfügung Nr. 44/66).

- Sicherung des einheitlichen handelspolitischen Auftretens der in der DDR zugelassenen privaten Außenhandelsfirmen (F. C. Gerlach und G. Simon, mit Sitz in der
Hauptstadt der DDR):

4. Zur vollen Ausnutzung weiterer unerschlossener Reserven
der Volkswirtschaft wird der Bevollmächtigte des Ministers
berechtigt, auf der Grundlage einer zwischen dem Minister
für Außenhandel und Innerdeutschen Handel und dem Leiter
der Staatlichen Verwaltung der Staatsreserve zu treffenden
Vereinbarung zeitweilig Fonds der Staatsreserve B zur Erwirtschaftung zusätzlicher Valutaeinnahmen einzusetzen.

Er unterbreitet Vorschläge, die Bestände der Staatsreserve
B durch Lieferungen, die im Rahmen kommerzieller Beziehungen
gemäß den Verfügungen des Vorsitzenden des Ministerrates
vom 30. 7. 1965 (VD Nr. 470/65) und vom 11. 3. 1966 (Verfügung Nr. 44/66) erfolgen, von solchen Waren zu erhöhen,
die

- geeignet sind, Konjunkturschwankungen auf dem Weltmarkt auszunutzen bzw.

- als echte Störreserve für die Volkswirtschaft von Bedeutung sind.

5. Der Bevollmächtigte des Ministers ist im Bereich der
Ministeriums für Außenhandel und Innerdeutschen Handel
nur gegenüber dem Minister rechenschaftspflichtig.

6. Der Minister für Außenhandel und Innerdeutschen Handel wird beauftragt, die notwendigen Dienstanweisungen zur Durchführung dieser Verfügung zu erlassen.

7. Der Minister der Finanzen wird beauftragt, zwei Revisoren zu bestätigen, die berechtigt sind, die erforderlichen Revisionen in den o.g. Unternehmen durchzuführen.

i.V. *[Unterschrift]*

Verteiler

1. Vorsitzender des Ministerrates
2. Minister für Außenhandel und Innerdeutschen Handel
3. Minister der Finanzen
4. Minister für Staatssicherheit
5. Leiter der Staatlichen Verwaltung der Staatsreserve

Quelle: Horst Fischer: *Schalck-Imperium. Ausgewählte Dokumente.*
Universitätsvortrag Dr. N. Brockmeyer 1993.

# Anlage 5: Dokumente des Zusammenwirkens Schalck/Mittag

Geheime Verschlußsache
MfS 210 — 354/70
3
Ausfertigung 190

"Zur Vermeidung ökonomischer Verluste und zur Erwirtschaftung zusätzlicher Devisen im Bereich "Kommerzielle Koordinierung" des Ministeriums für Außenwirtschaft der Deutschen Demokratischen Republik"

D i s s e r t a t i o n

Eingereicht zur Erlangung des wissenschaftlichen Grades eines Dr. jur. an der Juristischen Hochschule Potsdam

vorgelegt:            Genosse Alexander Schalck-Golodkowsi
                      Genosse H     7

Potsdam, im Mai 1970

*Geheime Verschlußsache MfS 210 – 354/70: Die "Doktor"-Arbeit des Alexander Schalck. Wissenschaftlich wertlos – aufschlußreich für Wirtschaftskriminalisten*

Quelle: Wolfgang Seiffert/Norbert Trautwein: *Die Schalck-Papiere. DDR-Mafia zwischen Ost und West. Die Beweise.* Wien 1991.

**Deutsche Demokratische Republik**

Büro des Ministerrates

Vertrauliche Ministerratssache

~~Anlage 3~~

Nr. ? / 66 . Ausf.

---

**Beschluß**

des Ministerrates

100 / I. 3 / 66

vom 7. 12. 1966

---

Bestätigung des Stellvertreters des Ministers für den Bereich
kommerzielle Koordinierung im Ministerium für Außenhandel
und Innerdeutschen Handel

Das Präsidium des Ministerrates beschließt:

1. Im Ministerium für Außenhandel und Innerdeutschen Handel
   wird die Funktion Stellvertreter des Ministers – Bereich
   kommerzielle Koordinierung – geschaffen. Die Funktion
   Stellvertreter des Ministers für den Bereich kommerzielle
   Koordinierung wird in die Nomenklatur des Ministerrates
   aufgenommen.

2. Herr Alexander Schalck-Golodkowski, geb. am 3. 7. 1932,
   wird als Stellvertreter des Ministers für den Bereich
   kommerzielle Koordinierung bestätigt.

Quelle: Horst Fischer: *Schalck-Imperium. Ausgewählte Dokumente.*
Universitätsvortrag Dr. N. Brockmeyer 1993.

<u>Unterstellung und Zuordnung des Bereiches Kommerzielle Koordinierung</u>

Durch Beschluß des Politbüros vom 02. 11. 1976 wurde der Leiter des Bereiches Kommerzielle Koordinierung im Zusammenhang mit der Übertragung bestimmter Aufgaben dem Mitglied des Politbüros und Sekretär des ZK der SED, Gen. Dr. Mittag, unterstellt.

Gleichzeitig blieb die staatliche Verantwortung des Leiters des Bereiches Kommerzielle Koordinierung als Staatssekretär im Ministerium für Außenhandel und die Zuordnung des Bereiches zum Ministerium für Außenhandel davon unberührt.

---

56

5. Für die Leitung der Arbeit auf den äußeren Märkten ist der Minister für Außenhandel verantwortlich.

6. In Durchführung des Beschlusses des Politbüros vom 02. 11. 1976 sind folgende Präzisierungen in den Führungsdokumenten vorzunehmen:
Zuordnung zum Bevollmächtigten für Planung Ministerium für Außenhandel (ohne Bereich Kommerzielle Koordinierung)
Der Bereich Kommerzielle Koordinierung unter Leitung des Genossen Alexander  S c h a l c k  wird dem Mitglied des Politbüros und Sekretär des ZK der SED, Genossen Günter  M i t t a g , unterstellt.

7. Für die Sicherung der Durchführung der Außenhandelsaufgaben im Verantwortungsbereich des Bevollmächtigten für Produktion wird der Staatssekretär und Erste Stellvertreter des Ministers für Außenhandel, Genosse G. Beil, im Führungsgremium des Bevollmächtigten für Produktion verantwortlich gemacht.
Die dazu notwendigen Festlegungen werden in einer Durchführungsbestimmung getroffen.

Quelle: Horst Fischer: *Schalck-Imperium. Ausgewählte Dokumente.*
Universitätsvortrag Dr. N. Brockmeyer 1993.

DER VORSITZENDE DES MINISTERRATES

DER DEUTSCHEN DEMOKRATISCHEN REPUBLIK

V E R F Ü G U N G

Nr. S 8 / 81

zur Anordnung über die Führung des Außenhandels im Verteidigungszustand

vom:   16. November 1981

1. Die Anordnung über die Führung des Außenhandels
im Verteidigungszustand wird hiermit erlassen.

2. Die Führungsanordnungen der Leiter der zuständigen
Führungsorgane und die darauf basierenden weiteren
Dokumente sind entsprechend den Festlegungen der
Anordnung zu präzisieren.

3. Die Anordnung und die Verfügung sind gemäß Anlage 1
zu verteilen bzw. zu hinterlegen.

W. Stoph

Quelle: Horst Fischer: *Schalck-Imperium. Ausgewählte Dokumente.*
Universitätsvortrag Dr. N. Brockmeyer 1993.

A. Schalck                         Berlin, 21.08.1980

Mitglied des Politbüros
und Sekretär des ZK der SED
Genossen Dr. Günter Mittag

_____


Lieber Genosse Mittag!

Gemäß der geführten Beratungen übergebe ich
Dir als Anlage den Entwurf für die Planaufgaben des Bereiches für den Zeitraum 1981 -
1985.

Die Valutaeinnahmen des Bereiches sollen
danach 1981 - 1985 insgesamt                    7.141,5 Mio VM
betragen.

Die Abführungssummen im Perspektivplanzeit-
raum erfordern bei Intrac einen Umsatz
von                                              36,5 Mrd. VM
und bei Forum einen Umsatz von                    4,4 Mrd. VM

Das Valutaaufkommen des Bereiches gründet sich
im wesentlichen auf Gewinnerwirtschaftung
aus

- Vereinbarungen mit Industrieministerien
  beispielsweise zur weiteren Strukturver-
  besserung der Erdölausbeute

- Ausnutzung der Entwicklung auf den Kredit-,
  Finanz- und Warenmärkten für Börsenpositionen
  und internationale Warengeschäfte

- Vertretertätigkeit

- Export von Kunstgegenständen und Antiquitäten

Weitere Aufkommensquellen bilden Einnahmen aus
Intershop, der Tätigkeit der Genex, dem NSW-
Tourismus sowie der Abfallbeseitigung Westberlin.
Für diese Positionen ist im Perspektivplanzeit-
raum für die Gesamteinnahmen keine Steigerung vorge-
sehen-

(Die Aufteilung der Valutaeinnahmen nach Aufkommensquellen ist der Anlage zu entnehmen)

Nicht zurückgestellt sind dabei Valutamittel
für zur Zeit in Vorbereitung befindliche
Projekte z. B. Fabrik Mikroelektronik
und eventuell notwendige weitere Importe
zur Kaufkraftabschöpfung und Sicherung
wichtiger Versorgungspositionen.

Ich bitte um Zustimmung, entsprechend dem
vorgelegten Planentwurf 1981 die Generaldirektoren
der unterstellten Außenhandelsbetriebe zu beauf-
lagen und den Entwurf zum Perspektivplan 1981 -
1985 als Arbeitsgrundlage zu bestätigen.

Mit kommunistischem Gruß

Alexander Schalck

Quelle: Bundesarchiv DN 1/38923

G. Mittag                                    Berlin, den o4. o8. 1981


Generalsekretär des
Zentralkomitees der SED

Genossen Erich Honecker

─────────────────────


Lieber Genosse Honecker!


Beigefügt übermittle ich Dir eine Übersicht über die

- festgelegten Valutaabführungen des Bereiches Kommerzielle
  Koordinierung an den Staat im Fünfjahrplanzeitraum
  1981 - 1985;

- Valutaabführungen an den Staat auf der Grundlage der
  abgeschlossenen Abkommen und Vereinbarungen mit der BRD;

- Verpflichtung des Bereiches Kommerzielle Koordinierung
  über weitere, bisher nicht bilanzierte zusätzliche Valutaabführungen 1981 - 1985 an den Staat.

In der Verpflichtung des Bereiches Kommerzielle Koordinierung zur
zusätzlichen Erwirtschaftung von frei konvertierbaren Devisen
in Höhe von 2,o Mrd. VM 1981 - 1985 sind Auslagerungen von
ca. 3oo Mio VM aus der Staatsreserve vorgesehen.
Es wird vorgeschlagen, gemeinsam mit dem Vorsitzenden der Staatlichen Plankommission die notwendigen Vorschläge zur Entscheidung
kurzfristig vorzulegen.

Sollten einzelne Positionen der für den Export vorgesehenen Waren aus der Staatsreserve nicht freigegeben werden können, wird vom Bereich Kommerzielle Koordinierung die Verpflichtung übernommen, die Differenz bis zur Höhe von 2,0 Mrd VM durch andere Geschäftsoperationen auszugleichen.

Bitte um Zustimmung.

Mit kommunistischem Gruß

Anlage

Quelle: Bundesarchiv DN 1/38923

A. Schalck

Mitglied des Politbüros
und Sekretär des ZK

Genossen Dr. Mittag

---

Lieber Genosse Mittag!

Nach Außerkraftsetzung der Verfügung des Vorsitzenden des
Ministerrates Nr. 15 vom 23. 8. 1975 zur einheitlichen Leitung und Koordinierung ausgewählter volkswirtschaftlicher
Aufgaben durch den Bereich Kommerzielle Koordinierung habe
ich entsprechend des erteilten Auftrages eine interne Ordnung für die Arbeit des Bereiches ausgearbeitet.

Bitte um Zustimmung.

Mit kommunistischem Gruß

Anlage

Quelle: Horst Fischer: *Schalck-Imperium. Ausgewählte Dokumente.*
Universitätsvortrag Dr. N. Brockmeyer 1993.

# Anlage 6: Dokumente zum Strauß-Kredit

Berlin, 21.12.1984

V e r m e r k

Über ein Gespräch zwischen dem Vorsitzenden der CSU
und Ministerpräsident des Freistaates Bayern,
F.J. Strauß, und Genossen Schalck am 20.11.1984

---

Nach Übermittlung herzlicher Grüße des Generalsekretärs des ZK der SED und Vorsitzenden des Staatsrates
der DDR, Erich Honecker, bedankte sich Strauß mit
den Worten: "Übermitteln Sie bitte dem Herrn Staats-
ratsvorsitzenden meinen besten Dank für seine herz-
lichen Grüße, die ich auf diesem Wege gern erwidern
möchte. Ich werde die Gelegenheit nutzen, zum Jahres-
wechsel ihm schriftlich meine besten Wünsche zu übermitteln."

Strauß bedankte sich für die Möglichkeit, daß entsprechend seinem Wunsch das heutige Gespräch zustande-
gekommen ist. Er stellte fest, daß seit Bestehen dieser
Verbindung durch seine persönlichen Kontakte zum
Generalsekretär des ZK der SED und Vorsitzenden des
Staatsrates, Erich Honecker, vieles in Bewegung gekommen ist zum Wohle der Menschen in der DDR und in
der BRD.

Es wäre gut, in guten und komplizierten Zeiten diesen
bewährten Kontakt aufrechtzuerhalten. Strauß legte
besonderen Wert darauf festzustellen, daß er jederzeit bereit ist, auch Wünsche unserer Seite, so weit
das in seiner Kraft steht, zu unterstützen und einer
kurzfristigen positiven Lösung zuzuführen.

*...Schalck berichtet, daß Strauß "jederzeit bereit ist, auch Wünsche unserer Seite...
zu unterstützen und einer kurzfristigen positiven Lösung zuzuführen"*

Quelle: Wolfgang Seiffert/Norbert Trautwein: *Die Schalck-Papiere. DDR-Mafia zwischen Ost und West. Die Beweise.* Wien 1991.

Der Bayerische Ministerpräsident

8000 München 22    1 5. SEP. 1989
Prinzregentenstraße 7
Tel. (089) 21610 + FS 05-25809

An den
Staatssekretär im
Ministerium für Außenhandel
Herrn
Dr. Alexander Schalck-Golodkowski

BMPr. - Ru.

Sehr geehrter Herr Staatssekretär!

Das Programm meines Besuches in Leipzig war erstklassig vorbereitet und wurde vorzüglich abgewickelt. Ich möchte mich bei
Ihnen dafür, für die Gastfreundschaft und die hervorragende
Betreuung während des ganzen Tages sehr herzlich bedanken. Mit
dem Besuch des beeindruckenden Neuen Gewandhauses, dem Spiel
des Gewandhaus-Orchesters und seines genialen Organisten,
Herrn Matthias Eisenberg, haben Sie mir eine große Geburtstags-
freude bereitet, die mir in unvergeßlicher Erinnerung bleiben
wird. Mein Dank wäre unvollkommen, wenn ich nicht auch Ihre
Gattin miteinbeziehen würde. Ihrer Frau gelten meine besten
Grüße und mein herzlicher Dank für die bemerkenswerte Gastfreundschaft und die Stadtfahrt, die sie mit meiner Tochter
Monika unternommen hat.

Als sichtbares Zeichen meines Dankes übersende ich anbei für
Sie den Bildband "Franz Josef Strauß - Der Mensch und der
Staatsmann" und für Ihre Gattin den Bildband "Marianne Strauß
- Ein Buch der Erinnerung", in dem das Leben und Wirken meiner
Frau gewürdigt wird. Ich habe beide Bände jeweils mit einer
Widmung versehen.

Mit freundlichen Grüßen

Anlage

*Als Dank für die "hervorragende Betreuung" in Leipzig widmet Strauß Schalck ein
Exemplar eines Strauß-Bildbands*

Quelle: Wolfgang Seiffert/Norbert Trautwein: *Die Schalck-Papiere. DDR-
Mafia zwischen Ost und West. Die Beweise.* Wien 1991.

## Anlage 7: Bericht der Finanzrevision im Bereich KoKo – Auszüge – Bundesarchiv DN 1/ 38923

Ministerium der Finanzen und Preise      Berlin, 16. 2. 1990
Staatliche Finanzrevision
Valutakontrollgruppe

B e r i c h t

über wesentliche Feststellungen aus der Prüfung des Bereiches Kommerzielle Koordinierung des Ministeriums für Außenwirtschaft

I. Aufgabenstellung der Prüfung des Bereiches Kommerzielle Koordinierung

Entsprechend der Forderung des Generalstaatsanwaltes der DDR an den Minister der Finanzen und Preise vom 18. 12. 1989 wurde im Bereich Kommerzielle Koordinierung (im weiteren als Bereich KoKo bezeichnet) des Ministeriums für Außenwirtschaft erstmalig eine Finanzrevision durchgeführt. Bisher wurde der Bereich KoKo durch die Staatliche Finanzrevision nicht geprüft.[x)]
Die Kontrolle dieses Bereiches erfolgte gemäß Verfügung des Vorsitzenden des Ministerrates vom 14. 9. 1972 ausschließlich durch den Leiter des Bereiches, Dr. Schalck.

Grundlage der jetzt durchgeführten Prüfung war die vom Minister der Finanzen und Preise bestätigte Aufgabenstellung (Anlage 1). Die Durchführung der Finanzrevision erfolgte in Abstimmung und in Zusammenarbeit mit dem Leiter der Sonderkommission des Ministerrates zur Untersuchung von Amtsmißbrauch und Korruption im Zusammenhang mit der Tätigkeit des Bereiches Kommerzielle Koordinierung. In dieser Revision wurden auch die Ergebnisse der zuvor durchgeführten Prüfungen in 14 Betrieben, die dem Bereich unterstellt waren (siehe Anlage 2), mit berücksichtigt.

Die Prüfung erfolgte im Zeitraum vom 2.1. - 9. 2. 1990 in den Hauptabteilungen I (ehemaliger Leiter: Herr Manfred Seidel), II (Leiter: Frau Meta Bleßing) und der Abteilung Firmen (Leiter: Frau Waltraud Lisowski).

---

[x)] Die Staatliche Finanzrevision hat bisher die dem Bereich unterstellten Außenhandelsbetriebe Intrac HGmbH, Berliner Import- und Export-Gesellschaft mbH, Forum Handelsgesellschaft mbH, Transinter GmbH, Kunst- und Antiquitäten-GmbH und IMES GmbH geprüft.

## II. Zusammengefaßte Einschätzung

Auf Grund der Revisionsfeststellungen ergibt sich folgende zusammengefaßte Einschätzung:

Im Bereich KoKo wurden grundlegende Rechtsvorschriften zur Rechnungsführung und Statistik nicht angewendet. Das betrifft vor allem

- innerbetriebliche Regelungen zur Kassenführung und zum Nachweis der Einnahmen und Ausgaben sowie der Forderungen und Verbindlichkeiten,

- den Ausweis der finanziellen Prozesse in einem einheitlichen und in sich geschlossenen Rechnungswesen,

- die Dokumentation der finanziellen Vorgänge durch ordnungsgemäße Belege,

- die Kontrolle in bezug auf die vollständige Realisierung der Valutaerlöse aus Geldanlagen und Beteiligungen im Ausland.

Aus den Prüfungsfeststellungen ist ersichtlich, daß mit Geld außerordentlich leichtfertig und fahrlässig umgegangen wurde, wodurch Manipulationen und persönliche Bereicherungen nicht auszuschließen sind.
Das im Bereich KoKo ausgeprägte System der Geheimhaltung führte dazu, daß Leiter und Mitarbeiter kaum einer Kontrolle unterlagen und in hohem Maße über die Finanzen allein entschieden.
Die besondere Stellung des Bereiches KoKo in der Außenwirtschaft und der damit verbundenen Befugnisse führten auch zur Inanspruchnahme und Gewährung von Privilegien. Dabei wurde nach eigenem Ermessen entschieden und bestehendes Recht nicht beachtet.

---

**Auszüge aus den Feststellungen:**

**Die Geschäfte mit der Bank für Handel und Effekten , Zürich**
Bei der Prüfung wurde festgestellt, dass auf Veranlassung von Dr. Schalck 1989 insgesamt 14,4 Mio VM (11.500.000,– DM und 1.554.040,– USD) an die Bank für Handel und Effekten Zürich, zugunsten von Herrn Moser (Direktor dieser Bank) überwiesen worden sind. 1988 wurden zugunsten von Herrn Moser insgesamt 35,5 Mio VM (34,0 Mio DM und 0,8 Mio USD) überwiesen …

Bei dieser Bank wurde am 18.1.1985 ein Depotkonto 12.332 eingerichtet, für das lt. Vollmacht einzeln zeichnungsberechtigt waren: Herr Max Moser, Herr Dr. Alexander Schalck-Golodkowski, Frau Sigrid Schalck- Golodkowski, Herr Manfred Seidel.

## Umgang mit Bargeld

Beim Umgang mit Bargeld wurde grob und fahrlässig gegen Rechtsvorschriften verstoßen. ... Bei der Prüfung wurde festgestellt, dass im Bereich KoKo 6 Valutakassen und 3 weitere sogenannte Reisekassen in Valuta geführt wurden. Die Bestände in den Valutakassen überstiegen teilweise die Millionengrenze ...

Bei der Prüfung wurde am 25.1.1990 ... im Stahlblechschrank ein Pappkarton festgestellt, worin sich u. a. 123.488,15 DM befanden...

Wesentliche Beanstandungen bei der Führung der Valuta- als auch der Markkassen sind:

Keine ordnungsgemäßen Kassennachweise und -abschlüsse

Entgegennahme von Geld ohne oder mit formloser Quittung und ohne Unterschrift des Einzahlers, keine Verwendung von nummerngesicherten Einzahlungsquittungen

Keine Zahlungsanweisung ...

Auszahlungen ohne Empfangsbestätigungen und ohne belegmäßigen Nachweis der Verwendung ...

Am 2.11.1989 wurden vom Kto. 0745 bei der DHB auf Weisung von Herrn Dr. Schalck 666.000,– USD (1.232.100.– VM) bar abgehoben. Frau ... hat diesen Betrag angeblich auf Weisung von Dr. Schalck seiner ehemaligen Sekretärin ... ohne Quittung übergeben. Auf die Frage nach dem belegmäßigen Nachweis erklärte Frau ..., dass es nicht üblich war, Quittungen zu fordern. Verbleib und Verwendung dieses Betrages konnte nicht geklärt werden.

Herr Dr. Schalck hat 1989 gegen formlose Quittungen vom Geschäftsführer der Fa. F.C. Gerlach insgesamt 17 Mio DM bar entgegengenommen. Der Verbleib dieser Beträge ist mit den vorliegenden Unterlagen nicht vollständig nachweisbar ...

Aus der Kasse der HA II wurden am 23.5.1989 401.100,– DM an Herrn Dr. Schalck gezahlt. ... Über die Verwendung dieses Betrages liegen keine weiteren Belege vor...

Auf Grund der Entscheidung von Herrn Dr. Schalck wurde seit Oktober 1988 Gold gekauft. Dafür wurden im Oktober/November 1988 254,0 Mio VM und im Februar 1989 239,2 Mio VM ausgegeben ... Diese o. a. Bestände sind nicht in der Übersicht über die finanziellen Bestände des Bereiches KoKo enthalten ...

## Finanzbeziehungen in Mark

Aus den Valutarechnungen ist nicht ersichtlich, ob und wo sich eine Mark-Rechnung an den Importempfänger befindet. Nach Aussagen von

Frau ... wurde von Fall zu Fall entschieden, ob eine Mark-Rechnung gelegt wird oder nicht, je nachdem, ob sie der Importempfänger bezahlen kann oder nicht. Damit wurden Rechtsvorschriften eigenmächtig außer Kraft gesetzt ...

## Anlage 8: Dokumente zur Einführung der Marktwirtschaft von der Modrow-Regierung (persönliches Material von Dr. Walter Siegert)

*Koll. Dr. Siegert*

Ministerrat der DDR

Zielstellung, Grundrichtungen, Etappen
und unmittelbare Maßnahmen der Wirtschaftsreform
in weiterer Verwirklichung der Regierungserklärung vom 17. 11. 1989

Berlin, 1. 2. 1990

## Zielstellung der Wirtschaftsreform

Die Regierung sieht ihre gegenwärtig wichtigste wirtschafts- und
sozialpolitische Aufgabe darin, unter Nutzung aller verfügbaren
inneren und äußeren Quellen

. die <u>Wirtschaft der DDR in kürzester Frist zu stabilisieren</u>, ihr
neue Wachstumsimpulse zu geben und Anschluß an die internationale
Wettbewerbsfähigkeit zu erreichen;

. das <u>erreichte Lebensniveau zu erhalten, die soziale Sicherheit für
alle weiterhin zu gewährleisten</u>, sie konsequenter auf das Leistungs-
prinzip zu stützen und damit die Lebensqualität der Bürger in einem für jeden
überschaubaren Zeitraum auf den Standard führender europäischer Länder zu
heben, vorrangig auch mit dem Ziel, die Auswanderungsbewegung in die BRD
entschieden einzudämmen.

Diese grundlegende Zielstellung erfordert einen radikalen, schnellen
Übergang von der Kommandowirtschaft einer zentralistischen Direktivplanung zu einer <u>sozial und ökologisch orientierten Marktwirtschaft</u>.

Die Wirtschaftsreform zielt darauf ab, eine leistungsfähige Marktwirtschaft in der DDR herauszubilden, <u>die der demokratische Rechts-
staat</u> durch ökonomische Methoden, rechtliche und andere Rahmenbedingungen im Interesse wachsender gesellschaftlicher Effektivität, ge-
meinnütziger Zwecke, ökologischer Erfordernisse und sozialer Gerechtigkeit <u>reguliert</u>.

Durch Gewährung <u>chancengleicher Entwicklungsbedingungen für alle Eigen-
tumsformen</u> (wozu Gewerbe- und Niederlassungsfreiheit, Gleichheit in
der Steuer- und Tarifgesetzgebung, gleichberechtigter Zugang zu den
Ressourcen u.a. gehören) sowie durch <u>wirksame Anwendung des Lei-
stungsprinzips</u> (einschließlich neuer Formen, wie Anwendung der Gewinn-
beteiligung der Belegschaftsmitglieder) sollen Unternehmergeist gefördert und den Werktätigen freie Entfaltungsmöglichkeiten ihrer produktiven Kräfte gegeben werden.

An die Stelle dirigistischer Weisungen des Staates soll selbständige
Unternehmensführung unter Wettbewerbsbedingungen bei entfalteter
Wirtschaftsdemokratie treten, wobei Transparenz der Wirtschaftstä-
tigkeit und öffentliche Kontrolle gewährleistet werden.

Die schnelle und staatlich geförderte Entwicklung der ökonomischen
und juristischen Selbständigkeit der Wirtschaftsunternehmen steht
deshalb im Zentrum beim Übergang auf das neue Wirtschaftssytem. Das
ist untrennbar mit umfassender Mitbestimmung und wirksamer Interessenvertretung der Belegschaften durch die Gewerkschaften, durch
frei gewählte Interessenvertretungen zu verbinden.
Dadurch, daß die Wirtschaftsunternehmen in Wettbewerbsbedingungen auf
dem Binnenmarkt hineingestellt werden und eigenständig auf den Außen-
märkten auftreten, sollen neue Triebkräfte für bedarfs- und gewinn-
orientierte Produktion, für wissenschaftlich-technische Innovationen
und internationale Konkurrenzfähigkeit zur Wirkung gebracht werden.

Mit der Wirtschaftsreform sind Bedingungen zu schaffen, um die Volkswirtschaft der DDR umfassender in die weltweite Arbeitsteilung zu
integrieren, die Zusammenarbeit mit den Ländern des RGW zu fördern,
Kompatibilität und Verbund mit der europäischen Gemeinschaft und anderen internationalen Währungs-, Finanz- und Wirtschaftsorganisationen
(wie IWF, GATT, OECD) herzustellen sowie vorteilhafte Wirtschaftsbeziehungen mit anderen Ländern zu gestalten. Das erfolgt sowohl durch
vertragliche Vereinbarungen auf Regierungsebene als auch in wachsendem
Maße durch Direktbeziehungen von Unternehmen und Interessenverbänden
in vielfältigen Formen der internationalen Wirtschaftskooperation.

Die entscheidenden Schritte beim Übergang auf eine sozial und ökologisch orientierte Marktwirtschaft sind:

- die sofortige Öffnung von Freiräumen für Unternehmertum in allen
  Eigentums- und Organisationsformen und Schaffung notwendiger Bedingungen für die eigenständige Gestaltung der Beziehungen zwischen
  den Produzenten, dem Handel und den Konsumenten auf dem Binnenmarkt bei deutlicher Zunahme der Anzahl ökonomisch selbständiger
  Betriebe,

- die Herausbildung breiter demokratischer Mitwirkung der Gesellschaft bei den wirtschaftspolitischen Entscheidungen und des demokratischen Mitspracherechts der Werktätigen in den Unternehmen,

- die wirksame Ausgestaltung des Leistungsprinzips bei sozialer
Absicherung der Bevölkerung,

- die Bildung von Preisen nach den Markterfordernissen bei vorwiegend indirekter Einflußnahme des Staates auf die Preisbildung und
weitgehender Annäherung der Binnenpreisstruktur an die Preisstruk-
tur des europäischen Marktes,

- die Öffnung des Binnenmarktes nach Osten und Westen sowie schneller
Übergang zur Konvertierbarkeit der Währung der DDR bei realen Kurs-
verhältnissen,

- die Neugestaltung der Produktions-, Export-, Import- sowie Infrastruktur unter Beachtung ökologischer Erfordernisse.


Der Übergang zur sozialen Marktwirtschaft erfordert einen Umbau
des sozialen Sicherungssystems. Höchste Priorität hat dabei, ein
Absinken des sozialen Standards für die sozialen Schichten und
Beschäftigtengruppen zu verhindern und neue wirtschaftliche
Impulse für soziale Sicherung und soziale Entwicklung zu schaffen.


Risiken, insbesondere einer inflationären Entwicklung, sowie den
Schwierigkeiten, freigesetzte Arbeitskräfte ohne wesentliche Be-
einträchtigung ihrer sozialen Lage voll zu beschäftigen, ist durch
staatliche Maßnahmen zur sozialen Absicherung sowie zum Schutz der
Währung zu begegnen. Das schließt die Sicherheit der Spareinlagen
der Bevölkerung und die Garantie des Rechts auf Arbeit ein.
Notwendig ist eine auf die Durchsetzung des Rechts auf Arbeit gerichtete Beschäftigungspolitik. Dazu gehört, für Werktätige, die im Ergebnis von Strukturwandel und Rationalisierungsmaßnahmen von ihren
bisherigen Arbeitsplätzen freigesetzt werden, Arbeitsplatzbeschaf-
fungsprogramme, verbunden mit Maßnahmen der Umschulung und sozialen
Sicherstellung, zu erarbeiten und zu realisieren (Anlage 1).
Es ist zu sichern, daß nichts zu Lasten leistungsgeminderter Werktätiger (Schwerbeschädigte, Rehabilitanden, Behinderte, Werktätige im Vor-
rentenalter) sowie sozial schwacher Schichten erfolgt.

Notwendig ist es, ökologische Erfordernisse und Umweltschutz zum
integrierenden Bestandteil der Wirtschafts- und Gesellschafts-
strategie zu erheben. Das bedeutet:

- den ökologischen Umbau der Gesellschaft und das Grundrecht auf
  eine gesunde Umwelt zum bestimmenden Entscheidungskriterium
  unserer gesellschaftlichen Entwicklung zu machen,

- die Produktion unter strikter Beachtung der Anforderungen von
  Ökologie und Umweltschutz und der sparsamen Ressourcenverwertung
  zu organisieren,

- das Vorsorgeprinzip im Sinne von Umweltschädigungsverhinderung
  sowie das Verursacherprinzip bei der Schadensbeseitigung in
  der Umweltpolitik durchzusetzen,

- Einführung eines einheitlichen Umweltfonds, gebildet in Höhe von
  mindestens 1 % des Bruttosozialprodukts, zur Finanzierung von
  Zuschüssen zur Fortentwicklung von Vermeidungstechnologien und
  zur Umstellung auf umweltfreundliche Produktionsverfahren in
  Luft-, Wasser- und Abfallbereich als zentrales Förderungsmittel,

- verursachte Umweltschäden zu benennen und zu sanieren.

Beim Übergang auf eine marktwirtschaftliche Produktions- und Ver-
teilungsweise kann sich die Volkswirtschaft der DDR auf - auch an
internationalen Maßstäben gemessene - entwicklungsfähige materiell-
technische Grundlagen, gut ausgebildete Arbeitskräfte, einen hohen
Eigenversorgungsgrad mit landwirtschaftlichen Erzeugnissen, umfangreiche Wirtschaftsbeziehungen, insbesondere mit der UdSSR,
sowie auf Möglichkeiten als Ost-West-Drehscheibe stützen. Darin,
in der eigenen Leistung und in der Nutzung der der DDR gebotenen
Wirtschaftsunterstützung liegt die Chance, die Wirtschaftsreform
ohne Perioden schärferer sozialer Spannungen zu durchlaufen.

## II.

## Grundrichtungen der Wirtschaftsreform

A. Neben dem Volkseigentum soll im Interesse der Entwicklung einer
marktwirtschaftlichen Produktionsweise eine <u>Vielfalt weiterer
Eigentumsformen</u> entstehen:

- Gesellschaftliches Gemeineigentum an Produktionsmitteln.
  Es soll sich künftig in 3 Formen entwickeln:

  . Gemeineigentum der volkseigenen Betriebe, Kombinate und
    Wirtschaftsverbände

  . Gemeineigentum des Staates

  . Gemeineigentum der Kommunen.

- Genossenschaftliches Eigentum in bisherigen (einschließlich der
  bei Wahrung der mit der Bodenreform gesetzlich verankerten
  Eigentumsrechte an Grund und Boden) und neuen geeigneten Formen.

- Privates Eigentum.
  Hier liegt der Schwerpunkt darauf, im Interesse wirtschaftlicher
  Stabilisierung und Wachstumsförderung schnell wirksam werdende
  Produktions- und Dienstleistungen, insbesondere für den Bevölkerungsbedarf,
  zu entwickeln. Die Regierung der DDR eröffnet dazu alle Möglichkeiten für <u>volle Gewerbefreiheit privater Unternehmen. Hand-
  werks- und Gewerbebetriebe.</u>
  Beschränkungen aller Art, die gewerblichen Initiativen entgegen-
  stehen, sind durch neue Rechtsgrundlagen aufzuheben.

- Schaffung der Möglichkeit der Umwandlung volkseigener Betriebe,
  die bis 1972 halbstaatlich oder privat waren, in Unternehmen mit inländischer Beteiligung bzw. Privatbetriebe.

- Gründung von Unternehmen mit ausländischer Beteiligung.

B. Damit die <u>Wirtschaftsunternehmen</u> initiativreich auf dem Markt wirksam werden können, sind in ihrer Tätigkeit folgende Bedingungen zu schaffen:

1. Ein voll ausgestaltetes <u>selbständiges Entscheidungsfeld</u> durch

   - eigenverantwortliche Bestimmung <u>tragfähiger Markt- und Forschungsstrategien</u> auf der Grundlage eigener Unternehmensplanung, die langfristiges, flexibles, innovatives und rentables Wirtschaften ermöglichen;

   - <u>eigenständige Finanzwirtschaft</u>, die sich auf normative Anforderungen des Staates und vertraglich vereinbarte Geschäftsbeziehungen mit den Banken stützt und den kaufmännischen Umgang mit dem Geld fördert;

   - <u>Eigenverantwortung für die außenwirtschaftliche Tätigkeit</u>, Eingliederung von Außenhandelseinrichtungen in die Unternehmen bzw. ihre Nutzung sowie Eigenverfügung über selbst erwirtschaftete Valuta;

   - Eigenverfügung über den stimulierenden Einsatz der <u>leistungsabhängigen Lohn- und Prämienfonds</u> auf der Grundlage der mit den Gewerkschaften vereinbarten tariflichen Rahmenbedingungen sowie betrieblicher Vereinbarungen mit den gewählten Interessenvertretern der Werktätigen;

   - <u>eine moderne Betriebswirtschaft</u> zur kaufmännischen Leitung des Unternehmens und deren Nutzung für öffentliche Information über die ökonomische und finanzielle Lage des Betriebes als eine Grundlage für die demokratische Mitbestimmung der Werktätigen.

Selbständigkeit der Unternehmen schließt die volle <u>Verantwortung für die Sicherung der Liquidität</u> durch das Unternehmen und das Einstehen mit eigenen Mitteln für Verbindlichkeiten ein. Für ökonomische Auswirkungen staatlicher Eingriffe hat der Staat einzutreten.

Die Organisationsformen der Unternehmen werden entsprechend den
differenzierten Branchenbedingungen eigenverantwortlich gestaltet. Das schließt den Ausbau wettbewerbsfähiger Kombinate ebenso ein wie die Entflechtung uneffektiver Zusammenschlüsse durch
Ausgliederung von Klein- und Mittelbetrieben. Es sind neue Möglichkeiten des organisierten Zusammenwirkens von Unternehmen
unterschiedlicher Eigentumsformen in Verbänden wie auch in Form
von Kapitalgesellschaften zu eröffnen.
In den Unternehmen und ihren Verbänden können gesellschaftliche
Aufsichtsräte gebildet werden, in denen die Unternehmensleitungen, die
Gewerkschaften, die Banken, wichtige Kooperationspartner und die kommunalen Selbstverwaltungen vertreten sind.

Die Mitbestimmung der Werktätigen wird entsprechend dem gelten-
den Recht durch gewerkschaftliche Interessenvertretung gewährleistet.

2. Neugestaltete ökonomische Bedingungen für die kommunale Selbstverwaltung und die Beziehungen zwischen den Unternehmen und den
   kommunalen Organen durch

   - die Schaffung kommunalen Eigentums mit der ausschließlichen
     Verantwortung der Städte und Gemeinden für die Entwicklung
     dieser Unternehmen und Einrichtungen;

   - die Abführung einheitlich geltender Steuern durch Unternehmen
     aller Eigentumsformen an den Staat einschließlich territoria-
     ler Haushalte zur Sicherung eigener Einnahmequellen als die
     Hauptform ökonomischer Beziehungen zwischen Unternehmen und
     Staat;

   - die Möglichkeit des Abschlusses von Verträgen zwischen Unter-
     nehmen und kommunalen Organen zur gemeinsamen Durchführung von
     Maßnahmen bzw. Nutzung von Einrichtungen in beider- oder mehr-
     seitigem Interesse;

   - das Recht der kommunalen Organe zur Herausgabe von Kommunalobliga-
     tionen;

   - Bildung eines territorialen Umweltfonds zur Unterstützung des
     Umweltschutzes im Territorium aus Mitteln des zentralen Umwelt-
     fonds sowie aus einem Teil der Einnahmen aus Sanktionen und
     Strafen (bisher Staub- und Abgasgeld, Abwassergeld) sowie
     weiteren Einnahmen (z. B. Abwassereinleitungsentgeld).

C. Der regulierende Einfluß des Staates ist auf die Gestaltung von Rahmenbedingungen für volkswirtschaftliches Wachstum, Stabilität und Proportionalität sowie soziale und ökologische Ausrichtung .. der Wirtschaftsentwicklung zu konzentrieren.

1. Der Hauptweg staatlicher Regulierung besteht im Wirksammachen ökonomischer Methoden durch

- eine Preisreform, die auf dem Prinzip beruht, am Weltmarkt orientierte Preisrelationen und -strukturen unter Beachtung von Angebot und Nachfrage zur Anwendung zu bringen;

- eine Steuerreform, damit auf der Grundlage einheitlicher Steuern grundsätzlich gleiche Wettbewerbsbedingungen für alle Eigentumsformen und ein Anreiz für Leistungssteigerung und Innovation geschaffen werden; vordringlich ist dabei, die bisherige Progression der Einkommens- und Körperschaftssteuertarife für private Handwerker, Gewerbetreibende, Genossenschaften und Kapitalgesellschaften abzubauen.

- eine auf die Verwirklichung des Leistungsprinzips gerichtete Einkommenspolitik, die sich auf die Entwicklung der Lohn- und Stimulierungsfonds für die Werktätigen in Abhängigkeit von der Rentabilität der Unternehmen und auf Rahmentarife stützt (Anlage 2);

- eine Politik des knappen Geldes auf der Grundlage einer leistungs- und effektivitätsabhängigen Kreditgewährung bei einer Neubestimmung des Zinsniveaus für Kredite und Geldanlagen zur ökonomischen Steuerung der Geldmenge;

- die Neubestimmung der Kurse in Verbindung mit der schrittweisen Schaffung einer eigenen Valutawirtschaft der Unternehmen und Schritten für die Konvertierbarkeit der Mark der DDR.

Die Staatsbank der DDR ist zu einem von der Regierung unabhängigen Organ zu entwickeln, das insbesondere der Stabilität und dem Schutz der Währung verpflichtet ist. Auf der Basis eines zweistufigen Bankensystems entwickeln selbständige Geschäftsbanken

kaufmännische Beziehungen in Mark und Valuta mit Unternehmen
aller Eigentumsformen zu grundsätzlich einheitlichen Konditionen zur Förderung marktgerechten Wirtschaftens.

Der Staatshaushalt ist in einen Haushalt der Republik und die
Haushalte der Territorien zu trennen. Die Staatliche Versicherung wird auf unternehmerische Basis gestellt.

2. Neu aufzubauen ist die strategische und prognostische Tätigkeit
des Staates.

   a) Es ist ein volkswirtschaftliches Strukturkonzept auszuarbeiten, das

      - effektivitäts-, wachstums-, ökologie- und sozialorientiert
        ist und strikt auf eine hohe Veredlung setzt,

      - von Marktorientiertheit, außenwirtschaftlicher Öffnung und
        tiefer Einbindung in die Weltwirtschaft geprägt ist,

      - ein neues Energiekonzept beinhaltet,

      - den Abbau der infrastrukturellen Rückständigkeit anstrebt,

      - die Innovationsfähigkeit der Unternehmen und der Volkswirtschaft insgesamt fördert und durch gezielte selektive
        Orientierungen auf wissenschaftlich-technische Spitzenleistungen Vorteile im internationalen Konkurrenzkampf erreichen hilft.

   Bei allen strukturpolitischen Maßnahmen sind die sozialen
   Folgen und Bedingungen einzuschätzen und Konzepte für ihre
   Regelung auszuweisen.

   Aus der Strukturkonzeption sind abzuleiten

   - Aussagen zu jenen Produktionszweigen, auf die sich vor allem
     staatliche Fördermaßnahmen richten müßten,

   - Vorschläge, welche Zweige auf ein anderes Profil umgestellt
     werden bzw. welche Betriebe ihre Produktion einstellen
     sollten.

   - Orientierungen, in welchen Bereichen ausländische Beteiligungen zu fördern sind (Anlage 3).

## Verordnung zur Umwandlung von volkseigenen Kombinaten, Betrieben und Einrichtungen in Kapitalgesellschaften vom 1. März 1990

### § 1
### Geltungsbereich

(1) Diese Verordnung gilt für volkseigene Kombinate, Betriebe, juristisch selbständige Einrichtungen und wirtschaftsleitende Organe sowie sonstige, im Register der volkseigenen Wirtschaft eingetragene Wirtschaftseinheiten, nachfolgend Betriebe genannt.

(2) Diese Verordnung gilt nicht für das Staatsunternehmen Deutsche Post mit seiner Generaldirektion, die Eisenbahn, die Verwaltung der Wasserstraßen und die Verwaltung des öffentlichen Straßennetzes.

### § 2
### Verfahren der Umwandlung

(1) Betriebe sind in eine Gesellschaft mit beschränkter Haftung (GmbH) oder in eine Aktiengesellschaft (AG) umzuwandeln. Über Ausnahmen, z. B. die Umwandlung in Genossenschaften, Personengesellschaften oder anderen Organisationsformen im Bereich der Land-, Forst- und Nahrungsgüterwirtschaft, entscheidet die Anstalt zur treuhänderischen Verwaltung des Volkseigentums (Treuhandanstalt). Sie hat die vermögensrechtliche Stellung von nicht umgewandelten Betrieben zu bestimmen und zu sichern.

(2) Die Umwandlung gemäß Abs. 1 bedarf der Stellungnahme des Vertretungsorgans der Beschäftigten des umzuwandelnden Betriebes.

### § 3

(1) Die Geschäftsanteile, bzw. Aktien der durch Umwandlung gebildeten Kapitalgesellschaft übernimmt die Treuhandanstalt.

(2) Die Treuhandanstalt beauftragt entsprechend ihrem Statut juristische oder natürliche Personen als Gesellschafter zu fungieren bzw. die sich aus Beteiligungen ergebenden Rechte und Pflichten wahrzunehmen.

### § 4

(1) Zur Umwandlung bedarf es einer Umwandlungserklärung des umzuwandelnden Betriebes und der Treuhandanstalt als Übernehmender der Anteile. Vor der Umwandlungserklärung hat die Treuhandanstalt die Stellungnahme des übergeordneten Organs des Betriebes einzuholen. Die notariell zu beurkundende Umwandlungserklärung muss enthalten:

1. die Errichtung einer GmbH oder AG;
2. die Übertragung der Fondsinhaberschaft des Betriebes auf die GmbH oder die AG;
3. die Bezeichnung der Beauftragten gemäß § 3 Abs. 2;
4. den Gesellschaftsvertrag der GmbH oder die Satzung der AG.

(2) Der Umwandlungserklärung ist eine Abschlussbilanz sowie eine vom Übernehmenden und Umzuwandelnden unterzeichnete Aufstellung über alle Rechte und Pflichten, Forderungen und Verbindlichkeiten und die mit der Geschäftsbank getroffene Vereinbarung über die Ordnung bestehender Kredite beizufügen.

(3) Für die Gründung und Tätigkeit einer GmbH gilt das GmbH-Gesetz, für die einer AG das Aktiengesetz, soweit in dieser Verordnung keine speziellen Regelungen getroffen sind.

(4) Führt die umgewandelte Gesellschaft das vom Betrieb betriebene Unternehmen weiter, so kann sie die Firma fortführen, wobei statt der Bezeichnung VEB oder VEK die Bezeichnung »Gesellschaft mit beschränkter Haftung« bzw. »Aktiengesellschaft« aufzunehmen ist. Die umgewandelte Gesellschaft kann auch eine neue Firma gemäß den Rechtsvorschriften annehmen.

## § 5
### Gründungsbericht, Gründungsprüfung

(1) Für die Umwandlung in eine GmbH oder AG ist eine Eröffnungsbilanz sowie nach § 24 Aktiengesetz ein Gründungsbericht zu erstellen, in dem auch der Geschäftsverlauf und die Lage des Unternehmens darzulegen sind.

(2) Die Prüfung durch einen oder mehrere unabhängige Prüfer nach § 25 Abs. 2 des Aktiengesetzes hat in jedem Fall stattzufinden. Die Prüfung hat sich insbesondere darauf zu erstrecken, ob in der Aufstellung nach § 4 Abs. 2 alle Verbindlichkeiten des Betriebes aufgeführt sind. Die Ergebnisse sind in einem Prüfungsbericht darzustellen.

## § 6
### Anmeldung und Eintragung der Umwandlung

(1) Die durch Umwandlung entstandene Gesellschaft ist beim Staatlichen Vertragsgericht zur Eintragung in das Register anzumelden, in dessen Bezirk sich der Sitz der GmbH bzw. AG befindet.

(2) Der Anmeldung sind beizufügen:
1. die Umwandlungserklärung;
2. der Gründungsbericht und die Eröffnungsbilanz;

3. der Prüfungsbericht;
4. die Stellungnahme gemäß § 2;
5. die Aufstellung gemäß § 4 Abs. 2.

(3) Das Staatliche Vertragsgericht nimmt nach Vorlage der im Abs. 2 genannten Dokumente die Eintragung in das Register vor.

## § 7
### Wirksamwerden der Umwandlung, Rechtsnachfolge, Erlöschen

Die Umwandlung wird mit der Eintragung der GmbH bzw. der AG in das Register wirksam. Mit der Eintragung wird die GmbH bzw. AG Rechtsnachfolger des umgewandelten Betriebes. Der vor der Umwandlung bestehende Betrieb ist damit erloschen. Das Erlöschen des Betriebes ist von Amts wegen in das Register der volkseigenen Wirtschaft einzutragen.

## § 8
### Besteuerung

Für die GmbH bzw. AG gelten die Bestimmungen des Steuerrechts der DDR.

## § 9
### Aufsichtrat

In den GmbH und AG ist innerhalb von 3 Monaten nach Umwandlung ein Aufsichtsrat zu bilden. Der Aufsichtsrat setzt sich zusammen aus mindestens

4 Aufsichtratsmitgliedern, die durch die Belegschaft (darunter 1 leitender Mitarbeiter) entsandt werden;

4 Aufsichtratsmitgliedern, die durch die Anteilseigner bestimmt werden, und

1 Aufsichtratsmitglied, das durch die vorgenannten Aufsichtratsmitglieder gewählt wird.

Bei Unternehmen mit weniger als 500 Beschäftigten kann die Zahl der Aufsichtsratsmitglieder proportional reduziert werden.

## § 10
### Verkauf von Anteilen

Der Verkauf von Geschäftsanteilen bzw. Aktien durch die Treuhandanstalt ist zulässig, sofern es durch Gesetz geregelt ist. Der Verkauf bedarf der Zustimmung des Aufsichtrates der Gesellschaft. Dabei sind die für die Beauftragten im Statut der Treuhandanstalt gesetzten Rechte und

Pflichten verbindlich. Im Falle der Beherrschungsverhältnisse in der Gesellschaft, z. B. bei Verkauf von Anteilen oder Erhöhung des Grund- bzw. Stammkapitals, ist die Zustimmung der zuständigen Volksvertretung erforderlich.

## § 11
### Schlussbestimmungen
Durchführungsbestimmungen zu dieser Verordnung werden durch die zuständigen Minister und Leiter anderer zentraler Staatsorgane im Einvernehmen mit dem Vorsitzenden des Wirtschaftskomitees erlassen.

## § 12
Diese Verordnung tritt mit ihrer Veröffentlichung in Kraft.

Berlin, den 1. März 1990

Der Ministerrat

der Deutschen Demokratischen Republik

Hans Modrow

Vorsitzender

Christa Luft

Stellvertreter des Vorsitzenden des Ministerrates für Wirtschaft

**Auszug:**

# Gesetz über die Gründung und Tätigkeit privater Unternehmen und über Unternehmensbeteiligungen

### vom 7. März 1990

geändert durch

Vertrag über die Schaffung einer Währungs-, Wirtschafts- und Sozialunion vom 18. Mai 1990 (GBl. I S. 332), Anl. III, Abschn. II, Nr. 15
Gesetz vom 28. Juni 1990 (GBl. I. S. 483), § 5;
Einigungsvertrag vom 31. August 1990 (BGBl. II S. 889, 1157), Anl. II, Kap. III, Sachgeb. B, Abschn. 1, Nr. 5 *(Gesetz zur Regelung offener Vermögensfragen)*.

faktisch aufgehoben durch

Einigungsvertrag vom 31. August 1990 (BGBl. II S. 889), soweit nicht Teile als Landesrecht fortgelten !!!

Zur Förderung privater Initiativen zur Entfaltung des Unternehmertums unterstützt der Staat die Gründung und Tätigkeit Privatwirtschaftlicher Unternehmen, insbesondere von Klein- und Mittelbetrieben in den Bereichen der mittelständischen Industrie, des Bauwesens, des Handels, des Transport-Wesens, der Dienstleistungen und des Tourismus

Dazu beschließt die Volkskammer folgendes Gesetz:

**§ 1. Geltungsbereich.** (1) Dieses Gesetz gilt für
- die Gründung und Tätigkeit privater Unternehmen,
- die staatliche Beteiligung an privaten Unternehmen sowie die private Beteiligung an staatlichen Unternehmen (gemischt-wirtschaftliche Unternehmen),
die wirtschaftliche Tätigkeit ausüben (im folgenden Unternehmen genannt).

(2) Das Gesetz gilt auch für wirtschaftliche Tätigkeit ausübende eingetragene Genossenschaften.

(3) Staatliche Unternehmen im Sinne dieses Gesetzes sind volkseigene Betriebe und staatliche Einrichtungen sowie andere Unternehmen, die aufgrund Mehrheitsbeteiligung von staatlichen Gesellschaftern beherrscht werden.

(4) Die Bedingungen für die Gründung und den Erwerb von privaten Unternehmen durch Ausländer und private Unternehmen mit ausländischer Beteiligung in der DDR sowie deren Tätigkeit bestimmen sich nach den dafür erlassene Rechtsvorschriften.

(5) Das Gesetz gilt nicht für die Gründung und Tätigkeit der Produktionsgenossenschaften des Handwerks und der Einkaufs- und Liefergenossenschaften des Handwerks.

Durch Gesetz vom 28. Juni 1990 wurde der § 1 wie folgt geändert:
- der Abs. 3 erhielt folgende Fassung:
"(3) Staatliche Unternehmen im Sinne dieses Gesetzes sind Unternehmen, an denen die Treuhandanstalt nach den Bestimmungen des Treuhandgesetzes beteiligt ist."
- der Abs. 4 wurde aufgehoben und der bisherige Abs. 5 wurde Abs. 4.

**§ 2. Rechtsformen von Unternehmen.** (1) Die Unternehmen können als
- Einzelunternehmen,

## Anlage 9:
## Dokumente zur Währungsunion des Forschungsbeirates

14. Entschließung des Kleinen Währungskreises des Forschungsbeirats über die »Herstellung einer völligen Währungseinheit zwischen West- und Mitteldeutschland«. Fassung vom 18.1.1957, auf der Sitzung am 23.1.1959 einstimmig angenommen. Quelle: Bundesarchiv Koblenz, B 137 I/3

*Streng vertraulich*

Fassung vom 18. Januar 1957

Den Beratungen des Kleinen Währungskreises lag seit dem 26. Mai 1956 die Annahme zugrunde, daß noch vor der Verabschiedung einer neuen Verfassung eine gesamtdeutsche Regierung mit weitgehenden Vollmachten gebildet ist. Es herrscht Übereinstimmung darüber, daß es sich bei der wirtschaftlichen Wiedervereinigung um einen Prozeß und nicht um einen Zeitpunkt handelt. Als Beginn dieses Prozesses ist hier die Bildung der gesamtdeutschen Regierung anzusehen.

Die Ergebnisse der Beratungen lassen sich etwa wie folgt zusammenfassen:

I. Für die Verschmelzung der mittel- und westdeutschen Wirtschaft ist die Herstellung einer völligen Währungseinheit zwischen West- und Mitteldeutschland wesentlich. Diese Einheit muß so früh wie möglich geschaffen werden. Sie kann nicht etwa erst am Ende der Wiedervereinigung Wirklichkeit werden, da von ihr mit abhängig ist, daß es zu einer organischen Arbeitsteilung im wiedervereinigten Deutschland kommt, also Disproportionalitäten, die sich in den Jahren der Trennung ergeben haben, beseitigt werden.

II. Wie sich ein wertbeständiges Zahlungsmittel in Mitteldeutschland schaffen läßt, insbesondere ob und in welchem Ausmaß und mit welchen Mitteln eine Reduktion des Geldvolumens herbeizuführen sein wird, läßt sich wahrscheinlich erst nach Beginn der Wiedervereinigung voll beurteilen, da bis dahin überraschende und nicht mit dem gesunden Bedarf in Einklang zu bringende Veränderungen im Geldvolumen und seiner Verteilung möglich erscheinen. Womöglich wird es sich als zweckmäßig herausstellen, Teile des Geldvolumens und auch der Spareinlagen zu blockieren und die Guthaben erst im Zuge der sich bessernden Versorgungsmöglichkeiten und der allgemeinen Normalisierung und Umstellung auf die endgültige Währungseinheit zum Teil oder ganz freizugeben.

*Karl Heinz Roth*

• **160** •

5. K. Paul Hensel, Forschungsstelle zum Vergleich wirtschaftlicher Lenkungssysteme: Das Problem der west- und mitteldeutschen Währungsvereinheitlichung (Untersuchungen zum Problem der Starthilfe für die mitteldeutsche Wirtschaft, Zweite Untersuchung), 28.4.1953. Quelle: Bundesarchiv Koblenz, B 102/13.316

### Das Problem der west- und mitteldeutschen Währungsvereinheitlichung

*I. Allgemeine Fragen der Währungsvereinheitlichung*

1. Der bekannte Satz von Lenin: »Um die bürgerliche Gesellschaft zu zerstören, muß man ihr Geldwesen verwüsten«, gilt natürlich erst recht in der Umkehrung. Wenn eine Gesellschaft frei wirtschaftender Menschen gebildet und aufrechterhalten werden soll, muß man das Geldwesen in Ordnung bringen und halten. Übertragen auf den Fall der Wiedervereinigung von West- und Mitteldeutschland heißt dies: Bei der Integration der west- und mitteldeutschen Wirtschaft zu einem vereinigten Wirtschaftsgebiet auf marktwirtschaftlicher Grundlage ist das Geld- und Kreditwesen Mitteldeutschlands auf marktwirtschaftliche Verhältnisse umzustellen, und die Währungsvereinheitlichung ist so vorzunehmen, daß im Prozeß der Wiedervereinigung von der Geldseite her möglichst keine störenden Wirkungen ausgehen. Freilich werden Anpassungen vielleicht tiefgreifender Art erfolgen müssen und damit auch Anpassungsverluste und -gewinne einzelner Wirtschaftszweige unvermeidlich sein.

Im Zuge dieses Anpassungsprozesses werden auch Veränderungen des Geldwertes eintreten und zwar nicht nur für Mitteldeutschland. Für Westdeutschland werden mindestens kurzfristige Geldwertänderungen nach oben oder unten zu erwarten sein, weil sich mit der Wiedervereinigung auch die Austauschverhältnisse, die internen »terms of trade« und damit die Güterpreise ändern werden. Eine Politik der Stabilerhaltung des Wertes der DM-West kann lediglich dahin zielen, monetär verursachte Geldwertänderungen zu verhindern. Güterwirtschaftlich bedingte Geldwertänderungen durch die Politik der Währungsvereinheitlichung verhindern zu wollen, hätte auch für Westdeutschland keinen Sinn.

2. Die Lehrsätze der Währungstheorie und der Theorie des internationalen Handels beruhen meist auf den Verhältnissen von Marktwirtschaften zueinander. Bei der Wiedervereinigung von West- und Mitteldeutschland dagegen haben wir es auf der einen Seite mit einer eingespielten Marktwirtschaft zu tun, während auf der anderen Seite eine Zentralverwaltungswirtschaft gegeben ist, die erst auf marktwirtschaftliche Verhältnisse umgestellt werden muß. Die erwähnten theoretischen Lehrsätze können deshalb auf den Fall der Integration dieser beiden Wirtschaftsgebiete nur mit einer gewissen Vorsicht, d.h. unter Berücksichtigung der in Mitteldeutschland gegebenen besonderen konkreten Verhältnisse angewendet werden. Auf einige dieser Besonderheiten sei im folgenden hingewiesen.

3. Der zur Zeit in Mitteldeutschland gegebene und für die Zukunft zu erwartende Geldüberhang drückt sich darin aus, daß mehr Geld in den Kassen ist, als bei dem vorhandenen Güterangebot und den Stoppreisen ausgegeben werden kann. Nehmen wir an, das Verhältnis von Güter- und Geldvolumen sei gemessen an Westdeutschland bei den beiderseits gegebenen Preisen 1:2. Das Geldvolumen Mitteldeutschlands wäre danach gemessen an seinem Gütervolumen doppelt so groß wie in der Bundesrepublik. Sollte also die Währungsvereinheitlichung zu einem Gleichgewichtskurs erfolgen, so müßte in diesem angenommenen Falle DM-West und DM-Ost im Verhältnis von 1:2 getauscht werden.

Allerdings ist hier vorausgesetzt, daß der Geldüberhang sich auf alle vorhandenen Kassen (der Betriebe, der privaten und öffentlichen Haushalte sowie auf gewisse Kassen im Ausland) verteilt. Hätten wir in Mitteldeutschland eine Marktwirtschaft, so würde sich der Geldüberhang in den Preisen auswirken. Wäre eine zentralgeleitete Wirtschaft mit Privateigentum an den Produktionsmitteln und mit Stoppreisen gegeben (deutsche Kriegswirtschaft), dann wäre der Geldüberhang wahrscheinlich in allen möglichen Kassen zu finden. Tatsächlich ist damit zu rechnen, daß die Verhältnisse in Mitteldeutschland anders liegen. Bekanntlich ist dort der Geldverkehr besonders scharf zentral geleitet. Über die Kassehaltung und den Geld- und Kreditverkehr überhaupt bestehen besonders strenge Vorschriften die u.a. das Ziel haben, die Einzelwirtschaften und insbesondere auch die Betriebe mit Geldmitteln so knapp wie möglich zu halten. Es ergibt sich also, daß ein etwa vorhandener Geldüberhang in allen möglichen Kassen zu vermuten ist, sicherlich aber nicht in den Kassen der Betriebe.

Würde nun die Währungsvereinheitlichung auf Grund eines i n s - g e s a m t vorhandenen Geldüberhangs im Verhältnis 1:2 vorgenommen, so würden die Betriebe besonders hart betroffen werden. Ihre unter den gegenwärtigen Verhältnissen im Vergleich zu den westlichen Betrieben und wahrscheinlich auch im Vergleich zu anderen Wirtschaftseinheiten an sich schon denkbar geringe Liquidität würde noch mehr vermindert werden, was den Start dieser Betriebe in die vereinigte Marktwirtschaft wesentlich beeinträchtigen müßte.

Wenn diese hier angesprochenen Vermutungen richtig sind, dann müßte bei der Währungsvereinheitlichung das Konsumentengeld unter Umständen anders behandelt werden als das Produzentengeld. Auf jeden Fall müßte versucht werden festzustellen, in welchen Kassen der Geldüberhang vornehmlich zu suchen sein wird. Es ist wahrscheinlich, daß sich vielleicht ziemlich erhebliche Beträge auch in den Kassen der Besatzungsmächte, in den Kassen von Spekulanten und von Parteiorganisationen und Funktionären befinden werden. Von solchen Geldern her kann die Wirtschaft der beiden Gebiete erheblich gestört werden. Sie sollten durch die Währungsvereinheitlichung entweder wertlos gemacht oder unter wirksame Kontrolle gestellt werden, und zwar unabhängig davon, welche Form der Währungsvereinheitlichung gewählt wird.

4. Eine Währungsvereinheitlichung kann zu einem festgesetzten

*Karl Heinz Roth*

Kurs vorgenommen werden oder zu einem Kurs, der sich auf dem Markt frei eingespielt hat. Rein modell-theoretisch gesehen ist zweifellos das Verfahren der freien Kursbildung vorzuziehen. Im Falle der Wiedervereinigung der beiden Wirtschaftsgebiete werden jedoch Verhältnisse gegeben sein, die dieses Verfahren nicht ohne weiteres als zweckmäßig erscheinen lassen. Es wird davon noch die Rede sein.

Bei dem Verfahren der Kursfestsetzung ergibt sich natürlich sofort die Frage nach der Findung des richtigen Kurses. Rein theoretisch gesehen muß es darum gehen, den Gleichgewichtskurs zu finden. Es ist dies der Kurs, der sich unter Wettbewerbsverhältnissen in einer Marktwirtschaft einspielen würde. Jeder andere Kurs würde inflationäre oder deflationäre Entwicklungen hervorrufen, was weder für West- noch für Mitteldeutschland wünschenswert erscheint; denn das vereinigte Wirtschaftsgebiet hat ein gemeinsames Interesse an der Stabilhaltung der DM-West (oder der Einheitswährung), insbesondere auch nach außen.

Die Hauptschwierigkeiten der Kurserrechnung ergeben sich bekanntlich aus den in Mitteldeutschland gegebenen politischen Verhältnissen, die den Zugang zu dem erforderlichen Zahlenmaterial teils verschließen, teils nur auf komplizierten Umwegen gestatten. Man wird deshalb bei der Festsetzung des Kurses weitgehend auf Schätzungen angewiesen sein.

Auch bei der Bestimmung der Indices wie Kaufkraftparitäten, Lebenshaltungskosten, Produktivität und Notenumlauf, die als Berechnungsgrundlagen des Wechselkurses hauptsächlich in Frage kommen, ist mit gewissen Besonderheiten in den ordnungspolitischen Verhältnissen zu rechnen, die hier kurz besprochen werden sollen.

a) Kaufkraftparitäten gibt es theoretisch so viele wie es Preise gibt. Praktisch werden sie jedoch als Gruppenparitäten berechnet. Hätten wir es in Mitteldeutschland mit »echten« Preisen zu tun, so wäre es eine zweitrangige Frage, welche Gruppe man für den Vergleich der Paritäten in Westdeutschland und Mitteldeutschland wählt, weil unter Wettbewerbsverhältnissen infolge der straff realisierten Preisinterdependenz alle Gruppen weitgehend für einander repräsentabel sind. In Mitteldeutschland jedoch sind die Preise staatlich festgesetzt und in ihrer Höhe weitgehend »systembedingt«. So sind die relativ niedrigen Preise in der Schwerindustrie und die teilweise außerordentlich hohen Preise der individuellen Konsumgüter in hohem Maße verursacht durch die unterschiedliche steuerliche Belastung der betreffenden Güter, die ihrerseits dazu dient, den geringen Anteil der Arbeiter am Sozialprodukt zu tarnen. Die Verwendung von Kaufkraftparitäten als Berechnungsgrundlage für die Festsetzung des Wechselkurses kann also leicht zu Fehlschlüssen führen, wenn eine zu schmale Basis, also zu kleine Gruppen, gewählt werden. Auf jeden Fall müßte man möglichst viele Gruppenvergleiche der Kaufkraftparitäten zwischen West- und Mitteldeutschland anstellen, um zu Werten zu kommen, die mit einiger Sicherheit eine annähernde Bestimmung des Gleichgewichtskurses gestatten.

b) Für den Index der Lebenshaltungskosten als Bewertungsgrundlage für die Bestimmung des Wechselkurses gilt mutatis mutandis das eben Gesagte. Infolge der Eigenarten des gegenwärtigen mitteldeutschen Preissystems werden bei Berechnung des Lebenshaltungskostenindex die Lebenshaltungskosten um so höher erscheinen, je mehr Güter des nicht unbedingten lebensnotwendigen Bedarfes in ihn einbezogen werden. Es würde sich dann also ein für Mitteldeutschland relativ ungünstiges Bild ergeben. Der Index wäre für das Preisniveau nicht repräsentativ, weil die Preise der Güter des (offenbar umfangreichen) Staatsbedarfes, dessen Kosten also vergleichsweise viel niedriger sind, im Lebenshaltungskostenindex nicht enthalten sind. Ein Lebenshaltungskostenindex – oder hier vielleicht besser: ein Kostenindex der Güter erster Ordnung –, der als Berechnungsgrundlage für die Bestimmung des Wechselkurses geeignet sein soll, müßte also auch viele Güter des Staatsbedarfes umfassen.

c) Wenn wir von einer im Vergleich zu Westdeutschland geringeren Produktivität der mitteldeutschen Wirtschaft nach der Wiedervereinigung sprechen, so kann dieser Unterschied systembedingt sein, oder er kann aus geringerer Kapitalausstattung mitteldeutscher Betriebe hervorgehen, und schließlich kann ein solcher Unterschied erst nach der Wiedervereinigung, nämlich infolge der Umstellung der Wirtschaftsordnung, vorübergehend entstehen.

Der durch Kapitalmangel bedingte Unterschied wird vermutlich erst im Laufe einer längeren Zeitspanne behoben werden. Der systembedingte Unterschied wird mit dem zentralen Lenkungssystem verschwinden. Damit gleichzeitig wird jedoch das durch die Umstellung der Wirtschaftsordnung verursachte Absinken der Produktivität aktuell werden, das so lange anhalten wird, wie die Umstellung dauert. Soll nur der Produktivitätsindex als Währungsgrundlage für die Bestimmung des Wechselkurses verwendet werden, so entsteht die Frage, welcher zeitliche Stand der Produktivität hierbei ins Auge gefaßt werden soll. Der Stand der Produktivität vor der Wiedervereinigung ist mit dieser selbst überholt. In den ersten Monaten nach der Wiedervereinigung wird sich die Produktivität besonders oft und tiefgreifend ändern, wobei manche Kräfte ein Absinken und andere ein Ansteigen bewirken werden. Um also kurzfristige Auf- und Abwertungen der DM-Ost (vgl. unten Modell V) zu vermeiden, wird es zweckmäßig sein, ausgehend von dem errechneten Stand der Produktivität vor der Wiedervereinigung ihren voraussichtlichen Stand einige Monate nach der Wiedervereinigung zu schätzen und diese Zahl als Vergleichs- und Bewertungsgrundlage für die Bestimmung des Wechselkurses zu benutzen.

d) Noch ein Wort zum Notenumlauf als Berechnungsgrundlage für die Bestimmung des Wechselkurses. Es kann vermutet werden, daß die Umlaufgeschwindigkeit des Geldes infolge des dort herrschenden Systems des Zahlungsverkehrs (kurze Zahlungsfristen, äußerst niedrige Kassenhaltung usw.) relativ größer ist als in der Bundesrepublik. Es ist anzunehmen, daß sich mit der Umstellung der Wirtschaftsordnung in Mitteldeutschland auch die Umlaufgeschwin-

*Karl Heinz Roth*
■ 128 ■

digkeit des Geldes an die der westdeutschen Wirtschaft angleichen wird. Bei der Verwendung des Notenumlaufs für die Bestimmung des Wechselkurses ist mithin die unterschiedliche Umlaufgeschwindigkeit des Geldes zu berücksichtigen, weil anderenfalls der Kurs zu niedrig festgesetzt und deflationistische Tendenzen für das vereinigte Wirtschaftsgebiet ausgelöst werden könnten. – Im übrigen ist zu bedenken, daß ein in Mitteldeutschland heute vorhandener Geldüberhang zu beziehen ist auf das jetzige Verhältnis von Gütervolumen, Notenumlauf und Umlaufgeschwindigkeit des Geldes. Wenn nun durch die Änderung der Wirtschaftsordnung die Umlaufgeschwindigkeit des Geldes sich verringert, dann wird sich auch der Geldüberhang in entsprechendem Maße vermindern. Das Problem der Verteilung des Geldüberhanges, das oben unter I 3 besprochen wurde, wird hiervon nicht berührt.

5. Schließlich sei noch auf die Möglichkeiten der geldpolitischen Korrektur von Maßnahmen der Währungsvereinheitlichung hingewiesen. So kann durch die Diskontpolitik, die Mindestreservenpolitik und die Offenmarktpolitik eine infolge falscher Kursbildung zu große oder kleine Geldmenge in freilich nicht sehr weiten Grenzen nachträglich korrigiert werden.

## II. Formen der Währungsvereinheitlichung

Im folgenden sollen einige Modelle, die für die Anwendung bei der Vereinheitlichung der Währungen von West- und Mitteldeutschland in Frage kommen, gebildet und analysiert werden. Wir gehen aus von dem technisch einfachsten Fall der Währungsvereinheitlichung und werden dann Schritt für Schritt an Hand der in Mitteldeutschland gegebenen besonderen Verhältnisse weitere Modelle entwickeln. Bei jedem Modell werden die Vor- und Nachteile dargestellt und untereinander verglichen werden.

<u>Modell I:</u> Sofortige und unmittelbare Währungsvereinheitlichung

DM-Ost und DM-West werden in beiden Gebieten zu gleichwertigen Zahlungsmitteln erklärt. Dies ist gleichbedeutend mit einem Umstellungskurs von 1:1.

1. Vorteile
a) Die Währungsvereinheitlichung wird ohne Verzug herbeigeführt.
b) Sie bedarf keiner organisatorischen Vorbereitung.
c) Sie verursacht keine Kosten.
d) Ein Währungsrisiko in Form einer späteren Veränderung des Umtauschverhältnisses wird vermieden.
e) Die Einzelwirtschaften insbesondere Mitteldeutschlands erhalten sofort eine sichere Grundlage ihrer Wirtschaftsrechnung.
f) Ein Quarantäneeffekt wird vermieden.

2. Nachteile
a) Ein vorhandener Geldüberhang oder eine zu geringe Geldmenge

wird bei diesem Verfahren nicht berücksichtigt und kann zu inflationären oder deflationären Entwicklungen führen.

b) Eine unerwünschte Verteilung des Geldes (politische Gelder, Spekulantengelder, Horte) kann durch diese Verfahren nicht berücksichtigt werden.

c) Die Konkurrenznachteile der mitteldeutschen Wirtschaft wirken sich sofort aus, sofern sie nicht durch spezielle ordnungspolitische oder materielle Starthilfemaßnahmen behoben oder kompensiert werden.

3. Da mit den Sachverhalten zu a, b und c tatsächlich zu rechnen sein wird, erscheint dieses Verfahren als unzweckmäßig.

<u>Modell II:</u> Sofortige Währungsvereinheitlichung zu festgesetztem Kurs

Es wird ein Umtauschverhältnis von DM-Ost zu DM-West festgesetzt. Die DM-Ost kann bei der Notenbank in DM-West umgetauscht werden, was eine Verwendung der DM-Ost als Zahlungsmittel für eine Übergangszeit nicht ausschließt.

1. Vorteile
a) Zunächst gelten die Vorteile a, d, e und f des Modells I.
b) Ein Geldüberhang oder eine zu geringe Geldmenge kann bei der Festsetzung des Kurses berücksichtigt werden, so daß sich inflationäre oder deflationäre Entwicklungen insofern für das vereinigte Wirtschaftsgebiet vermeiden lassen.

2. Nachteile
a) Die Nachteile b (unerwünschte Geldverteilung) und c (Konkurrenznachteile) des Modells I bleiben auch bei diesem Verfahren bestehen. Die Lasten der Währungsvereinheitlichung gehen also vornehmlich auf Kosten Mitteldeutschlands.
b) Es bedarf einer wissenschaftlichen und organisatorischen Vorbereitung (Errechnung der Indices für die Bestimmung des Wechselkurses; Berechnung des Wechselkurses selbst; technische Vorbereitung des Notenumtausches).
c) Es verursacht gewisse Kosten.

3. Dieses Verfahren hat gegenüber Modell I wesentliche Vorzüge. Die zu a) genannten Nachteile wiegen jedoch schwer, weshalb seine Anwendung ebenfalls wenig empfehlenswert erscheint.

<u>Modell III:</u> Sofortige Währungsvereinheitlichung mit Quotenverfahren und differenzierten Kursen

Alle DM-Ost sind auf Sperrkonten einzuzahlen. In Mitteldeutschland werden sofort Kopf- und Betriebsquoten freigegeben. Die Freigabe der restlichen Quoten erfolgt zu einem später zu bestimmenden Kurs.

*Karl Heinz Roth*

## 1. Vorteile

a) Die Vorteile a und f des Modells I gelten weitgehend auch für dieses Verfahren.

b) Die Festsetzung des Kurses der ersten Quote kann ohne Berücksichtigung des Geldvolumens erfolgen, was praktische und psychologische Vorzüge hat. Die Wahrscheinlichkeit, daß die erste Quote im Verhältnis 1:1 freigegeben werden kann, ist um so größer, je kleiner der erwartete Geldüberhang ist; ist er relativ groß, so muß entweder die erste Quote entsprechend kleiner sein oder es kann nicht 1:1 umgestellt werden.

c) Die in Mitteldeutschland umlaufende Geldmenge kann genau erkannt werden. Ein Geldüberhang oder eine zu geringe Geldmenge kann durch Kursdifferenzierungen bei der zweiten und den späteren Quoten berücksichtigt werden.

d) Eine unerwünschte Geldverteilung läßt sich durch dieses Verfahren bis zu einem gewissen Grad korrigieren.

e) Durch die Handhabung der Freigabe der Quoten kann eine gewisse Verbrauchssteuerung betrieben werden. Insbesondere ist es möglich, zu erwartenden Nachfragestauungen nach westlichen Gütern entgegenzuwirken.

## 2. Nachteile

a) Für die Einzelwirtschaften entsteht infolge der ev. Kursdifferenzierungen ein beschränktes Währungsrisiko.

b) Das Verfahren bedarf zu seiner Verwirklichung eines ziemlich umfangreichen organisatorischen Apparates.

c) Es verursacht beträchtliche Kosten.

d) Die Konkurrenznachteile der mitteldeutschen Betriebe wirken sich aus, sofern sie nicht durch ordnungspolitische oder materielle Starthilfemaßnahmen behoben oder kompensiert werden.

3. Die Vorteile dieses Verfahrens dürften erheblich größer sein als die Vorteile der Modelle I und II, auch wiegen sie schwerer als seine Nachteile; seine Anwendung kann empfohlen werden, insbesondere, wenn es gelingt, die partiellen und indirekten Abschirmungsmaßnahmen sowie die speziellen ordnungspolitischen und materiellen Starthilfemaßnahmen rechtzeitig vorzubereiten, um so die Konkurrenznachteile der mitteldeutschen Wirtschaft möglichst zu vermindern.

<u>Modell IV</u>: Währungsvereinheitlichung nach Maßgabe eines freien Wechselkurses

Man läßt zwischen DM-West und DM-Ost einen Kurs sich frei einspielen. Die Währungsvereinheitlichung wird vorgenommen, nachdem ein annähernd stabiler Kurs (Gleichgewichtskurs) sich eingespielt hat.

## 1. Vorteile

a) Die interregionalen und internationalen terms of trade brauchen nicht errechnet zu werden, sondern kommen in dem sich bildenden Wechselkurs automatisch zum Ausdruck.

*Dokumente*
▪ 131 ▪

b) Es bedarf keiner organisatorischen Voraussetzungen.
c) Es verursacht keine Kosten.

2. Nachteile

a) Sämtliche Lasten der wirtschaftlichen Wiedervereinigung gehen bei diesem Verfahren auf Kosten Mitteldeutschlands. Dazu gehören auch die Auswirkungen der mitteldeutschen Konkurrenznachteile, sofern sie nicht durch die genannten Starthilfemaßnahmen behoben werden. Insbesondere ist mit einer größeren Übergangsarbeitslosigkeit zu rechnen.

b) Die vor der Wiedervereinigung in Mitteldeutschland gegebene Geldverteilung würde sich bei diesem Verfahren auch nach der Wiedervereinigung voll durchsetzen. Einzelwirtschaften, deren Kassen gegenwärtig äußerst knapp gehalten werden, geraten gegenüber den Inhabern von politischen Geldern, Spekulationsgeldern und Horten sehr in Nachteil.

c) Es wäre für Mittel- und auch für Westdeutschland ein erhebliches Währungsrisiko gegeben, was u.a. westdeutsche Kapitalinvestitionen in Mitteldeutschland behindern würde; für längere Zeit würde eine sichere Grundlage der Wirtschaftsrechnung fehlen, was vor allem die Aktivität der mitteldeutschen Betriebe vermindern könnte.

d) Es ist mit unerwünschten spekulativen Beeinflussungen des Wechselkurses zu rechnen; auch Kapitalfluchtbewegungen sind nicht ausgeschlossen. Durch all dies wird der eigentliche Vorteil dieses Verfahrens, die echte Kursbildung, beeinträchtigt. Der Kapitalflucht könnte allenfalls durch Schaffung kontrollierter Devisenmärkte sowie durch entsprechend scharfe Kontrollen der Devisengrenze entgegengewirkt werden. Die sich hieraus ergebenden Nachteile dürften wesentlich größer sein als die erzielbaren Vorteile.

3. Die zu a, b und teils auch c genannten Nachteile lassen sich durch Einführung einer Zwischenmark abschwächen. Gleichwohl scheinen die Nachteile dieses Verfahrens erheblich schwerer zu wiegen als seine Vorteile, so daß seine Anwendung wenig empfehlenswert sein dürfte.

<u>Modell V</u>: Währungsvereinheitlichung in Verbindung mit außenwirtschaftlicher Abschirmung

Es wird ein Wechselkurs von DM-Ost und DM-West festgesetzt. Der Güterverkehr zwischen West- und Mitteldeutschland und dem Ausland bedarf der Genehmigung einer Devisenstelle. Der gesamte Zahlungsverkehr wird über die Notenbank geleitet. Eine sukzessive Liberalisierung des Waren- und Zahlungsverkehrs wird vorgesehen.

1. Vorteile

a) Durch dieses Verfahren kann ein vollkommener Abschirmungseffekt gegen die überlegene westliche Konkurrenz erzielt werden, wodurch es Mitteldeutschland ermöglicht wird, die Umstellung der Wirtschaftsordnung und der Wirtschaft selbst in einer gewissen Isolierung vorzunehmen.

b) Ein infolge falscher Kursbestimmung sich ergebender Devisenmangel (-überschuß) kann durch Auf- und Abwertungen nachträglich korrigiert werden (vgl. aber 2. Nachteile, Punkt f).

c) Wenn der interne und externe Umstellungs- und Anpassungsprozeß zwischen West- und Mitteldeutschland, der sich im Schutze der währungspolitischen Abschirmung vollziehen soll, genügend lange dauert, könnte die Währungsvereinheitlichung zum Gleichgewichtskurs vorgenommen werden.

d) Die währungspolitische Grenze kann auch für die westdeutsche Wirtschaft eine Abschirmung gegen allzu plötzliche Veränderungen des Datensystems bewirken.

2. Nachteile

a) Der hauptsächliche Nachteil dieses Verfahrens der Währungsvereinheitlichung ist die weitere Aufrechterhaltung der wirtschaftlichen Spaltung von West- und Mitteldeutschland auch nach der politischen Wiedervereinigung und der daraus hervorgehende Quarantäneeffekt.

b) Es ist schwer abzusehen, welche Zeit der Anpassungsprozeß der beiden Wirtschaftsgebiete in Anspruch nehmen wird. Doch ist mit einer längeren Dauer zu rechnen, so daß die endgültige Währungsvereinheitlichung erst entsprechend spät erfolgt. Es ist fraglich, ob die Aufrechterhaltung der Devisengrenze auch politisch lange genug tragbar bleibt. Unter Umständen wird diese Form der Anpassung der Währungsvereinheitlichung vorzeitig abgebrochen und durch eine andere Form ersetzt werden müssen.

c) Das Verfahren setzt den Neuaufbau eines Lenkungsapparates voraus, der den interregionalen und internationalen Wirtschaftsverkehr zentral steuert.

d) Die zentrale Steuerung des wirtschaftlichen Außenverkehrs bietet keine Gewähr für ökonomische Zweckmäßigkeit. Die Zentralstellen verfügen besonders in der Anfangszeit nicht über die erforderliche Kenntnis der Daten und können ihre Entscheidungen nur improvisieren. Auch später werden die Genehmigungen oder Ablehnungen von Devisenanträgen erfahrungsgemäß wesentlich von zufälligen Verhältnissen, nicht jedoch durch die eigentlichen ökonomischen Erfordernisse der wirtschaftlichen Wiedervereinigung bestimmt sein.

e) Allein die Tatsache der Devisenbewirtschaftung kann und wird Fehlentwicklungen in der mitteldeutschen Wirtschaft hervorrufen. Wirtschaftliche Kräfte und Mittel können in die Herstellung von Produkten gedrängt werden, die nach der Währungsvereinheitlichung nicht mehr rentabel sind, wodurch erneut kostspielige Anpassungsverluste entstehen.

f) Notwendig werdende Auf- und Abwertungen können überaus nachteilig wirken, zumal weder Maß- noch Zeitpunkt mit Sicherheit bestimmbar sind. Mehrmalige Kurswechsel sind also nicht ausgeschlossen und verstärken das Risikomoment.

*Dokumente*

g) Weiter ist unter gewissen politischen Voraussetzungen die Gefahr nicht von der Hand zu weisen, daß die zentrale Steuerung des außenwirtschaftlichen Verkehrs nicht nur nicht zur Liberalisierung des interregionalen Verkehrs führt, sondern sich sogar auf andere Gebiete ausdehnt.

h) Ein vorhandener Geldüberhang muß bei diesem Verfahren in der Phase vor der Währungsvereinheitlichung zu inflationären Preissteigerungen in Mitteldeutschland führen, die Löhne werden folgen, und die Preisspiegel Mittel- und Westdeutschland werden sich voneinander entfernen, statt sich anzunähern. In einer solchen Situation erscheint eine Währungsvereinheitlichung weder im Sinne dieses Modells noch praktisch politisch geboten. Um die Währungsvereinheitlichung psychologisch zu tragbaren Bedingungen, d.h. zu einem Kurs von 1:1 oder nahe bei 1:1 zu ermöglichen, müßten die Auswirkungen des Geldüberhanges vermittels einer deflationären Geld- und Kreditpolitik nachträglich korrigiert werden. Eine solche Politik würde indessen infolge der relativen Unbeweglichkeit der Löhne nach unten auf größte Schwierigkeiten stoßen. Sollen die inflationären Folgen eines Geldüberhanges von vornherein verhindert werden, so ist dies nur möglich durch Koppelung dieses Verfahrens mit irgendeinem anderen Verfahren, durch das der Geldüberhang v o r Inkrafttreten dieses Modells absorbiert wird.

i) Die Folgerungen aus den Darlegungen zu g) gelten auch für den Fall einer unerwünschten Geldverteilung.

3. Vorausgesetzt, daß die Vor- und Nachteile dieses Modells hier richtig gewichtet sind, scheint dieses Verfahren der Währungsvereinheitlichung sowohl aus politischen, sozialen wie auch wirtschaftlichen Gründen nicht vertretbar zu sein.

### III. Vorläufiges Ergebnis

1. Nach den dieser Untersuchung zugrundeliegenden Annahmen über die zum Zeitpunkt der Wiedervereinigung in Mitteldeutschland gegebenen Verhältnisse scheint die Anwendung des Modells III am zweckmäßigsten zu sein.

2. Da es nicht ausgeschlossen ist, daß sich die Verhältnisse in Mitteldeutschland bis zur Wiedervereinigung noch wesentlich ändern, kann sich auch ein anderes Verfahren der Währungsvereinheitlichung als zweckmäßig erweisen. Wenn sich z.B. kurz vor der Wiedervereinigung zeigen sollte, daß gewisse Geldmittel in Mitteldeutschland willkürlich verteilt werden, so daß sie einer Erfassung und Kontrolle praktisch nicht mehr zugängig sind, dann wären die hier entwickelten Modelle der Währungsvereinheitlichung kaum verwendbar. In diesem Falle wäre es vielleicht ratsam, das in Mitteldeutschland umlaufende Geld außer Kraft zu setzen und eine völlige Neuausstattung der Betriebe und Haushalte mit Geldmitteln vorzunehmen.

3. Im übrigen wird die Entscheidung über das anzuwendende Ver-

*Karl Heinz Roth*

> fahren der Währungsvereinheitlichung in hohem Maße davon abhängig sein, inwieweit die Umstellung der mitteldeutschen Wirtschaft auf die marktwirtschaftliche Ordnung bereits vor der Wiedervereinigung organisatorisch vorbereitet ist.

## Anlage 10: Die Treuhandverordnungen

### Gesetzblatt Der Deutschen Demokratischen Republik

### Beschluss zur Gründung der Anstalt zur treuhänderischen Verwaltung des Volkseigentums (Treuhandanstalt) vom 1. März 1990

1. **Zur Wahrung des Volkseigentums** wird mit Wirkung vom 1. März 1990 die Anstalt zur treuhänderischen Verwaltung des Volkseigentums gegründet. Bis zur Annahme einer neuen Verfassung wird die Treuhandanstalt der Regierung unterstellt. Sie ist Anstalt öffentlichen Rechts und territorial gegliedert.

2. Mit der Gründung übernimmt die Treuhandanstalt die Treuhandschaft über das volkseigene Vermögen, das sich in Fondsinhaberschaft von Betrieben, Einrichtungen, Kombinaten sowie wirtschaftsleitenden Organen und sonstigen im Register der volkseigenen Wirtschaft eingetragenen Wirtschaftseinheiten befindet. Diese Vermögenswerte sind nach Rechtsträgern (Fondsinhabern) gegliedert von der Staatlichen Zentralverwaltung für Statistik in Zusammenarbeit mit dem Ministerium der Finanzen und Preise und auf Bezirks- und Kreisebene in Zusammenarbeit mit den Abteilungen Finanzen mit dem Stand vom 31. Dezember 1989 festzustellen.

3. **Die Treuhandanstalt ist berechtigt, juristische oder natürliche Personen zu beauftragen, als Gründer und Gesellschafter von Kapitalgesellschaften zu fungieren oder die sich aus den Beteiligungen ergebenden Rechte und Pflichten wahrzunehmen.**

4. Die Treuhandanstalt ist berechtigt, Wertpapiere zu emittieren.

5. Die Rechte und Pflichten der Treuhandanstalt werden in einem Statut festgelegt. Das Statut ist zu veröffentlichen. Die Treuhandanstalt übt keine wirtschaftsleitenden Funktionen aus.

6. Der Verantwortungsbereich der Anstalt umfasst nicht das volkseigene Vermögen, das sich in Rechtsträgerschaft der den Städten und Gemeinden unterstellten Betriebe und Einrichtungen befindet sowie das volkseigene Vermögen der als Staatsunternehmen zu organisierenden Bereiche und durch LPG genutztes Volkseigentum.

Berlin, den 1. März 1990

Der Ministerrat der Deutschen Demokratischen Republik
Hans Modrow

**Auszug:**

**Gesetz zur Privatisierung und Reorganisation des volkseigenen Vermögens** (Treuhandgesetz)
vom 17. Juni 1990

Getragen von der Absicht,

- **die unternehmerische Tätigkeit dies Staates durch Privatisierung so rasch und so weit wie möglich zurückzuführen,**
- die Wettbewerbsfähigkeit möglichst vieler Unternehmen herzustellen und somit Arbeitsplätze zu sichern und neue zu schaffen,
- Grund und Boden für wirtschaftliche Zwecke bereitzustellen,
- **daß nach einer Bestandsaufnahme des volkseigenen Vermögens und seiner Ertragsfähigkeit sowie nach seiner vorrangigen Nutzung für Strukturanpassung der Wirtschaft und die Sanierung des Staatshaushaltes den Sparern zu einem späteren Zeitpunkt für den bei der Währungsumstellung am 2. Juli 1990 reduzierten Betrag ein verbrieftes Anteilsrecht an volkseigenem Vermögen eingeräumt werden kann,**

wird folgendes Gesetz erlassen:

*Durch Gesetz vom 9. August 1994 wurde der vierte Gedankenstrich der Präambel aufgehoben.*

**§ 1. Vermögensübertragung.**

(1) **Das volkseigene Vermögen ist zu privatisieren.** Volkseigenes Vermögen kann auch in durch Gesetz bestimmten Fällen Gemeinden,

Städten, Kreisen und Ländern sowie der öffentlichen Hand als Eigentum übertragen werden. Volkseigenes Vermögen, das kommunalen Aufgaben und kommunalen Dienstleistungen dient, ist durch Gesetz den Gemeinden und Städten zu übertragen.

(2) Der Ministerrat trägt für die Privatisierung und Reorganisation des volkseigenen Vermögens die Verantwortung und ist der Volkskammer rechenschaftspflichtig.

(3) Der Ministerrat beauftragt mit der Durchführung der entsprechenden Maßnahmen die Treuhandanstalt.

(4) Die Treuhandanstalt wird nach Maßgabe dieses Gesetzes Inhaber der Anteile der Kapitalgesellschaften, die durch Umwandlung der im Register der volkseigenen Wirtschaft eingetragenen volkseigenen Kombinate, Betriebe, Einrichtungen und sonstigen juristisch selbständigen Wirtschaftseinheiten (nachfolgend Wirtschaftseinheiten genannt) entstehen oder bis zum Inkrafttreten dieses Gesetzes bereits entstanden sind.

(5) Die Vorschriften dieses Paragraphen finden nicht für volkseigenes Vermögen Anwendung, soweit dessen Rechtsträger
– der Staat,
– die Deutsche Post mit ihren Generaldirektionen, die Deutsche Reichsbahn, die Verwaltung von Wasserstraßen, die Verwaltung des öffentlichen Straßennetzes und andere Staatsunternehmen, Gemeinden, Städten, Kreisen und Ländern unterstellte Betriebe oder Einrichtungen,
– eine Wirtschaftseinheit, für die bis zum Inkrafttreten dieses Gesetzes ein Liquidationsvermerk im Register der volkseigenen Wirtschaft
– eingetragen wurde,
sind.

(6) Für die Privatisierung und Reorganisation des volkseigenen Vermögens in der Land- und Forstwirtschaft ist die Treuhandschaft so zu gestalten, daß den ökonomischen, ökologischen, strukturellen und eigentumsrechtlichen Besonderheiten dieses Bereiches Rechnung getragen wird.

**§ 2. Stellung und Aufgaben der Treuhandanstalt.** Die Treuhandanstalt ist eine Anstalt öffentlicher Rechts. Sie dient der Privatisierung und Verwertung volkseigenen i Prinzipien der sozialen Vermögens nach den Marktwirtschaft.

(2) Die Treuhandanstalt unterliegt der Aufsicht des Ministerpräsidenten.

(3) Die Satzung der Treuhandanstalt ist durch den Ministerpräsidenten der Volkskammer zur Bestätigung vorzulegen.

(4) Die Geschäftsordnung der Treuhandanstalt bedarf der Bestätigung durch den Ministerrat.

(5) Auf die Treuhandanstalt sind die Regelungen gemäß § 96 Absätze 2 und 3 der Haushaltsordnung der Republik über die Verwaltung von Unternehmen in der Rechtsform einer republikunmittelbaren. juristischen Person des öffentlichen Rechts und über die Verwaltung ihrer Beteiligungen anzuwenden.

(6) Die Treuhandanstalt hat die Strukturanpassung der Wirtschaft an die Erfordernisse des Marktes zu fördern, indem sie insbesondere auf die Entwicklung sanierungsfähiger Betriebe zu wettbewerbsfähigen Unternehmen und deren Privatisierung Einfluß nimmt. Sie wirkt darauf hin, daß sich durch zweckmäßige Entflechtung von Unternehmensstrukturen marktfähige Unternehmen herausbilden und eine effiziente Wirtschaftsstruktur entsteht.


## Anlage 11:
## Wirtschaftliche Entwicklung Ostdeutschlands seit 1989

**Wirtschaftliche Entwicklung Ostdeutschlands von 1989 bis 1991**

| | |
|---|---|
| Wirtschaftsleistung ( BIP ) | minus 37 Prozent |
| Industrieproduktion | minus 65 Prozent |
| Offiziell registrierte Arbeitslose | 913.000 |
| Erwerbstätige | minus 2.035.091 |

Quelle: Transferleistungen – PDS im Bundestag

Auszüge aus: Wolfgang Kühn/Klaus Blessing: *Die zementierte Spaltung. Der Osten bleibt abgehängt. Fakten, Zahlen, Statistiken.* edition berolina, Berlin 2014. getroffen.

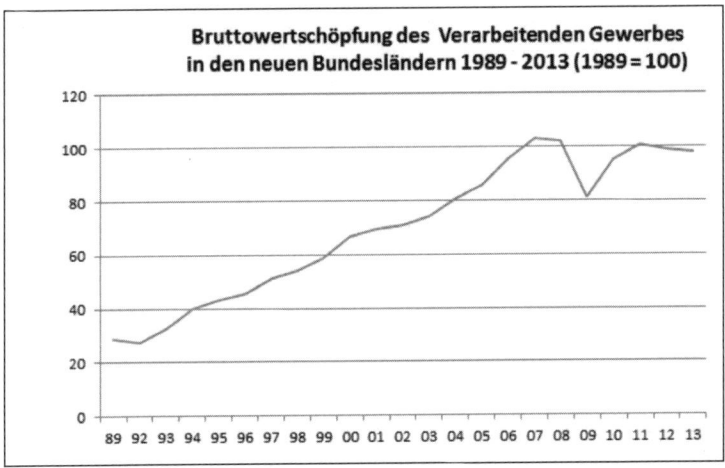

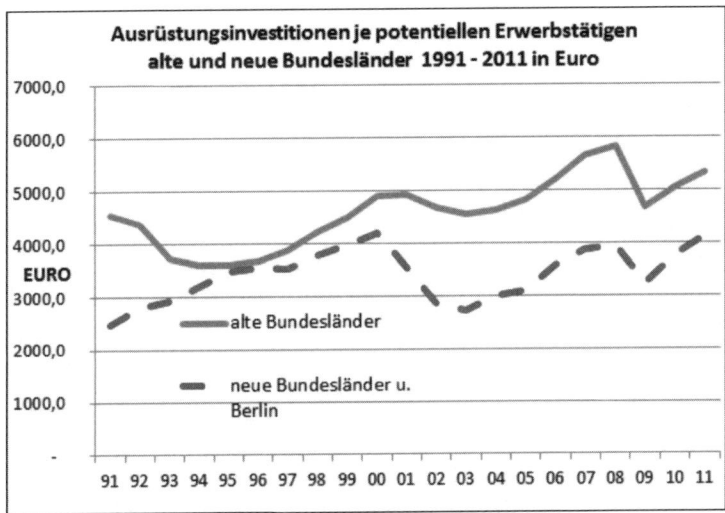

Absoluter jährlicher Zuwachs der Zahl von Erwerbstätigen in Deutschland 2000 - 2013

= neue Bundesländer
■ früheres Bundesgebiet

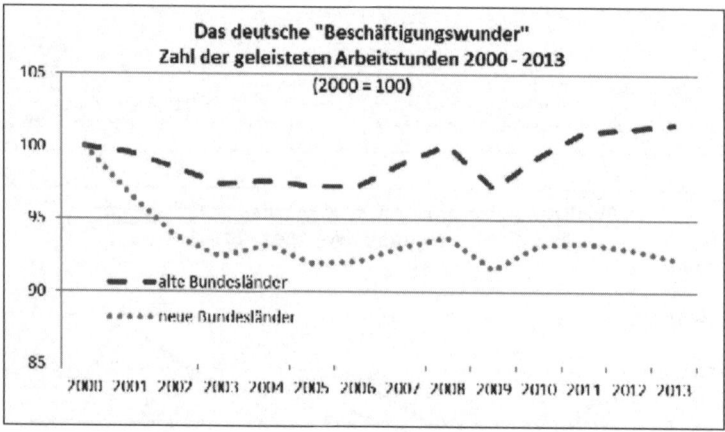

Das deutsche "Beschäftigungswunder"
Zahl der geleisteten Arbeitsstunden 2000 - 2013
(2000 = 100)

— — alte Bundesländer
• • • • neue Bundesländer

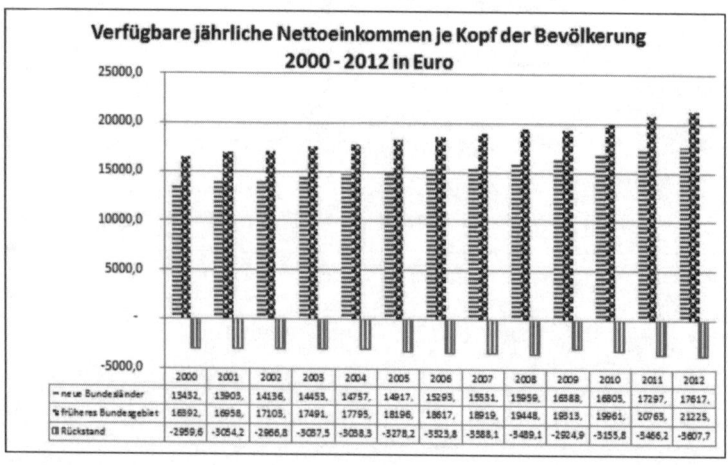

Verfügbare jährliche Nettoeinkommen je Kopf der Bevölkerung 2000 - 2012 in Euro

|  | 2000 | 2001 | 2002 | 2003 | 2004 | 2005 | 2006 | 2007 | 2008 | 2009 | 2010 | 2011 | 2012 |
|---|---|---|---|---|---|---|---|---|---|---|---|---|---|
| = neue Bundesländer | 13432, | 13903, | 14136, | 14453, | 14757, | 14817, | 15293, | 15531, | 15959, | 16388, | 16805, | 17297, | 17617, |
| ₴ früheres Bundesgebiet | 16892, | 16958, | 17103, | 17491, | 17795, | 18196, | 18617, | 18919, | 19448, | 19813, | 19961, | 20763, | 21225, |
| ⊡ Rückstand | -2959,6 | -3054,2 | -2966,8 | -3037,5 | -3038,3 | -3278,2 | -3323,8 | -3388,1 | -3489,1 | -2924,9 | -3155,8 | -3466,2 | -3607,7 |

# Gezahlte monatliche Altersrenten und Verbraucherpreisindex 2000–2012 in den neuen Bundesländern

| Jahr | Renten | | Preisindex | „Realrente" |
| | Euro | Entwicklung 2000 = 100 | 2000 = 100 | 2000 = 100 |
|---|---|---|---|---|
| 2000 | 767 | 100 | 100 | 100 |
| 2005 | 805 | 105,0 | 107,9 | 97,2 |
| 2010 | 832 | 108,5 | 116,8 | 92,9 |
| 2012 | 851 | 111,0 | 121,9 | 91,0 |

Quelle: Jahresbericht der Bundesregierung 2015 zum Stand der Deutschen Einheit

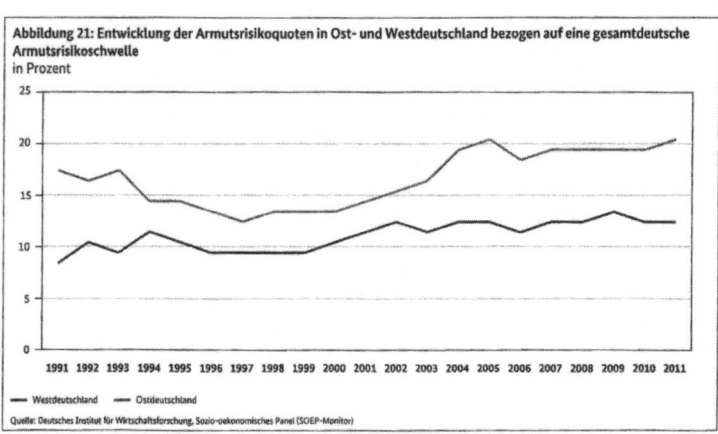

Abbildung 21: Entwicklung der Armutsrisikoquoten in Ost- und Westdeutschland bezogen auf eine gesamtdeutsche Armutsrisikoschwelle
in Prozent

Quelle: Deutsches Institut für Wirtschaftsforschung, Sozio-oekonomisches Panel (SOEP-Monitor)